스마트시대
무엇부터 해야 하나

스마트시대
무엇부터 해야 하나

우쥔 지음 ｜ 문현선 옮김

빅데이터,

기계지능,

사유혁명, 비즈니스,

지능혁명, 지능화 산업,

미래 사회를

쉽게 접근하고 이해하기

살림

차 례

1 ••• 문명 건설의 토대, 데이터

2 ••• 빅데이터와 기계지능

3 ••• 사유의 혁명

추천사

•

스마트시대를 촉진하는
빅데이터와 기계지능

빅데이터는 오늘날 정보사회의 최고 화두라 할 수 있다. 데이터란 좁게는 컴퓨터공학에서 컴퓨터에 입력한 뒤 프로그램으로 처리할 수 있는 모든 부호 매개체를 일컫는다. 컴퓨터에 입력해 처리할 때 사용되는 일정한 의미를 가진 숫자, 자모, 부호, 아날로그 양을 통칭하는 것이다. 넓은 의미로는 위키피디아에서 정의한 것처럼, 더욱 효율적인 사용 및 처리에 적합한 방식으로 표시되거나 코딩된 정보 혹은 지식을 뜻한다. 이때 데이터는 측량, 수집, 보고 및 분석을 통해 도형이나 이미지로 표현될 수 있다. 이와 같은 정의에 따르면 데이터는 인류 사회와 함께 출현했다고 할 수 있다.

반면 좁은 의미의 컴퓨터 데이터로 한정하면 데이터는 컴퓨터 등장부터 70년, 무어의 법칙부터 50년의 역사를 가진다. 그 수십 년 동안 세계 데이터 양은 연평균 40%의 속도로 늘어났고 무어의 법칙에 따라 컴퓨터 처리능력 역시 지속해서 성장해 오늘날은 매년 추가 되는 데이터 양과 컴퓨터 처리능력이 과거와 비교조차 할 수 없는 수준에 이르렀다. 하지만 데이터 양과 컴퓨터 처리능력의 관계를 시간에 따른 양적 팽창이라고만 할 수는 없다. 문제는 왜 지금에야 빅데이터 붐이 일었는가다.

이에 대한 해답을 우쿼 선생의 『스마트시대』에서 찾아볼 수 있다. 이 책은 과학 발전의 4대 패러다임, 즉 자연현상의 실험과학, 뉴턴의 법칙과 맥스웰 방정식 등으로 대표되는 이론과학, 가상 복잡성의 컴퓨터공학, 오늘날의 데이터 밀집형 과학을 다룬다. 사실 데이터는 실험과학과 이론과학, 컴퓨터공학의 패러다임 속에서도 중요한 역할을 했다. 저자는 과학발전사를 서술할 때 과학이 발전하는 동안 데이터가 어떤 위치에 있었는지 실례를 들어 설명한다.

가령 뉴턴과 맥스웰 시대에 도출된 명쾌한 공식들이 확실성을 갖는 이유가 대량의 데이터를 관찰해 검증해낸 덕분이라는 식이다. 오늘날에는 자연 및 사회 현상이 훨씬 더 복잡해져 수많은 차원과 변수가 거대한 불확실성을 초래한다. 비록 해석식으로 인과관계를 설명할 수는 없지만, 그래도 충분한 데이터 속에서 상관성을 찾아낸다면 사물 발전의 궤적은 파악할 수 있다. 이것이 바로 데이터 밀집형 과학의 탄생 배경이다.

빅데이터 활용은 수요에서 비롯되었지만 기술이 뒷받침되지 않았다면 불가능했다. 인터넷의 광대역화 및 모바일 인터넷, 사물인터넷 기술과 응용으로 끊임없이 데이터가 발생하고 무어의 법칙을 기반으로 연산 능력이 10년간 거의 1,000배나 향상되었으며, 클라우드

컴퓨팅의 집약화 운용모델로 정보화 비용이 감소하고 무엇보다 기계지능이 발달했다. 컴퓨터는 인간보다 지능만 뒤처질 뿐 계산과 저장 능력에서 훨씬 우세해졌다. 하지만 인간의 지능 역시 타고난 것이 아니라 학습의 결과이다. 기계지능은 딥러닝을 통해 빅데이터 마이닝을 계산 가능한 문제로 전환해 처리할 수 있게 되었다. 말하자면 빅데이터 마이닝에 대한 수요가 기계지능 기술을 한층 성장시키고, 빅데이터와 기계지능의 융화가 사물인터넷의 감지 및 인지, 지능형 의사결정을 발전시켜 지능화시대를 촉진하는 것이다.

스마트시대란 어디서나 컴퓨팅이 가능하고 소프트웨어가 모든 것을 결정하며 데이터가 성장을 이끄는 새로운 시대를 의미한다. 증기기관의 발명으로 대변되는 기계화의 제1차 산업혁명, 전기의 발명으로 상징되는 전기화의 제2차 산업혁명을 지나 이제 빅데이터 운용으로 대변되는 지능화의 새로운 산업혁명이 도래했다. 이는 인류 문명과 사회 진보, 경제 발전에 과거 두 차례의 산업혁명 못지않은 엄청난 영향을 미칠 것이다.

우쥔 선생의 『스마트시대』와 『수학의 미』 『문명의 빛』을 읽고 수학과 물리에 관한 그의 깊은 내공을 느낄 수 있었다. 우쥔 선생은 애정 어린 시선으로 과학발전사의 핵심을 파고들고 역사적 관점에서 현대 과학기술의 발전 추세를 독자들에게 설명한다. 그의 책들은 심오한 내용을 쉽게 풀어내 전문성과 통속성을 동시에 지니고 있다. 『스마트시대』는 앞선 두 책보다 산업 변혁에 한층 더 집중하며 산업혁명부터 시작해 자연스럽게 빅데이터와 지능화로 넘어가고, 사회와 산업 발전에 빅데이터와 기계지능이 미친 영향을 적극적으로 평가한다. 또한 과거 경험을 바탕으로 스마트시대에 나타날 수 있는 부작용을 분석하면서 기술 시대가 바뀔 때는 언제나 기존 산업구도에 엄청난 변화가 있었다고 지적한다. 따라서 스마트시대에 기회를 포착하고 위기에 대처하고 싶다면 새로운 산업 변혁의 흐름에서 기선을 뺏겨서는 안 된다고 역설한다. 저자는 구글 및 텐센트 근무 이력과 빅데이터 및 기계지능에 관한 다년간의 연구 성과를 『스마트시대』속 관련 기술에 적절히 접목해놓았다. 하지만 기술의 심층적 해설이 아니라 기술을 활용할 때 드러나는 빅데이터 개념에 중점을 두고 새로운 사유를 일깨우는 데 집중한다. 이 책은 근대 과학에 관한 역사서이자 대중과학서, 혁신을 선도하는 교과서라고 할 수 있다. 빅데이터가 모든 영역에 활용될 것이 확실한 이상, IT 종사자는 물론 정보화와 관련된 기타 분야의 기술자 및 관리자 모두에게 유용할 책이다.

중국공정원(中國工程院) 원사(院士)

우허취안(鄔賀銓)

추천사

●

이미 도래한 미래, 스마트시대

최근 몇 년 동안 인류는 인공지능, 유전자기술, 나노기술 등 선진 과학기술 분야에서 일대 혁신을 이루었다. 특히 지난 1년 동안에는 인공지능이 최고의 인간 바둑기사를 이기고 자율주행자동차 기술이 날로 발전하며 생산라인에서 로봇이 인간을 대체하는 등 SF소설에 등장하던 일들을 현실에서 직접 볼 수 있었다. 어쩌면 우리는 우주여행 기술이 대중화되는 것까지 살아서 볼 수 있을지도 모른다. 한때 인류의 '미래'로 묘사되던 일들이 하나하나 현실이 되는 것을 보면, 두각을 드러내기 시작한 '스마트시대'가 바로 인류가 상상하던 '미래'의 모습이 아닐까 싶다.

『스마트시대』에서 우쥔 박사는 빅데이터와 기계지능 분야의 최전선에서 쌓은 다년간의 경험을 바탕으로 정확하고 명철한 견해와 전망을 드러낸다. 빅데이터와 지능혁명이 일으킨 사유혁명과 기술상의 위기, 기계지능이 인류 사회를 바꾸는 방식 등을 전면적으로 해설한 이 책은 기계지능을 다룬 다른 책들과 달리, 저자의 기존 책들처럼 생생하고 이해하기 쉬우며 친근한 문체로 서술되어 있다.

불확정성 해소의 명약, 빅데이터

"불확정적 시선으로 세계를 바라본 뒤 정보를 이용해 불확정성을 제거한다." 이것이 바로 빅데이터가 지적 문제를 해결하는 본질이다. 본문에서 우쥔 박사는 세계의 불확정성이 두 가지 요인에서 비롯된다고 말한다. 첫째, 세계에 영향을 미치는 변수가 너무 많아 수학 모형으로 묘사할 수 없고 둘째, 객관적 세계 자체의 원인, 즉 불확정성이 우리가 속한 우주의 특성이라는 것이다. 그래서 기계론으로는 이미 미래를 예측할 수 없게 되었다고 말한다.

불세출의 천재 섀넌은 열역학의 엔트로피 개념을 빌려 '정보 엔트로피' 개념을 이끌어내고 정보이론으로 세계의 불확정성과 정보를 연결했다. 그리고 불확정성에 기반한 이 이론은 오늘날 빅데이터와 기계지능을 연구하는 토대가 되었다.

지적 문제의 해결이란 문제에서 불확정성을 제거하는 것이며, 이때 빅데이터가 불확정성 문제를 해결하는 최적의 도구로 활용된다. 이 분야에서는 앞으로 무수한 기회가 창출될 수 있다.

기존 산업 + 신기술 = 새로운 산업

우쥔 박사는 제1차 산업혁명 이후 역대 기술혁명 모두 핵심 기술을 중심으로 전개됐다는 규칙을 제시한다. 제1차 산업혁명은 증기기관,

제2차 산업혁명은 전기, 정보혁명으로 컴퓨터와 반도체 칩이, 현재의 지능혁명은 빅데이터와 기계지능이 중심축이라는 것이다. 그리고 기술혁명 때마다 신기술을 먼저 받아들인 경우만 성공할 수 있었다고 지적한다. 지능혁명에서도 기존 산업이 신기술을 채택한 뒤 전면적 업그레이드를 통해 새로운 산업으로 탈바꿈하면 무한한 기회가 창출될 수 있다.

지능혁명이 초래할 불연속적 위기

이 책의 주요 관점에 따르면 기계지능 혁명은 빅데이터 누적으로 질적 변화가 초래되는 특이점에서 시작된다. 이렇게 보면 기계의 학습은 인간의 학습과 본질적으로 별 차이가 없다. 수천 년 동안 인류가 지식 기반으로 삼은 귀납법에는 '미래 역시 과거와 마찬가지'라는 연속성의 가설이 숨어 있다. 그러나 앞으로 도래할 '스마트시대'에서는 지금까지 없었던 '불연속성'에 맞닥뜨릴 수 있다. 새로운 시대에 살아남으려면 우선 기저에 깔린 지식의 불연속성을 뛰어넘어야 한다.

인공지능으로 촉발된 지능혁명은 산업혁명보다 훨씬 강도 높고 광범위할 것이다.

이 책에서도 언급되지만 일부 사람들은 기계지능이 향후 인류 전체의 일자리를 위협해 대부분의 사람이 사회에서 효용가치를 잃을 것이라고 우려를 표명한다. 분명 거대한 기술혁명 때마다 진통이 수반되었다.

하지만 그와 동시에 새로운 기회 역시 무수히 창출되었다. 스마트시대에 성공하려면 '상위 2%'에 들어야 하며 그 첫걸음은 기존의 지적 속박에서 탈피하는 것이다.

그렇다면 스마트시대에 사유의 불연속성을 어떻게 뛰어넘을 수 있을까? 이 책에서 적절한 해답을 찾을 수 있다.

훈둔(混沌)대학 설립자

리산유(李善友)

프롤로그

●

인류의 승리

2016년은 기계지능 역사상 기념비적인 해였다. 한 시대가 마감되고 새로운 시대가 시작된 해로 1956년 매카시와 민스키, 로체스터, 섀넌 등이 인공지능(AI) 개념을 제시한 지 60년, 중국식으로 말하면 1갑자가 되는 해였다. 다트머스대학교에서 AI 개념을 제시한 열 명의 과학자 가운데 마지막 생존자인 민스키마저 연초 세상을 등지면서 2016년은 기계지능 분야에 기울인 인류의 첫 노력이 일단락되는 해처럼 보이기까지 했다.

민스키가 세상을 떠나고 두 달 뒤 구글(Google)의 바둑프로그램 알파고(AlphaGo)는 세계적인 바둑기사 이세돌과의 대국에서 4 대 1로 압도적인 승리를 거둬 세계 랭킹 1위를 이긴 최초의 로봇이 되었다. 이 대국은 1997년 IBM의 딥블루가 카스파로프를 이겼을 때보다 훨씬 큰 의미를 지닌다. 바둑의 난이도가 체스보다 6~9 자릿수 높기 때문이다. 이 사건은 기계지능 분야에서 거둔 인류의 기념비적 승리일 뿐만 아니라 새로운 시대, 즉 스마트시대의 시작을 의미한다.

컴퓨터 발전 추이를 고려하면 바둑이나 체스 등 보드게임에서 인공지능이 인간을 이기는 것은 시간문제일 뿐이었다. 컴퓨터의 연산능력이 지수 차원으로 늘어나는 데 비해 인간의 지력은 선형으로만 늘어나도 대단하기 때문이다. 따라서 어느 시점이 되었을 때 모든 보드게임에서 인공지능이 인간을 앞지르는 것은 당연한 일이다. 1997년 IBM의 딥블루가 카스파로프를 이긴 이후 컴퓨터가 이기지 못한 게임은 수천 년의 동양문화, 고유의 기술이 녹아 있는 바둑밖에 없었다. 대부분의 사람이 언젠가는 바둑도 컴퓨터가 앞서리라 믿었지만 그래도 몇 년 뒤에나 가능하리라 생각했다.

대국 전까지 이세돌 9단 본인도 알파고의 수준이 한 수 아래라고 생각해 선수를 내주더라도 5 대 0 완승하리라 믿었다. 중국 바둑계의 대가 서웨이핑(聶衛平)도 현 수준의 컴퓨터로는 세계 랭킹 1위를 꺾을 수 없다고 예상했으며, 구글에서 근무했던 IT 전문가 리카이푸(李開復) 박사까지도 알파고의 승리를 예측 못 했다. 리카이푸 등이 기계지능 수준을 제대로 알지 못해서가 아니라 바둑이 워낙 어렵기 때문이었다. 알파고는 2015년 말 판후이(樊麾) 2단을 이겼을 뿐, 9단과는 격차가 꽤 있었다. 하지만 모두 알파고가 수준을 높이는 데 인간처럼 긴 시간이 필요 없다는 점을 간과하고 말았다. 사실 구글 내부인사들은 알파고 수준이 9단 못지않다는 사실을 대국 전에 이미 알고 있었다.

2016년 3월 9일 알파고와 이세돌 간 세기의 대국이 시작되었다.

첫 대국에서 알파고는 모두의 예상을 깨고 승리를 거뒀다. 사람들은 대부분 알파고의 수준을 칭찬하는 한편 이세돌이 탐색전을 펼쳤을 뿐이라고 생각했다. 전혀 알지 못하는 상대를 탐색하느라 다섯 판 가운데 한 판을 내줬다며 현명한 처사라고 평가했다. 하지만 두 번째 대국에서도 알파고가 생각지도 못한 멋진 수까지 펼치며 승리하자 서웨이핑을 비롯해 기계지능에 냉소적이던 사람들까지 전부 경탄을 내뱉었다. 세 번째 대국마저 알파고가 이긴 뒤에는 최고 수준의 기사들이 앞다투어 대국을 희망하기에 이르렀다. 자신의 수준을 검증받으면서 실력까지 높일 수 있는 기회라 믿었기 때문이다.

이세돌은 네 번째 대국에서 알파고의 실수를 놓치지 않고 멋지게 판세를 뒤집었지만 마지막 대국은 또다시 알파고에게 내주어야 했다. 알파고는 안정적으로 판세를 장악하며 승리를 거뒀다. 대국 이후 기계지능에 대한 바둑계의 의심은 숭배로 바뀌었다. 그러고 나서야 사람들은 몇 달에 불과한 알파고의 발전 속도를 감안할 때 구글이 계속 연구하려고만 하면 곧 어떤 바둑 고수도 알파고의 적수가 될 수 없으리라는 사실을 받아들였다.

컴퓨터가 인간을 이길 수 있는 이유는 인간과 다른 방식으로 지능을 얻기 때문이다. 컴퓨터는 논리적 추리가 아니라 빅데이터와 지능 알고리즘에 의지해 지능을 습득한다. 구글은 바둑 고수들 간에 쌓인 수십만 건의 기보 데이터로 알파고를 훈련해, 이른바 '지능'을 부여했다. 또한 알파고의 계산 능력을 위해 만여 대의 서버로 바둑 패턴을 훈련하고 다양한 버전의 알파고들끼리 수천 번씩 대결시켰다.

이러한 과정을 거친 뒤에야 알파고를 '빈틈없게' 만들 수 있었다. 구체적인 바둑 책략을 위해서는 두 가지 핵심 기술이 적용되었다.

첫 번째 핵심 기술은 바둑판의 상황을 승리 확률로 바꾸는 수학 모델이었다. 이 모델에서는 인위적 규칙 없이 앞에서 말한 데이터로만 훈련이 이루어졌다. 두 번째 핵심 기술은 체험식 탐색 알고리즘인 몬테카를로 트리 탐색(Monte Carlo Tree Search)이었다. 이 알고리즘은 탐색 공간을 매우 좁은 범위로 제한해 컴퓨터가 빠르게 최적의 수를 찾도록 해준다. 훈련 때는 만여 대의 서버가 사용되었지만 알파고가 이세돌과 대국할 때는 수십 대의 서버(중앙처리장치[CPU] 1,000여 개와 그래픽처리장치[GPU] 100여 개)만 사용되었다. 바둑은 체스보다 탐색 공간이 훨씬 광범위하고 알파고의 계산 능력은 딥블루보다 많이 향상되지 않았다. 그럼에도 알파고는 훌륭한 탐색 알고리즘으로 탐색 공간을 정확히 모을 수 있었기 때문에 짧은 시간에 최적의 수를 계산할 수 있었다. 여기에서 지능형 문제로 보이는 바둑이 본질적으로는 빅데이터와 알고리즘의 문제라는 것을 알 수 있다.

물론 알파고 개발의 최종 목표는 컴퓨터가 인간보다 바둑에 뛰어남을 증명하는 게 아니라 컴퓨터가 지능형 문제를 해결할 수 있도록 기계학습 기술을 개발하는 데에 있었다. 사실 알파고와 이세돌의 대국은 기계지능 수준을 가늠하기 위한 일종의 테스트였다. 판후이부터 이세돌까지 모두들 자신의 전공으로 구글의 기계지능 테스트를 도운 것이다. 알파고와 벌인 네 번째 대국에서 이세돌은 역전 드라마를 펼치던 중 무의식중에 알파고의 결점을 발견했다. 따라서 구글의 성공에는 이세돌 등 바둑기사들의 공로도 포함된다. 이렇게 접근한다면 알파고의 승리는 인류가 기계지능 분야에서 새로운 경지에 이르렀음을 의미하므로 결국 인류의 승리라고 할 수 있다.

훈련 모델에서든 실전 바둑에서든 알파고가 사용한 알고리즘은 이미 수십 년 전에 알려진 머신러닝과 게임트리 탐색 알고리즘이다. 구글은 이러한 알고리즘을 1만여 대, 심지어 100만여 대 서버에서 운용해 컴퓨터의 지능형 문제 해결 능력을 본질적으로 끌어올렸다. 이러한 알고리즘은 바둑만을 위해 설계된 것이 아니기 때문에 이미 다른 지능형 애플리케이션(음성 인식, 기계 번역, 영상 인식, 빅데이터 의료 등)에서 성공적으로 사용되고 있다.

알파고의 성공은 기계지능 수준이 새로운 단계에 도달했음을 의미할 뿐만 아니라 컴퓨터가 더 많은 지능형 문제를 해결할 수 있게 되었음을 의미한다. 오늘날 컴퓨터는 사람의 지력을 통해서만 완성할 수 있었던 의료 진단, 문서 열람 및 처리, 자동 질의응답, 뉴스 작성, 차량 운전 등의 업무를 수행하기 시작했다. 따라서 알파고의 승리는 기계지능 시대의 서막을 알린다고 할 수 있다.

알파고가 승리하자 기계지능에 무지한 사람들은 지레 겁을 먹으며 미래에는 기계가 인간을 통제할지도 모른다고 걱정했다. 알파고의 영혼이 컴퓨터 과학자들의 프로그램임을 감안할 때 불필요한 우려가 아닐 수 없다. 기계는 인간을 통제할 수 없지만 지능형 기기를 만드는 사람은 가능하다. 과학은 인류가 진보할 때 언제나 가장 활발하고 혁명적인 역할을 하며 그것의 발전을 막을 수는 없다. 우리는 현실을 직시하고 지능혁명의 기회를 포착할 수 있을 뿐이지 그것을 피하거나 부정, 저지할 수는 없다. 미래 사회는 컴퓨터 과학자 등 창의적인 사람들에게만 열려 있어 특정 기능을 반복적으로 되풀이하는 사람들은 도태될 수밖에 없다.

알파고가 이세돌과의 대국에서 승리했을 때 사람들이 빅데이터의 본질과 역할, 기계지능과의 관계, 기계지능의 원리와 발전 과정, 미래 산업과 사회에 미칠 영향 등을 더 잘 이해할 수 있으면 하는 바람에서 이 책을 출판했다. 총 7장으로 구성된 이 책은 장별로 데이터의 역할, 빅데이터와 기계지능, 기계지능의 원리 및 발전 과정, 빅데이터 사유의 핵심과 중요성, 빅데이터와 기계지능 및 비즈니스 간의 관계, 이들이 사회에 미칠 긍정적·부정적 영향을 다룬다. 주요 내용은 여러 연구소와 경영대학원에서 했던 강의 자료를 기반으로 했다. 하지만 독서와 강의는 확실히 다르기 때문에 책으로 편집할 때 사례와 역사적 배경을 대거 첨가했다. 이러한 자료가 독자들이 빅데이터와 기계지능의 전후 맥락을 체계적으로 이해하고 미래를 분석하는 근거가 될 수 있기를 바란다.

이 책은 연구소 책임자 쩡싱예(曾興曄) 여사, 공무변처(空無邊處) 출판사 장셴(張嫻)과 정팅(鄭婷) 여사, 중신(中信)출판사 경영분사의 주훙(朱虹) 사장과 자오후이(趙輝) 편집장 등의 적극적인 도움으로 출판되었다. 저명한 정보 전문가이자 중국 인터넷협회 이사장인 우허취안 원사와 훈둔대학 설립자 리산유 교수가 바쁜 와중에도 「추천사」를 써주셨고, 상하이교통대 전자정보 및 전기공정대 부총장 왕옌

평(王延峰) 부교수는 귀중한 의견을 보태주셨다. 이 자리를 빌려 모두에게 진심 어린 감사를 표한다.

또한 개인적인 능력 부족으로 본문 속에 실수가 있을 수도 있으니 독자 여러분의 아낌없는 가르침을 바란다.

실리콘밸리에서

우쥔

1

문명 건설의 토대,
데이터

자본과 기계 동력이
대항해시대 이후
세계 근대화를 이끈 추동력이라면
데이터는 차세대 기술혁명과
사회 변혁의 핵심동력이다.

현상과 데이터, 정보, 지식

많은 사람이 데이터라고 하면 숫자와 동일시하거나 숫자로 구성되었다고 생각하지만 전혀 그렇지 않다. 데이터의 범주는 숫자보다 훨씬 더 광범위하다. 인터넷상의 글자, 사진, 동영상 같은 콘텐츠는 물론 병원 내 의학 영상 등 온갖 파일, 회사와 공장의 각종 설계도면, 출토품의 글자와 그림, 길이, 재료까지 전부 데이터에 속한다. 심지어 우주가 형성될 때도 소립자 수량 같은 수많은 데이터가 발생한다.

데이터 자체는 객관적으로 존재하지만 그 범주는 문명의 발달과 함께 부단히 변화하고 확대되었다. 컴퓨터가 발명되기 전까지는 일반 서적의 문자 콘텐츠가 데이터로 여겨지지 않았던 반면, 오늘날은 언어와 문자 형태로 존재하는 콘텐츠가 전 세계 각종 정보처리 시스템에서 가장 중요한 데이터이자 세계 통신 및 정보기술 산업의 핵심

데이터로 여겨진다. 여기에는 편지와 전화, 이메일 내용은 물론 텔레비전과 라디오 프로그램, 인터넷 웹사이트, 각종 소셜 플랫폼에서 사용자가 직접 제작한 콘텐츠(User Created Content, UCC: 원문에는 미국식으로 User Generated Content, UGC로 나옴 – 옮긴이) 등까지 포함된다. 이러한 데이터의 공통점은 음성과 문자를 매개체로 한다는 것이다. 그래서 연구원들은 이것을 효율적으로 연구하고 처리하기 위해 음성과 문자만을 위한 데이터베이스, 이른바 코퍼스(Corpus)를 구축했다. 코퍼스의 데이터는 주로 음성과 문자 콘텐츠이며 숫자 콘텐츠는 거의 찾아보기 힘들다.

데이터의 외연을 조금 더 확대하면 의학 영상자료, 각종 산업설계도 등도 데이터에 포함할 수 있다. 사실 이러한 것은 이미 빅데이터의 처리대상이다. 또한 놀이 활동, 대인 교류, 일상 행위 등 인간의 활동 자체도 특수한 데이터로 볼 수 있다. 아마 다음 세대에는 데이터의 범주가 지금보다 훨씬 넓어질 것이다. 데이터는 문명의 토대이며 그것을 어떻게 인식하는가에 문명의 정도가 반영된다고 말할 수 있다.

데이터를 논할 때 정보와 같은 개념으로 혼용하는 사람이 많다. 가령 데이터 처리를 정보 처리라고 말하는 식인데 사실 의미가 크게 다르지는 않다. 하지만 엄밀히 말해 데이터와 정보는 비슷한 부분도 있지만 다른 점도 있다.

정보는 세계, 인간, 일에 관한 서술로 데이터보다 추상적이다. 두 사람의 음성 통화기록처럼 사람이 창조한 것은 물론 지구의 면적과 질량 등 자연적으로 존재하는 객관적 사실도 전부 정보라 할 수 있다. 그런데 때로는 이면에 숨어 발굴하고 측량할 때만 얻을 수 있는 정보도 있다. 예를 들어 우주 대폭발 때 남은 증거인 3K 배경복사, 물리법칙의 계수, 천체운동의 주기 등이 그렇다. 수많은 서양 물리학자들은 하느님이 우주를 창조할 때 다량의 정보를 어둠 속에 숨겨놓았으며 자신들이 그 정보를 찾아 데이터로 명확히 서술해야 한다고 여겼다. 이러한 전제 아래서는 정보와 데이터를 혼용해도 아무 문제 없다.

하지만 데이터는 정보와 살짝 다르다. 정보를 담는 것이 데이터의 주된 역할이지만 모든 데이터에 유의미한 정보가 들었다고 할 수는 없다. 데이터 자체가 인간의 창조물이라 임의로 만들어질 수도, 심지어 위조될 수도 있기 때문이다. 일반적으로 정보가 없는 데이터는 큰 의미가 없어 사람들 역시 별 관심이 없으므로 여기에서는 논하지 않겠다. 위조된 데이터에는 부작용이 따른다. 그에 관한 예는 내 전작인 『수학의 미』에서 계속 언급했던, 웹사이트 순위를 높이기 위해 인위적으로 만들어낸 각종 부정 데이터에서 찾아볼 수 있다. 여기서 강조하고 싶은 것은 유용한 데이터와 무의미한 데이터, 위조 데이터가 늘 혼재한다는 점이다. 당연히 무의미하고 위조된 데이터는 우리가 유용한 정보를 얻을 수 없게 방해한다. 따라서 쓸모없는 잡음과 유해한 데이터를 걸러내 데이터 이면의 정보를 얻는 데이터 처리 방식은 이제 기술, 더 나아가 예술이 되었다. 데이터를 잘 활용할 때에만 뜻하지 않은 기쁨, 데이터 이면의 정보를 얻을 수 있다. 그럼 예를 들어 데이터에서 정보를 얻는 방식에 관해 살펴보겠다.

지금부터 4,600년 전인 기원전 26세기에 고대 이집트인은 이미 엄청난 수학지식을 갖고 있었다. 그들은 쿠푸왕의 피라미드를 만들 때 데이터를 통해 관련 정보를 남겼다. 예를 들어 피라미드의 둘레 대 높이의 비율은 대략 6.29다. 이는 원의 둘레 대 반지름의 비율, 즉 원주율의 두 배(2π)와 거의 일치한다. 물론 피라미드에 남은 가장 의미 있는 숫자는 파라오 묘실의 수치다. 길이 20로열큐빗[1], 폭 10로열큐빗으로 비율이 정확히 2 대 1인데 높이는 정수가 아닌 11.18로열큐빗이다. 파라오는 왜 이렇게 이상한 숫자를 채택했을까? 그것은 11.18이 $5\sqrt{5}$, 묘실 폭의 $\sqrt{5}/2$배이기 때문이다. 이 높이 때문에 양쪽 벽의 대각선 길이는 직각삼각형 법칙[2][$10^2 + (5\sqrt{5})^2 = 225 = 15^2$]에 따라 정수, 15로열큐빗이 된다.

그뿐만 아니라 묘실에서 가장 멀리 있는 두 꼭짓점 사이의 거리도 25로열큐빗으로 정수다. 이 역시 직각삼각형 법칙에 따라 $15^2 + 20^2 = 625 = 25^2$이기 때문이다.

묘실의 수치에서 4,600년 전 고대 이집트인이 직각삼각형 법칙을 알았음을 확인할 수 있을 뿐만 아니라 당시 고대 이집트 문명이 어느 수준까지 발달했는지 짐작할 수 있다. 이것이 바로 데이터에서

---

1   Royal cubits: 피트처럼 파라오의 팔꿈치 길이로 추산된다. 1로열큐빗은 약 0.524미터.
2   직각삼각형 법칙은 고대 이집트로부터 2,000년 뒤 피타고라스(Pythagoras of Samos)에 의해 증명되었다.

정보를 얻은 좋은 예다.

데이터 속에 정보와 지식이 숨어 있다는 것은 객관적인 사실이지만 그것을 발굴할 수 있는 사람은 관련 분야의 전문가뿐이다. 예를 들어 쿠푸 피라미드의 데이터를 도굴꾼에게 보여주면 도굴꾼은 아무것도 연상해내지 못한다. 반면 수학자나 고고학자는 다르다. 그들에게는 도굴꾼에게 없는 데이터 처리 능력이 있기 때문이다. 정보와 데이터 처리 능력은 인간 고유의 능력이며 이 능력의 발현은 현대 호모 사피엔스의 사회적 발전과 관련 있다. 오늘날에도 숫자에 대한 지식이 '1, 2, 많다, 적다'의 4가지밖에 없는 원시부족이 존재한다. 하지만 인류가 진보하고 데이터 및 정보 처리 능력이 부단히 향상되면서 데이터에서 유용한 정보를 얻는 능력 또한 강화되었다. 이것이 오늘날 말하는 빅데이터 응용의 기반이다.

인간은 데이터와 정보를 처리한 뒤 지식을 얻는다. 지식은 정보보다 한층 높은 수준으로 훨씬 추상적이고 체계적이다. 예를 들어 행성의 위치와 대응 시간을 측정하면 데이터를 얻게 된다. 이 데이터로 구한 행성의 운행 궤적이 바로 정보이고, 이 정보를 통해 구한 케플러의 법칙이 지식이다. 인류의 진보란 지식을 활용해 삶과 주변 세계를 끊임없이 바꾸는 것이며 지식의 기반에는 데이터가 깔려 있다. 다음 절에서는 인간이 데이터로 어떻게 세상을 바꿨는지 살펴보겠다.

데이터의 역할: 문명의 토대

과거 사람들은 어디에서 데이터를 얻었을까? 중요한 방법의 하나가 현상을 관찰하는 것이었다. 관찰을 통한 데이터 습득은 인간이 동물과 다른 중요한 차이점이다. 관찰력은 동물에도 있지만 데이터로 모을 수 있는 능력은 인간에게만 있다. 그리고 데이터를 얻어 사용하는 능력을 통해 문명의 발전을 가늠할 수 있다.

인류 문명이 처음부터 데이터를 사용했으므로 데이터는 문명의 토대라고 말할 수 있다. 처음에는 주변 세계를 이해해 더 잘 살려는 바람에서 시작되었다. 옛날 이집트 파라오들이 피라미드를 건축하기 수천 년 전, 셈족[3]과 원주민은 나일강변에서 농사를 지었다. 왜 하필 그곳에 자리를 잡았을까? 온난한 기후를 제외한 가장 중요한 이유는 해마다 나일강이 범람해 홍수가 나면 농사짓기 적합한 비옥한 땅이 조성되었기 때문이다. 나일강 범람이 언제 시작돼 끝나는지 정확한 시간과 규모[4]를 예측하기 위해 이집트인은 천체를 관찰하기 시작했고 관찰 데이터를 기반으로 천문학을 창시했다. 그들은 시리우스별이 태양과 동시에 나타나는 위치를 기준으로 1년 중 농사지을 수 있는 시기와 절기를 가늠한 뒤 범람 범위와 시간을 정확히 구했다. 고대 이집트인은 관찰을 통해 1년이 정확히 365일이 아니라 조금 더

---

3   아시아와 아프리카 대륙에 살던 고대 민족. 아랍인과 유대인이 셈족에 속한다.
4   홍수의 규모는 농사지을 땅의 범위를 정확히 계산하기 위해서였다.

길다는 사실을 알았지만 당시 달력에는 윤년이 없어서 아주 긴 '분기 (365×4+1=1,461일)'를 사용했다. 태양과 시리우스가 함께 뜨는 간격이 그렇게 길었기 때문이다. 실제로도 시리우스와 태양의 동시 출현을 기준으로 할 때가 태양을 기준으로 할 때보다 더 정확하다. 여기에서 또 한 번 좋은 모델이란 데이터와 일치해야 하며, 고대 이집트인이 데이터에서 수학 모형을 구하는 기본 능력을 가지고 있었음을 알 수 있다.

위에서 설명한 천문학의 기원과 발전 과정은 데이터가 인류 발전에 얼마나 큰 역할을 했는지 분명하게 보여준다. 인류의 또 다른 고대 문명지는 메소포타미아[5] 평원이다. 그곳 수메르인의 천문학은 한층 더 수준이 높았다. 수메르인은 관찰을 통해 달이 28~29일을 주기로 초승달에서 보름달이 되었다가 그믐달이 된다는 사실을 발견했다. 또한 매년 네 계절이 있고 달의 주기가 12~13번 지나면 태양이 원래 위치로 돌아온다는 것을 관찰해 태음력을 만들었다. 역법은 실제로 천문현상을 데이터화한 것이다. 수메르인은 다섯 행성(금, 목, 수, 화, 토. 육안으로는 천왕성과 해왕성이 보이지 않기 때문이다)이 지구 둘레를 물결 모양의 궤적을 그리며 돈다는 것도 관측해냈다. 서양에서 행성 (planet)이란 떠다니는 별이라는 뜻이다. 그들은 또 행성이 근일점에 있을 때 원일점에서보다 빠르며 금성이 대략 4년마다 하늘에 오각별

---

5   메소포타미아의 원뜻은 티그리스강과 유프라테스강 사이의 지역.

을 그린다는 것을 관측하고 기록했다. 메소포타미아 문명의 수학자들은 자신이 얻은 천문 관측 데이터를 이용해 오늘날 우리가 말하는 수학 모형을 만듦으로써 데이터를 지식으로 전환해냈다. 이러한 모형을 통해 메소포타미아인은 달과 다섯 행성의 운행 주기를 계산하고 일식과 월식을 예측할 수 있었다.

이상의 예를 통해 인류 문명이 사실상 다음과 같은 과정으로 발달했음을 알 수 있다.

표1 데이터 사용의 기본 흐름

이처럼 데이터는 인류 문명의 토대가 되었다.

고대 그리스 문명 때 지중해 연안 학자들은 메소포타미아 문명의 성과를 받아들였다. 기원전 551년 고대 그리스 과학과 철학의 집대성자 피타고라스는 밀레투스(Miletus)[6]와 델로스(Delos)[7] 등지를 돌며 저명한 수학자이자 천문학자인 탈레스(Thales of Miletus, BC 624~BC

---

6   아나톨리아 서해안, 마이안도로스강 하구에 위치했던 고대 그리스의 도시. 현재 터키에 속하며 밀레투스학파 덕분에 유명해졌다.
7   아폴론과 아르테미스의 출생지로 전해지는 고대 그리스의 종교 성지.

546),[8] 아낙시만드로스(Anaximandros, BC 611~BC 546),[9] 페르키데스(Pherecydes of Syros, 생졸 불명)[10] 등에서 수학하여 메소포타미아 수학과 천문학을 고대 그리스 지역으로 가져왔다. 그 뒤 고대 그리스는 수학과 천문학 연구의 세계 중심지로 성장했다. 이후 플라톤의 학생 에우독스(Eudoxus of Cnidus, BC 408~BC 347)가 천동설의 초기 모형을, 아르키메데스(Archimedes, BC 287~BC 212)가 지동설의 원형을 구축했다. 그리고 데이터를 활용해 최종적으로 천체운동 모형을 구축한 사람은 저명한 천문학자 프톨레마이오스다.

프톨레마이오스가 위대한 이유는 40~60개의 작은 원이 큰 원을 감싸는 방식으로 모든 행성의 운행 궤적을 정밀하게 계산해냈기 때문이다. 프톨레마이오스는 피타고라스의 생각을 계승해 원이 가장 아름다운 기하학 도형이므로 모든 천체가 원형 궤도를 등속으로 돈다고 생각했다. 사실, 이후 지동설을 주장한 코페르니쿠스까지도 천체 운동의 모델은 피타고라스의 인식에 부합해야 한다고 믿었다. 하지만 천체는 각기 다른 속도로 타원 궤도를 따라 지구가 아닌 태양 둘레를 돌기 때문에, 기존의 기본 가설을 유지하기 위해서는 작은 원을 큰 원에 덧대는 방식으로 설명하는 수밖에 없었다. 프톨레마이오

8　그리스 7대 현인의 한 명으로 고대 그리스 및 서양 최초의 자연과학자이자 철학가, 밀레투스학파의 창시자. 밀레투스학파는 고대 그리스 신화가 아니라 이성적 사유와 관찰을 통해 세상을 해석하려 했다. 기하학의 시조인 탈레스는 닮은꼴 삼각형의 원리를 이해해 그림자 길이로 피라미드의 높이를 계산했다.

9　탈레스의 제자이자 밀레투스학파의 주요 학자.

10　델로스의 저명한 학자로 물질의 불멸과 생물 진화 이론을 주창했다.

스는 주전원, 이심원, 대원의 세 가지 원을 서로 겹치는 모델을 사용하고 나서야 다섯 행성의 궤도를 합리적으로 묘사할 수 있었다. 하지만 다섯 행성의 궤도를 한 종류의 원으로 일괄되게 묘사할 수 없어서 다양한 원으로 제각각 표현하다보니, 결국 크고 작은 원 40~60개가 복잡하게 얽힌 모형이 만들어졌다.

프톨레마이오스는 자신의 모형이 관측 데이터와 일치해야 한다고 생각했다(이런 생각은 고대 이집트 때부터 존재했다). 이 점에서 프톨레마이오스는 자기 모형의 정확도를 높여준 히파르코스의 관측 데이터에 감사해야 한다. 프톨레마이오스 추종자는 그의 천동설 모형이 과거 800여 년의 관측 데이터에 부합한다고 공언했는데 사실 이 주장은 과장된 측면이 있다. 프톨레마이오스 시대에는 100여 년의 관측 데이터밖에 기록되지 않았다는 증거가 오늘날 발견됐기 때문이다. 물론 100여 년의 데이터와 일치하는 것만으로도 대단하다고 할 수 있다. 프톨레마이오스는 자기 모형을 근거로 이후 특정 시기 특정 행성의 위치를 예측할 수 있는 표를 작성하기도 했다. 그의 모형이 얼마나 정교했는지 이후의 과학자들 모두 경탄을 금치 못했다. 컴퓨터의 도움을 받는 오늘날까지도 40개의 원이 한데 뒤얽힌 방정식은 구하기 매우 어렵다. 이 점을 떠올릴 때마다 나는 진심으로 프톨레마이오스에게 감탄하게 된다. 프톨레마이오스가 천체 위치를 계산해 작성한 『천문표(Handy Tables)』는 한 해가 365일이고 4년마다 윤년을 넣어 하루씩 늘리는 당시의 율리우스력[11]과 일치했다. 그 뒤 1,500년 동안 사람들은 율리우스력과 『천문표』를 기준으로 농사시기를 결정했다. 하지만 1,500년이 흐르고 나자 태양 운동에 관한 프톨레마이오스의 누적 오차가 10일을 넘어섰다. 열흘은 유럽 농민의 농사일로 볼 때 거의 한 절기가 어긋나는 것이라 작물 생산에 큰 차질을 빚었다. 1582년 그레고리우스 13세는 달력에서 열흘을 제한 뒤 매 100년째의 윤년을 평년으로 고치고 400년마다 윤년을 끼워 넣었다. 이것이 바로 오늘날 우리가 사용하는 오차가 거의 없는 달력으로, 그레고리우스 13세를 기념하기 위해 그레고리력이라 부른다.

그레고리우스 13세가 400년마다 한 번만 윤년을 넣어 율리우스력보다 정확한 역법을 산출할 수 있었던 것은 사실 수천 년 동안 축적된 역사적 데이터 덕분이다. 물론 그레고리우스 13세에게는 프톨레마이오스의 모형을 수정할 능력까지는 없었다. 한편 폴란드 천문학자 코페르니쿠스는 완전히 다른 각도로 접근해 지동설 모형을 구축했다. 지동설은 8~10개의 원만으로 행성의 운동 궤적을 계산할 수 있었다. 하지만 유감스럽게도 코페르니쿠스의 정확한 가설은 프톨레마이오스보다 좋은 결과를 얻지 못했다. 데이터 부족으로 프톨레마이오스 모형보다 오차가 훨씬 컸기 때문이다. 초기 지동설 모형은 프

---

11 로마공화국 독재관 율리우스 카이사르(가이우스 율리우스 카이사르)가 수학자 겸 천문학자인 소시게네스의 계산을 받아들인 뒤 기원전 45년 1월 1일부터 옛 로마력 대신 사용하기 시작한 역법. 율리우스력은 1년을 12개월로 30일과 31일을 교대로 배치하고 4년마다 윤년을 넣어 평년은 365일, 윤년의 경우는 2월 말에 윤일 하루를 넣어 366일로 만들었다. 이로써 한해 평균이 365.25일이 되었다.

톨레마이오스의 천동설 모형보다 정확하다고 할 수 없어 설득력을 얻기 힘들었다. 지동설이 발전하려면 훨씬 정확하게 행성 운동을 설명할 수 있어야 했다.

그 사명을 완수한 사람은 케플러(Johannes Kepler, 1571~1630)다. 케플러는 일류 천문학자로서는 자질이 좀 떨어져 평생 저급한 실수를 많이 했다. 하지만 그에게는 남들이 없는 두 가지가 있었다. 그의 스승인 브라헤(Tycho Brahe, 1546~1601)가 남겨준 당시로써는 가장 정밀한 대량의 관측 데이터와 행운이었다. 케플러는 운 좋게 태양 둘레를 도는 행성 궤도가 타원형이라는 것을 발견했다. 그 덕분에 큰 원에 무수한 작은 원을 덧대는 대신 타원 하나만으로 천체 운동 법칙을 명쾌하게 설명할 수 있었다. 또한 이를 위해 매우 간단하면서도 정확한 법칙 세 가지를 제시했다. 하지만 왜 타원형인가에 대해서는 케플러도 명확히 설명할 수 없었다. 관측 데이터에 적합한 모델을 말 그대로 우연히 찾아냈기 때문이다. 천체 운동궤도가 왜 타원형인지는 나중에 뉴턴이 만유인력의 법칙을 제시한 뒤에야 설명되었다. 뉴턴은 또 케플러 타원 모형의 중심을 태양에서 태양계 중심(둘은 살짝 차이가 있다)으로 수정했다.

데이터의 중요성은 과학연구에서뿐만 아니라 우리의 생활 곳곳에서도 발견할 수 있다. 고대 중국은 고대 그리스나 로마처럼 자연과학을 중시하지는 않았어도 데이터 사용에서만큼은 서양에 뒤처지지 않았다. 어떤 의미에서 볼 때 중국의 역사는 데이터 수집과 처리, 정리를 통해 이루어졌다고 할 수 있다. 중국의 고대 전설에 복희(伏羲)

가 팔괘(八卦)를 지었다는 이야기가 있다. 복희는 중국 상고시대 삼황의 한 사람이지만 염제(炎帝)나 황제(黃帝)보다 훨씬 초기 인물이다. 어떤 사람들은 그가 사람이 아니라 부락을 의미한다고도 하는데 그건 별로 중요하지 않다. 복희는 자신이 발명한 팔괘를 통해 미래의 길흉화복을 예측할 수 있었다고 한다. 그것이 정확한지 아닌지는 차치하고, 복희의 팔괘는 상고시대 사람들이 서로 다른 조건(사실상 데이터 입력)에 따라 미래의 길흉화복을 8종 혹은 64종의 가능한 결과(데이터 출력)로 귀납시킬 줄 알았음을 설명해준다. 또한 미래를 그렇게 분류하고 광범위한 믿음을 얻을 수 있었던 까닭은(나는 그다지 믿지 않지만) 많은 사람이 그동안 듣고 보았던 일(데이터)을 통해 그러한 귀납적 분류가 정확하다고 여겼기 때문이다. 농경 문명시대에 접어든 뒤에도 수많은 과거 경험에 근거해 언제 파종할지, 언제 수확할지 등을 '데이터'에서 도출해낼 수 있었다. 다만 당시에는 문자가 없거나 글을 모르는 사람이 많아서 대대손손 입으로 전해질 수밖에 없었다.

천문학의 발전 과정을 통해 우리는 오늘날 빅데이터 시대에 와서야 데이터를 활용한 게 아니라 아주 오래전부터 사용해왔음을 확인할 수 있었다. 다만 과거에는 데이터의 역할을 거의 인식하지 못했을 뿐이다. 그 이유는 첫째, 데이터 양이 부족했기 때문이다. 대량의 데이터가 축적되기 위해서는 긴 시간이 필요하며 축적 시간이 짧은 데이터는 영향력이 크지 않다. 둘째, 정보란 다양한 데이터 간의 상관성을 통해서 발현되는데, 데이터와 얻고자 하는 정보가 간접적으로만 연계될 때가 많았기 때문이다. 상관성은 데이터가 제대로 작용하게 만드는 마법지팡이라고 할 수 있다.

상관성: 데이터 사용의 열쇠

다음의 예는 데이터의 상관성이 얼마나 중요한지 잘 보여준다.

　1970년대 중국 정부는 정상적인 국제 교류를 회복한 뒤 개발을 가속하기 위해 외국 업체를 대상으로 주요 건설프로젝트 입찰을 진행했다. 그 가운데에는 다칭(大慶)유전 석유설비도 포함되었는데 당시 다칭유전은 중국 정부가 비밀에 부치고 있었다. 서방 국가들은 아는 게 거의 없었을뿐더러 심지어 구체적인 위치조차 몰랐다. 그런데 일본 업체가 꼭 필요한 조건을 제시해 단번에 낙찰을 받았다. 놀랍게도 1964년 중국 「인민일보」에 게재된 왕진시(王進喜)의 사진으로 다칭유전에 관한 상세한 정보를 파악한 덕분이었다.

　두꺼운 솜옷을 입고 커다란 털모자를 쓴 왕진시가 높은 유정탑을 배경으로 시추기 손잡이를 잡은 채 먼 곳을 응시하는 사진이었다. 보통 사람 눈에는 호기로운 석유 노동자 외에는 별로 특별한 게 없는 그 사진에서 일본 정보원들은 많은 정보를 찾아냈다.

　우선 다칭유전의 위치를 포착해냈다. 일본인은 왕진시의 두꺼운 솜옷과 털모자에서 유전이 중국의 북쪽 끝에 있다고 판단한 뒤 하얼빈(哈爾濱)과 치치하얼(齊齊哈爾) 사이라고 예측했다. 그러고는 배경에 찍힌 유정탑의 밀도를 통해 유전의 생산량을 대략 추산하고, 손잡이를 잡은 왕진시의 자세에서 유정의 지름을 얼추 계산해냈다. 다칭유전에 대해 상대적으로 정확한 정보를 포착해 꼭 필요한 설비를 제안했으니 일본인이 낙찰받는 것은 당연한 결과였다.

이 사례를 통해 데이터가 상상을 초월할 정도로 서로 얽혀 있음을 알 수 있다. 이러한 연관성을 이용한다면 얻고자 하는 정보는 물론 예상 밖의 기쁨까지 얻을 수 있다. 빅데이터 시대가 다가올 때도 어떤 사람들은 예리하게 감지해냈다.

2002년 초 구글 면접을 봤을 때 면접관 중에 수학박사인 파텔(Amit Patel)이 있었다. 파텔이 출제한 수학문제를 내가 빨리 풀어서, 우리는 남는 시간 동안 이런저런 이야기를 나누었다. 나는 파텔에게 구글에서 어떤 일을 하느냐고 물었다. 보통 구글 사람들은 신비화를 좋아해 세세하게 알려주지 않는데 파텔은 무척 솔직하게 대답해주었다. 파텔은 대충 다음과 같은 그림을 그렸다.

표2 구글 사용자의 시간대별 특정 TV 프로그램 검색량

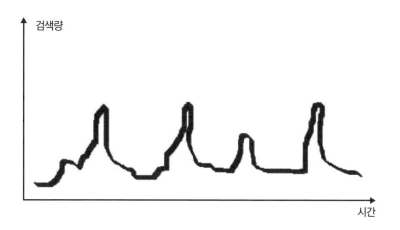

파텔이 그린 그림은 구글 내부에서 파악한 시간대별 사용자의 특정 TV 프로그램 검색량이었다. 파텔은 왜 네 차례 상승했는지 물었고, 나는 사람들이 프로그램 시청 전후에 구글에서 검색하는데 미국의 4개 시간대에 따라 방송 시간이 1시간씩 차이가 나서 그런 듯하다고 대답했다. 파텔은 내 생각에 동의하고는, 그래프와 각 시간대 인구를 통해 여러 TV 프로그램의 지역별(각 시간대) 시청률을 알 수 있다고 덧붙였다. 그렇게 파텔은 검색량과 시청률을 연결했다. 내가 무척 흥미로운 발견이라고 칭찬하자 파텔은 감격하면서 사실 경제적 수익이 그다지 크지 않아 회사에서 지원을 별로 못 받는다고 말했다.

몇 달 뒤 구글에 입사한 나는 정말로 파텔이 별로 주목받지 못한다는 사실을 발견했다. 파텔은 구글의 초창기 멤버였지만, 사람들은 실적 때문이 아니라 그가 당시의 새 CEO(최고경영자) 슈미트와 한 사무실을 쓰겠다고 요구했던 일로 그를 기억했다. 그래도 다행히 구글에서는 누구나 좋아하는 일을 하도록 지원하기 때문에 파텔은 계속해서 검색 모델을 연구할 수 있었다.

그러다 2007년 파텔은 갑자기 국제적 유명인사가 되었다. 기술자들이 그의 연구 성과를 구글 트렌드(Google Trends)라는 상품으로 개발했기 때문이다. 구글 트렌드에서는 누구나 전 세계 이용자들이 구글에서 검색하는 키워드의 시간 및 장소별 변화추세를 보고 무엇이 주목받는지 파악할 수 있다. 예를 들어 2015년 말 파리 기후변화 협약 때는 전 세계적으로 '기후변화(climate change)'의 검색량이 폭증했다.

검색 추이만 살필 뿐이라면 구글 트렌드는 단순한 오락거리에 불과할 것이다. 하지만 검색을 다른 일과 연계시킬 경우에는 매우 중요한 정보의 보고가 된다.

2009년 인류는 신종 인플루엔자인 A형 H1N1 조류독감을 발견했다. 이 바이러스로 인한 질병은 고작 한 달 만에 전 세계 곳곳으로 퍼져나갔다. 사람들은 1918년 유럽 5억 인구를 공포로 몰아넣고 5,000만 명에서 1억 명의 사망[12]을 초래한 스페인 독감을 떠올렸다. 이로 인해 A형 H1N1 조류독감은 전 세계에서 공포의 대상이 되었다. 더군다나 백신이 개발되기 전이라 공중보건 전문가는 더 이상 전파되지 않도록 전염지역을 파악하는 데 집중할 수밖에 없었다.

과거 전염병 예보는 각지의 병원, 진료소, 의료진이 미국 질병통제예방센터(Centers for Disease Control and Prevention, CDC)에 보고하는 방식으로 이루어졌다. 하지만 이러한 방식으로는 대략 10일에서 2주의 시차가 발생했다. 2주면 전염병이 이미 퍼질 시간이라 공중보건 전문가들은 전염병 상황을 예측하고 통제할 수 있는 새로운 방법을 찾아야 했다. 다행히 질병통제예방센터의 과학자와 구글 기술자들이 2007년부터 2008년까지 유행병 확산과 각 지역 검색량 변화의 관계에 대해 공동으로 연구하고, 2009년 2월 저명한 주간지 「네이처」에

---

12 Knobler, S.; Mack, A.; et al.(eds.), *The Story of Influenza. The Threat of Pandemic Influenza: Are We Ready? Workshop Summary*(2005), Washington, D.C.: The National Academies Press, pp.60~61.

1 문명 건설의 토대, 데이터 ──── 039

연구결과를 발표[13]한 상태였다. 그들은 지역별 구글 사용자의 인플루엔자 관련 키워드 검색 추이를 통해 인플루엔자가 어디까지 퍼졌는지 예측했다. 구글 기술자들은 4억 5,000만 종의 키워드 조합에서 최종적으로 45개의 상위 표제어와 55개의 차위 표제어(12종으로 병합)를 선별한 뒤 선형회귀모형을 사용해 2007년과 2008년 겨울 인플루엔자 확산 추세와 지역을 예측하였다. 그런 다음 컴퓨터 예측결과를 질병통제예방센터에서 발표한 데이터와 비교했더니 97% 이상이 일치했다.

이 논문에 주목한 질병통제예방센터는 2009년 조류독감에도 같은 방법을 적용해 훨씬 효과적이고 신속하게 데이터를 얻을 수 있었다. 이는 여러 언론매체에서 보도되었고 빅데이터로 의료문제를 해결한 전형적 사례로 남았다. 여기서 가장 중요한 핵심은 빅데이터 간의 상관성, 즉 질병 확산과 지역별 검색어 변화를 연관시킨 것이다.

많은 경우 우리는 정보(전염병의 전파 상황 등)를 직접 얻을 수 없다. 그럴 때 관련 정보(지역별 검색 상황 등)를 계량화한 뒤 수학 모형을 이용하면 간접적으로 필요한 정보를 얻을 수 있다. 그리고 이러한 수학 모형은 확률론 및 통계학에 뿌리를 내리고 있다.

---

13   Jeremy Ginsberg, Matthew H Mohebbi, Rajan S. Patel, Lynnette Brammer, Mark S. Smolinski and Larry Brilliant, *Detecting influenza epidemics using search engine query data*, Nature Vol. 457. 19 February 2009.

통계학: 미다스의 손

확률론을 최초로 연구한 사람은 수학자가 아니라 도박꾼과 투기꾼이었다. 오늘날도 상당수의 순수 수학자들은 확률론을 수학이 아니라 독립된 분야로 여긴다. 수리통계라고도 불리는 통계학은 확률론을 기반으로 데이터를 수집, 처리, 분석해 데이터에 내재한 관련성과 규칙성을 찾는 학문이다. 여기에서는 확률론과 통계학에 대한 자세한 설명을 생략하겠다. 이들이 정보기술 속에서 어떻게 응용되는지는 졸저 『수학의 미』를 참고하기 바란다. 다만 통계학에서 데이터를 수집할 때 중시하는 두 가지 핵심, 양과 질에 대해서는 강조하지 않을 수 없다.

우선 데이터의 양에 대해 살펴보겠다. 정확한 통계 결과를 얻으려면 무엇보다 충분한 데이터가 필요하다. 예를 들어 마케팅을 위해 영화 관객의 연령대를 파악하고자 관객을 15세 이하, 16~25세, 26~40세, 41세 이상의 4개 그룹으로 분류했다고 가정해보자. 각 그룹의 비율을 파악하는 간단한 방법은 영화관 입구에서 관객 나이를 일일이 물어보는 것이다. 만약 설문조사에서 15세 이하가 343명, 16~25세가 459명, 26~40세가 386명, 41세 이상이 490명으로 나왔다면 다음과 같은 결론을 내릴 수 있다.

15세 이하 관객이 약 20%, 16~25세 관객이 25~30%를 차지하고 26~40세 관객은 25%에 살짝 못 미치며, 41세 이상은 약 30%를 기록해 가장 높은 비중을 차지했다.

그런데 주말 저녁에 관객 10명을 추출해 조사했더니 15세 이하는 3명, 16~25세는 5명, 26~40세는 2명이 나왔다고 치자. 이럴 경우 25세 이하 관객이 80%이고 41세 이상 중년층은 한 번도 영화관에 가지 않았다는 결론을 낼 수 있을까? 분명 그럴 수 없다. 대부분 독자가 이 관점에 동의할 것이다.

통계를 낼 때 표본 수량이 충분치 않으면 통계수치는 무의미해진다. 정확한 통계 결과를 위해 얼마나 많은 데이터가 필요한가는(이것은 확률적 추측의 문제다) 정량분석을 진행해야 한다.

정확한 통계 결과를 얻고자 할수록 더 많은 데이터가 필요하다. 위의 예에서 1,678명이라는 표본 총수는 대략적인 결론을 도출하기에는 충분하다. 하지만 이를 토대로 "41세 이상의 관객은 29.2%"라거나 "15세 이하 관객은 분명 20% 이상"이라고 단호하게 말한다면 누구도 수긍할 수 없을 것이다. 통계는 임의적이라 오차가 있기 때문에 1,000여 명의 데이터만으로는 정확한 결론을 낼 수 없다.

통계는 충분한 데이터뿐만 아니라 표본의 대표성도 필요로 한다. 때때로 데이터가 아주 많지 않아도 정확한 결과를 도출해낼 때가 있다. 통계에 사용되는 데이터는 반드시 통계를 내고자 하는 목표에 부합해야 한다. 이를 설명하기 위해 통계량이 많음에도 정확히 예측하지 못한 사례를 살펴보겠다.

1936년 미국 대통령 선거 때, 유명한 잡지 「리터러리 다이제스트(The Literary Digest)」는 여론조사를 통해 공화당 후보인 랜든이 이길 것으로 예측했다. 이미 4차례 연속 대통령 선거 결과를 성공적으로 예측한데다 과거보다 훨씬 많은 240만 건의 설문조사를 실시해 통계량이 충분했기 때문에 사람들은 「리터러리 다이제스트」의 예측을 믿었다. 하지만 당시 지명도가 높지 않았던 저널리즘학과 교수(통계학자이기도 함) 갤럽(George Gallup, 1901~1984)은 정반대의 의견을 내놓았다. 그는 5만 명의 통계만으로 민주당 후보였던 루스벨트의 연임을 예측했다. 갤럽은 의혹을 제기하는 사람들에게 「리터러리 다이제스트」의 표본은 수적으로 충분하지만, 대표성이 없다고 설명했다. 설문조사원이 전화번호부 주소로 설문지를 발송했는데 당시 전화를 보유한 가정은 전체의 절반에 불과하며 이들은 대부분 소득이 상대적으로 높은 공화당 지지자라는 것이었다. 반면 갤럽은 표본을 설정할 때 미국 유권자의 종족, 성별, 연령, 소득 등 다양한 요소를 고려했기 때문에 표본이 5만 명에 불과했지만 대표성이 충분했다. 통계표본의 대표성이 얼마나 중요한지를 보여주는 사례라 할 수 있다.

갤럽 이후 여론조사와 통계 회사들은 상대적으로 적은 데이터를 이용해 정확한 결론을 얻고자 대표성 있는 표본을 추출하려 노력했다. 하지만 제대로 해냈는지는 아무도 알 수 없다. 심지어 때로는 결론에 근거해 애초의 표본 설정을 추론하기도 했다. 결론이 정확하면 최초 표본 설정에 문제가 없었다고 보고, 아닐 경우에는 제대로 설정하지 못했다고 해석하는 사후약방문식 행위였다. 하지만 이는 빅데이터가 나오기 전까지는 사실상 해결하기 어려운 문제였다.

계속해서 갤럽의 사례를 통해 표본 추출의 어려움을 살펴보자. 1936년 대선 결과를 정확히 예측한 뒤 갤럽은 순식간에 유명인사가 되었을 뿐만 아니라 지금까지도 권위를 인정받는 여론조사회사 갤럽을 설립할 수 있게 되었다. 이 회사는 1940년과 1944년 두 차례 대선 결과를 성공적으로 예측했다. 1948년 말 미국 대선 때, 갤럽은 자신만만하게 공화당 후보 듀이가 현직 대통령이자 민주당 후보인 트루먼을 크게 이길 것으로 예측했다. 갤럽이 지난 세 차례 모두 정확히 예측했기 때문에 장제스(蔣介石)를 포함한 대부분 사람이 갤럽의 예측을 믿었다. 하지만 결과는 트루먼의 승리였다. 사람들은 매우 놀라며 갤럽의 여론조사 방식에 의문을 품기 시작했다. 유권자의 소득, 성별, 종족, 연령 등의 요소를 고려했지만, 훨씬 더 많은 요소가 있고 이러한 요소들의 연계를 놓친 것은 아닌지 의아해했다.

1948년 갤럽의 예측을 맹신하다가 가장 크게 손해 본 사람은 두말할 것 없이 멀리 바다 건너의 장제스였다. 트루먼과 관계가 좋지 않았던 장제스는 듀이가 이길 것이라는 예측을 듣고 무척 흥분해서는 공개적으로 듀이를 지지했다. 그는 트루먼이 하야하면 미국에서 더 많은 지원을 받을 수 있으리라 기대했다. 서민 출신의 트루먼은 그렇지 않아도 장제스의 독재와 부패에 불만이 많았는데 장제스가 공개적으로 경쟁상대를 지지하자 더욱 불쾌해져 연임에 성공한 뒤 한층 더 적대적으로 되었다. 논점에서 벗어난 일화지만 대표성 없는 데이터로 얻은 예측이 사람을 곤경에 빠뜨릴 수 있음을 잘 보여준다.

인터넷이 등장하기 전까지 대표성이 확보된 대량의 데이터를 얻기란 결코 쉬운 일이 아니었다. 오차 허용 범위 내의 통계는 당연히 문제가 없었지만, 데이터로만 복잡한 문제를 해결할 수 있는 경우는 극소수에 불과했다. 그래서 1990년대 전까지는 사회 전체적으로 데이터를 그다지 중요하게 여기지 않았다.

수학 모형: 데이터 구동 방식의 기반

앞의 영화 관객 분포 사례에서 우리는 4개 연령대별 관객 비율을 추산할 수 있었다. 여기서는 표본 추출에 작용하는 임의성을 감안할 때 그러한 추산을 신뢰할 수 있는가를 살펴보려 한다. 신뢰성에 대한 의문은 확률론의 등장과 함께 시작되었다. 사람들은 관찰 데이터가 아주 많아지면 임의성과 잡음을 고려하지 않아도 된다고 이론적으로 증명할 수 있기를 희망했다. 이 문제에 긍정적인 대답을 제시한 사람은 19세기 러시아 수학자 체비쇼프(Pafnut Lvovich Chebyshyov, 1821~1894)다. 그는 체비쇼프 부등식이라 불리는 다음의 부등식을 내놓았다.

$$P(\ |\ X - E(X)\ |\ \geq \varepsilon) < \sigma^2 / n\varepsilon^2$$

여기서 X는 확률변수, E(X)는 확률변수의 기댓값, n은 테스트 차수(혹은 표본 수), ε는 오차, σ^2는 분산을 표시한다. 이 공식은 표본 수가 충분히 크면 확률변수(예를 들어 관찰된 연령대별 관객 비율)와 그 기댓값(예를 들어 실제로 영화를 본 전체 관객 가운데 연령대별 관객 비율) 사이의 오차가 임의로 작아질 수 있다(부등식의 오른쪽 수치보다 작아질 수 있다)는 뜻이다.

체비쇼프 부등식을 우리 사례에 적용하면 4개 연령대별 관객은 각각 전체 관객의 약 20%, 27%, 24%, 29%를 차지하며 오차범위는 5% 이내다(통계에서는 신뢰도 95% 이상이라고도 한다). 이때 만약 연령대별 관객 비율의 정확도를 소수점 첫째 자리까지로 올리고 싶다면 대략 10배의 데이터, 약 2만 개의 표본이 필요하다.

표본 데이터로 확률을 계산하는 작업은 매우 간단하다. 통계 데이터에 사칙연산만 적용하면 끝난다. 하지만 대부분의 복잡한 응용에서는 데이터로 수학 모형을 만들어 실제 응용에 사용해야 한다. 수학 모형을 만들 때는 어떤 모형을 채택하고 매개변수는 얼마로 할지 두 가지 문제부터 해결해야 한다.

모형 선택은 결코 쉬운 일이 아니다. 간단한 모형이 실제 상황에 꼭 부합한다고 할 수도 없다. 이에 대한 전형적인 예가 천동설을 주장한 프톨레마이오스와 지동설을 제시한 코페르니쿠스 모두 천체 운동 궤도를 가정할 때 훨씬 정확한 타원이 아니라 가장 간단한 원을 기본 모형으로 선택했다는 것이다. 처음 모형을 선택할 때 잘못되면 이후 수정하기 매우 어렵다는 사실을 여실히 보여주는 사례다. 그래서 과거에는 이론에서든 실제 공정에서든 모형 설정에 심혈을 가장 많이 기울였다.

모형을 정한 다음에는 최소한 과거 관찰 데이터와 일치하는 모형의 매개변수를 찾아야 한다. 과거에는 매개변수가 모형보다 훨씬 덜 중요하게 취급되었다. 한편 오늘날에는 매개변수를 찾을 때 기계학습이라는 감각적이고 수준 높은 방법을 사용할 수 있다.

　완벽한 모형이 없을 수도 있고, 설령 존재해도 찾기 어려울 뿐만 아니라 시간도 많이 들기 때문에 어떤 사람들은 간단하면서 불완전한 모형 여러 개를 합치면 완벽한 모형의 효과를 얻을 수 있지 않을까 생각한다. 예를 들어 원을 아주 많이 겹쳐 천동설 모형을 만들면 뉴턴의 지동설 모형[14]처럼 정확하지 않을까? 그게 가능하다면 이론적으로는, 대표성이 확보된 표본(데이터)을 충분히 찾을 경우 수학으로 실제 상황과 흡사한 하나 혹은 한 세트의 모형을 찾아낼 수 있다.

　이러한 생각은 실제로 적용된 적이 있다. 예를 들어 비행기, 우주선, 무기를 설계할 때 미국과 러시아는 이념 및 방법 면에서 차이가 났다. 러시아에는 수학 능력이 뛰어난 설계사가 많았지만 고성능 컴퓨터와 데이터가 부족했다. 그래서 러시아 과학자들은 정확하지만 복잡한 수학 모형을 찾으려 했다. 반면 미국 설계사들은 상대적으로 수학 능력이 평범했다. 하지만 미국에는 막강한 계산력과 방대한 데이터를 보유한 컴퓨터가 있었기 때문에 미국 과학자들은 간단한 모형 여러 개로 복잡한 모형 하나를 대체하곤 했다. 두 나라에서 만들어낸 물건들 모두 나름의 장점이 뚜렷했지만 결과적으로는 미국이 한 발 앞선 듯 보였다.

　실제 공정에서는 다수의 간단한 모형이 하나의 정밀한 모형보다

14　코페르니쿠스의 지동설 모형은 매우 부정확했다.

비용이 저렴할 뿐 아니라 훨씬 보편적으로 쓰일 때가 많다. 가령 광학기기를 설계할 때 완벽한 렌즈를 위해서는 가장자리 영상이 변형되는 구면경을 사용하지 말아야 한다. 포물면이나 기타 복합 곡면을 사용해야만 화면 전체가 선명하게 보인다. 하지만 이러한 비(非)구면경 렌즈를 가공하려면 뛰어난 기술자가 필요하다. 그래서 최고의 기술자를 보유했던 독일은 렌즈를 설계할 때 비구면 렌즈를 채택했다. 그 덕분에 모든 광학기기가 매우 작고 정교해졌다. 반면 일본에는 그렇게 수준 높은 기술자가 없었다. 그래서 기기 가공에 능한 일본인은 비구면 렌즈 하나 대신 구면 렌즈 몇 개를 사용해 광학기기를 만들었다. 이러한 광학기기는 투박했지만 대규모 생산이 가능해 매우 저렴했다. 결국 제2차 세계대전 이후 일본은 독일을 넘어 세계 최대의 광학기기(카메라 포함) 생산국이 되었다.

다시 수학 모형으로 돌아와, 사실 데이터가 충분하기만 하면 간단한 모형 여러 개로 복잡한 모형 하나를 대체할 수 있다. 데이터 구동 방식이라고 불리는 이 방법은 미리 정해진 모형이 아니라 방대한 데이터를 확보한 뒤 다수의 간단한 모형으로 데이터에 대응(Fit Data)시키는 방식이다. 비록 데이터 구동 방식으로 찾은 조합 모형은 데이터 양이 부족할 경우 실제 모형과 차이가 있을 수도 있지만, 오차 허용 범위에서 결과만 두고 보면 정확한 모형과 비슷하며[15] 여기에는

---

15 물론 운이 좋다면 데이터에서 출발해도 실제 모형과 완전히 일치하는 결과를 얻을 수도 있지만 이는 데이터 구동 방식의 목표가 아니다.

수학적 근거가 있다. 원리상 이는 앞에서 거론한 체비쇼프 부등식과 비슷하다.

데이터 구동 방식이 성공하려면 방대한 데이터 외에 표본의 대표성 확보라는 전제도 충족되어야 한다. 이는 모든 통계학 교과서에 나오는 말이지만 현실에서 충족시키기란 매우 어렵다. 다음 장에서 빅데이터가 등장하기 전까지 그것이 얼마나 미흡했는지 살펴보겠다.

오늘날 IT 분야에서는 문제 해결에 데이터 구동 방식을 갈수록 많이 적용하고 있다. 구체적으로 말하면, 어떤 문제를 간단하고 정확한 방법으로 풀지 못할 경우 과거 데이터를 근거로 흡사한 모형을 구축해 실제 상황과 거의 비슷하게 만든다. 이것은 사실상 계산량과 데이터 양으로 연구 시간을 대체하는 것이다. 이러한 방법은 경험론일 뿐만 아니라 수학에 확고한 뿌리를 내리고 있다.

데이터 구동 방식의 가장 큰 강점은 컴퓨터 기술이 발달할수록 효과적이라는 것이다. 처음에는 데이터 및 계산력 부족으로 엉성해 보일지라도 데이터 구동 방식은 시간이 갈수록 계산력과 데이터 양이 지수 차원으로 증가한다는 무어의 법칙에 따라 매우 정확해질 수 있다. 이와 반대로 다른 방법은 이론상의 돌파구가 필요하기 때문에 개선되기까지 긴 시간이 필요하다. 지난 30년 동안 컴퓨터가 계속해서 똑똑해진 것은 특정 문제에 대한 우리의 인식이 크게 향상되어서가 아니라 우리가 근거로 삼는 데이터 양이 증가해서다.

데이터 구동 방식이 기계지능에 어떤 역할을 했는지 보여주는 가장 좋은 사례는 아마도 2016년 컴퓨터 업계의 최고 이슈, 구글 알파고가 바둑 천재 이세돌을 이긴 사건이 아닐까 싶다. 알파고가 바둑에서 높은 지능을 얻게 된 것은 탐색 가능한 인간 고수의 대국 기보 수십만 건을 분석하고 정리했기 때문이다. 이렇게 많은 대국이라면 인간은 평생을 배워도 다 배울 수가 없다. 수십만 건의 데이터를 정리한 알파고는 통계 모형을 통해 각각의 상황에서 어떻게 하면 인간보다 더 정확한 수를 둘 수 있는지 예측할 수 있었다. 이것이 바로 알파고가 똑똑해 보이는 이유다.

데이터 구동 방식에 관해서는 다음 장에서 상세하게 소개하겠다. 데이터 구동 방식은 빅데이터의 기반이자 지능혁명의 핵심이고, 무엇보다 새로운 사유 방식의 출발점이다.

📢 Insight

데이터의 범주는 우리가 상상하는 것보다 훨씬 넓다. 인간은 자연을 인식하는 과정뿐만 아니라 과학적 실행 과정, 경제 및 사회 행위에서 모두 데이터를 사용한다. 어떻게 보면 데이터를 획득하고 이용하는 수준이 문명의 수준을 반영한다고 말할 수 있을 것이다.

컴퓨터가 발명되고 정보시대에 들어선 뒤 데이터의 역할은 갈수록 명확해지고 데이터 구동 방식은 보편화하기 시작했다.

우리가 대항해시대 이후 자본과 기계 동력을 근대화의 추동력으로 삼았다면 데이터는 이후 기술혁명과 사회변혁의 핵심동력이 될 것이다. 우리는 이러한 시각에서 빅데이터와 그로 인한 세계 지능혁명을 이해해야 한다.

구글의 인플루엔자 전파 예측 논문에서 사용된 검색어 카테고리

Influenza Complication(인플루엔자 합병증)

Cold/Flu Remedy(감기/인플루엔자 치료법)

Genera Influenza Symptoms(인플루엔자의 일반 증상)

Term for Influenza(인플루엔자 용어)

Specific Influenza Symptom(인플루엔자의 특수 증상)

Symptoms of an Influenza Complication(인플루엔자 합병증 증상)

Antibiotic Medication(항생제 약물)

General Influenza Remedies(인플루엔자의 일반 치료법)

Symptoms of a Related Disease(관련 질병 증상)

Antiviral Medication(항바이러스제)

Related Disease(관련 질병)

Unrelated to Influenza(인플루엔자와 무관)

2

빅데이터와
기계지능

2빅데이터가 등장하기 전까지
컴퓨터는 지능이 필요한 문제를
제대로 해결할 수 없었지만,
사고방식을 바꿔 지적 문제를
데이터 문제로 인식하면서
이제는 문제 해결이 가능해졌다.
이로 인해 전 세계에서 새로운 기술혁명,
즉 지능혁명이 시작되었다.

대표성이 확보된 대량의 데이터를 얻을 수 있다면 어떤 점이 좋을까? 모두 특정 모형을 더욱 정확하게 설명할 수 있다든가, 어떤 규칙을 깊이 이해할 수 있을 거라는 생각부터 떠올릴 것이다. 실제로 케플러는 스승에게서 방대한 천문 데이터를 넘겨받은 뒤 태양 둘레를 도는 행성의 운행 궤도가 타원 모형임을 밝혀냈다. 이와 비슷한 상황은 오늘날에도 계속 발생하고 있다. 그러나 우리를 흥분시키기에는 여전히 모자라도 한참 모자란다. 양적 증가에 불과할 뿐 세상을 뒤엎을 만큼 혁신적이지 못하기 때문이다.

방대한 데이터의 사용은 과거에 인간만이 할 수 있었던 일을 컴퓨터도 할 수 있게 만든다는 데에 가장 큰 의의가 있다. 이는 결국 지능혁명을 끌어낼 것이다. 구체적인 사례를 통해 이러한 추세를 살펴보자.

과거에는 인간만이 언어로 교류할 수 있었다. 1946년부터 인간의 언어를 이해하는 컴퓨터를 개발하려고 노력했지만 줄곧 실패만 거듭했다. 그러다 1970년대 들어 과학자들은 데이터 구동 방식으로 마침내 해결법을 찾았고 끊임없이 개선했다. 하지만 언어 인식의 정확도는 1990년대 이후 데이터가 대거 축적되면서 비로소 높아지기 시작했다. 영상 인식 또한 이때서야 획기적인 돌파구가 마련되었다.

2000년 이후 인터넷, 특히 모바일 인터넷이 등장함에 따라 데이터 양이 급증하고 데이터끼리 연계되면서 빅데이터라는 개념이 형성되었다. 과학자와 기술자들은 빅데이터를 이용하면 컴퓨터 지능을 비약적으로 발전시킬 수 있고, 그럴 경우 다양한 분야에서 컴퓨터가 인간보다 높은 지능을 가질 수 있음을 발견했다. 우리는 지금 빅데이터로 촉발된 기술혁명 속에 있다고 말할 수 있으며, 그 대표적 특징이 컴퓨터 지능의 향상이므로 기술혁명은 지능혁명이라고도 부를 수 있다. 컴퓨터 지능이 인간을 따라잡고 심지어 능가할 때, 우리 사회는 엄청난 변화를 맞게 될 것이다. 이것이 바로 빅데이터가 무서운 이유다.

그렇다면 빅데이터는 왜 이러한 결과를 초래하며 기계지능과는 어떤 관계가 있을까? 이를 위해서는 기계지능이 무엇인지부터 설명해야 한다.

기계지능이란

계산을 도와주는 기기는 아주 오래전 메소포타미아인과 고대 그리스인 때부터 사용했고 중국인도 주판을 발명해 사용했다. 이후 파스칼(Blaise Pascal, 1623~1662), 라이프니츠(Gottfried Wilhelm Leibniz, 1646~1716), 배비지(Charles Babbage, 1791~1871), 추제(Konrad Zuse, 1910~1995) 등의 노력을 거쳐 인류는 연산 프로그래밍이 가능한 기계를 만들어냈다. 하지만 이 기계에서 인간과 비슷한 지능으로 사유할 수 있는 기기를 떠올리는 사람은 거의 없었다. 그것은 SF소설에나 존재할 뿐이었다.

1946년 최초의 컴퓨터 에니악(ENIAC)이 탄생하면서 사람들은 기계도 지능을 가질 수 있는가의 문제를 처음부터 다시 생각하게 되었다. 에니악은 독일 기술자 추제가 만든 기계식 릴레이 컴퓨터 Z3와 성능 면에서 별 차이가 없었다. 두 컴퓨터 모두 프로그래밍이 가능한 튜링기계였다. Z3는 릴레이 컴퓨터로 초당 연산 능력이 5~10번에 불과했고, 진공관을 스위치로 사용한 에니악은 오늘날과 비교하면 원시적 수준인데다 프로그램을 바꿀 때마다 컴퓨터 내부 회로를 다시 연결해야 해서 사용이 불편했다. 하지만 에니악에게는 Z3가 따라올 수 없는 강점이 있었다. 초당 5,000번의 계산이 가능했다. 물론 이 속도는 오늘날 휴대전화 프로세서 속도의 10만분의 1에도 못 미치지만, 사람이 머리로 계산하는 것보다는 수천 배 이상 빨랐다. 이렇게 해서 양적인 변화가 질적인 변화를 가져왔다.

사실 '컴퓨터'라는 어휘를 만든 사람은 과학자가 아니라 영국의 원수(元帥) 마운트배튼 경이다. 마운트배튼 경은 영미 연합군의 영국군 총사령관으로서 에니악의 시연을 참관했다. 애초에 장거리 포탄의 탄도 계산을 위해 개발되었기 때문에, 제2차 세계대전이 끝나 장거리 포탄 프로젝트가 중단된 뒤에도 과학자들은 에니악의 연산 속도를 탄도 계산으로 보여주었다. 에니악은 초당 5,000번의 연산 속도로 예전에는 며칠 내내 계산자를 놀려야 했던 탄도를 포탄이 땅에 떨어지기도 전에 정확히 계산해냈다. 마운트배튼 경은 깜짝 놀라 '전자두뇌'라는 감탄사를 늘어놓았다. 놀라움을 금치 못한 사람은 마운트배튼 경만이 아니었다. 에니악이 등장한 뒤 각계 인사들은, 물론 과학자들까지 포함해, 기계가 지능을 가질 수 있을지 묻게 되었다.

기계지능을 과학적으로 정의한 사람은 컴퓨터의 창시자, 튜링(Alan Turing, 1912~1954) 박사다. 1950년 튜링은 학술지『마인드(mind)』에 '컴퓨터 기기와 지능'이라는 논문을 발표했다. 거기서 튜링은 컴퓨터가 지능을 얻는 방법이나 복잡한 문제를 해결하는 지적 접근법을 언급한 게 아니라 기계에 지능이 있는지 판별하는 방법을 제시했다.

기계와 사람을 보이지 않게 둔 뒤 심판이 이들과 동시에 대화하는데 이야기하는 대상이 사람인지 기계인지 가늠할 수 없다면 해당 기계를 인간과 동등한 지능을 가졌다고 간주하는 것이다. 이 방법은 후대에 와서 튜링 테스트(Turing Test)라 불리게 되었다. 컴퓨터 공학자들은 컴퓨터가 다음 사항 중 하나라도 할 수 있으면 튜링이 말한 지능을 가졌다고 인정한다.

- 음성 인식
- 기계 번역
- 텍스트의 자동 요약이나 작문
- 인간 체스 챔피언을 상대로 승리
- 문제에 자동으로 대답

오늘날 컴퓨터는 이상의 다섯 가지를 모두 할 수 있고 때로는 그 이상까지 가능하다. 예를 들어 세계 체스 챔피언뿐만 아니라 난도가 체스보다 6~8 자릿수(10^6~10^8) 높은 바둑에서조차 인간 챔피언을 이겼다. 물론 인류가 여기에 도달하기까지 순조롭기만 했던 것은 아니다. 10여 년 동안 온갖 우여곡절을 겪어야 했다.

날개파: 인공지능 1.0

1956년 여름, 섀넌과 젊은 학자들은 다트머스대학교에서 브레인스토밍 방식의 회의를 개최했다. 회의 주최자는 29세에 불과했던 다트머스대학교 교수 매카시(John McCarthy, 1927~2011)와 동갑인 민스키(Marvin Minsky, 1927~2016), 역시 젊은 나이의 로체스터(Nathaniel Rochester, 1919~2001)와 섀넌(Claude Shannon, 1916~2001)이었다. 이밖에 훗날 튜링상을 받은 사이먼(Herbert Simon, 1916~2001), 뉴웰(Allen Newell, 1927~1992) 등 여섯 명의 젊은 과학자도 참석했다. 비록 '다트머스 하계 인공지능 연구회의'라는 이름으로 개최되었지만 이 회의는 오늘날 며칠씩 열리는 일반적인 학술회의와 완전히 달랐다. 첫째 보고할 만한 연구 성과가 없고 둘째, 한 달 동안 지속되었다. 브레인스토밍 방식의 세미나였다. 이들 열 명의 젊은 학자는 당시 컴퓨터공학이 아직 해결하지 못한, 심지어 연구조차 시작하지 않은 인공지능, 자연언어 처리, 신경망 등의 문제에 관해 토론했다. 인공지능이라는 말도 이 회의에서 처음 등장했다.

다트머스 회의에 참석했던 열 명은 섀넌을 제외하면 그다지 유명하지 않았지만, 그들이 무명으로 지낸 시간은 오래가지 않았다. 매카시, 민스키, 사이먼, 뉴웰 네 명은 튜링상을 받고 섀넌은 정보이론의 창시자로서 통신 분야의 최고상(섀넌상)에 이름이 쓰이는 등 모두 컴퓨터공학 혹은 인지과학 분야에서 명성을 떨치게 되었다.

대단한 사상이 나온 것도 아니고 심지어 최고 지성 열 명이 한 달 동안 모은 생각이 오늘날 일류 박사 한 명보다 못한 수준이었지만, 다트머스 회의는 튜링상 10회 수상보다 더 큰 의의를 지닌다. 인공지능, 기계학습 등 미래에 큰 관심사로 떠오르는 수많은 연구가 다트머스 회의 이후 시작되었다.

엄밀하게 말해 오늘날 인공지능이라는 용어에는 두 가지 정의가 함축되어 있다. 첫째, 일반적인 기계지능, 즉 이 책에 자주 등장하는 데이터 구동 방식을 포함해 컴퓨터가 튜링 테스트를 통과할 수 있도록 하는 모든 기법을 의미한다. 둘째, 좁은 의미에서 1950~60년대의 특정한 기계지능 연구기법을 뜻한다. 현재 '인공지능'이란 단어를 포함한 거의 모든 책은(세계적 베스트셀러인 러셀과 노빅의 『인공지능: 현대적 접근방식』 포함) 아직도 주요 챕터에서 '훌륭한 고전적 인공지능(Good Old Fashioned AI)'을 소개하고 있다[1]. 나중에 다른 기법으로 기계지능을 만든 학자들은 과거 방식과 명확히 구분하기 위해 인공지능 기법을 사용하지 않았다고 특별히 강조한다. 이로 인해 학계에서는 기계지능을 고전적 인공지능 기법과 기타 현대적 기법(데이터 구동, 지식 발견, 혹은 기계학습 등)으로 분류한다. 물론, 컴퓨터와 관련 없는 사람들이 인공지능이라고 할 때는 전통적 방법에 국한되지 않고 모든 기계지능을 의미하는 경우가 대부분이다. 이 책에서는 쉽게 구분할 수 있도록 최대한 기계지능이란 용어로 더욱 넓은 개념을 포괄하려 한다. 한편 인공지능은 전통적인 인공지능 기법을 가리킬 때, 더 나아가 인공지능 1.0을 강조할 때 사용하겠다.

그렇다면 전통적 인공지능 기법이란 무엇일까? 간단히 말해 인류의 지능 습득 방식을 파악한 다음 컴퓨터에 그대로 적용한 것이다. 오늘날 대부분 과학자는 '기계가 인간처럼 사고해야만 지능을 얻을 수 있다'라는 관점을 고집하지 않지만, 문외한들은 인공지능을 이야기할 때 여전히 '기계가 우리처럼 사고한다'고 상상하면서 흥분하고 한편으론 우려한다. 사실 기계의 지능을 묘사한 튜링 박사의 기준으로 되돌아가면 기계지능에서 중요한 것은 인간이 풀 수 있는 문제를

---

1 노빅 본인도 데이터 구동 방식의 창시자인데 그와 러셀이 쓴 책에서는 여전히 많은 부분을 전통적인 인공지능 소개에 할애하고 있다.

기계도 풀 수 있는가이지, 인간과 같은 방법을 사용하는가의 여부가 아니다.

그럼 초창기 과학자들은 왜 오늘날의 문외한처럼 단순하게 생각했을까? 간단하다. 그것이 가장 쉽게 떠올릴 수 있는 직관적 방법이기 때문이다. 인류의 발명역사를 살펴보면 많은 분야가 인간이나 동물의 행위를 모방하는 것에서부터 출발했다. 예를 들어 수천 년 전 인간은 날고 싶다는 욕망으로 새를 모방하기 시작했다. 동양과 서양 어디서나 새의 깃털로 날개를 만든 뒤 높은 곳에서 뛰어내렸다는 기록을 찾아볼 수 있으며, 실험 결과는 굳이 말할 필요도 없다. 이렇게 공기역학을 이해할 필요 없이 새가 비행하는 모습을 모방하면 비행기를 만들 수 있다고 믿는 식의 방법론을 '날개파'식 접근이라고 부른다. 물론 우리는 라이트 형제가 비행기를 발명할 때 생체공학이 아니라 공기역학에 따랐다는 사실을 잘 알고 있다. 그렇다고 선조들의 직관적이고 순진한 생각을 비웃을 필요도 없다. 그것은 인간이 지식을 얻는 보편적인 규칙이다.

인공지능이란 연구 과제가 처음 등장했을 때, 얼마 지나지 않아 컴퓨터가 인간보다 똑똑해질 수 있다는 생각으로 전 세계가 뜨겁게 달아올랐다. 하지만 유감스럽게도 10여 년의 연구를 거치면서 과학자들은 인공지능이 가야 할 길이 한참 멀었다는 사실을 발견했다. 컴퓨터로 원숭이처럼 바나나를 따는 '장난감' 같은 성과를 다소 냈을 뿐, 실질적인 문제는 아무것도 풀지 못했다. 1960년대 말까지 컴퓨터공학의 다른 분파들은 빠르게 발전했지만 인공지능 연구는 별 진척이 없었다. 미국 컴퓨터 학계는 인공지능에 회의하기 시작했다. 그런데 속도와 용량이 충분하지 않아 컴퓨터의 지적 수준이 제약을 받는다고 생각하는 사람들과 달리, 과학자들이 잘못된 길을 가고 있다고 생각하는 지식인도 있었다. 그들은 계속 이런 식이라면 컴퓨터가 아무리 빨라져도 지적 문제는 풀 수 없다고 여겼다. 1968년 민스키는 『의미 정보의 처리(*Semantic Information Processing*)』에서, 이른바 인공지능의 한계에 대해 분석하며 바 힐렐(Bar-Hillel)의 매우 간단한 예제를 인용했다.

The pen was in the box(펜이 상자에 있다)는 쉽게 이해할 수 있는 문장으로, 컴퓨터 역시 간단하게 어법을 분석해 이해할 수 있다. 하지만 어법이 같은 다음 문장을 보자.

The box was in the pen.

자못 이해하기 어려울 수도 있다. 원래 영어의 pen에는 잘 쓰지 않지만, 유아용 울타리라는 뜻도 있다. 이 문장을 울타리로 풀면 매끄럽게 해석된다. 그런데 똑같은 어법으로 분석하면 두 문장의 구문 분석 트리도 같을 수밖에 없다. 문장 자체만으로는, 심지어 글 전체라 해도 pen이 어느 문장에서 울타리로 쓰이고 펜으로 쓰였는지 판단할 수 없다는 뜻이다. 사람은 이 문장을 어법이나 의미 분석이 아니라 상식이나 세상 지식(world knowledge)에 근거해 이해한다. 이는 고전적인 인공지능 기법으로는 해결할 수 없는 문제였다. 그래서 민스키는 '현재(1968)' 방법으로는 컴퓨터에 인간 같은 지능을 기대할 수 없다고 결론을 내렸다. 컴퓨터공학계에서 민스키의 명망이 워낙 높다보니 미국 정부는 그의 논문을 근거로 인공지능 연구의 거의 모든 예산을 삭감했다. 결국 이후 20여 년 동안 인공지능과 관련된 전 세계 학술 연구는 침체 상태에 빠졌다.

새로운 접근법: 통계 + 데이터

1970년대에 들어서 사람들은 기계지능의 발전 방향을 새롭게 모색하기 시작했다. 그런데 데이터 구동과 슈퍼컴퓨팅을 이용한 새로운 방식은 대학이 아니라 산업계에서 먼저 시도되었다.

당시 IBM은 전 세계 컴퓨터, 더 나아가 IT 산업 전체에서 독보적인 위치를 점하고 있었다. 1960년대 말 IBM의 시가총액은 미국 GDP(국내 총생산)의 3%가 넘는 500억 달러에 이를 정도로 엄청났다. 그때 슈퍼컴퓨터를 제조할 수 있는 회사는 전 세계에 여덟 곳뿐이었는데 그나마도 백설 공주와 일곱 난쟁이로 비유될 만큼 규모에서 현격한 차이가 있었다. 일곱 난쟁이에 해당하는 일곱 회사의 매출액 전체와 미니컴퓨터 제조회사인 DEC(미국 디지털이큅프먼트사), 휴렛팩커드의 매출액을 모두 합해도 IBM보다 적었다. IBM은 사법부로부터 독과점 조사를 받기까지 했다. 그러다보니 시장 점유율 제고는 더 이상 IBM의 관심사가 되지 못했다. IBM이 주안점을 둔 문제는 어떻게 하면 컴퓨터를 더 똑똑하게 만들까였다.

1972년 코넬대의 젤리네크(Fred Jelinek, 1932~2010) 교수가 연구년[2]을 맞아 IBM에 들어갔다가 때마침 IBM에서 구상 중이던 '똑똑한 컴퓨터' 개발 프로젝트를 '임시'로 맡게 되었다. 당시에 똑똑한 컴퓨터란 사람의 말을 알아듣거나 언어를 번역할 수 있거나, 체스 세계 챔피언을 이길 수 있는 수준을 의미했다. 젤리네크는 자신의 장기와 IBM의 환경을 활용해 첫 번째 임무, 즉 컴퓨터의 자동 음성 인식을 시작했다.

젤리네크 이전에도 각 대학과 연구소 전문가들은 이미 20여 년 가까이 이 문제를 연구해왔는데 그들 연구방법의 특징은 두 가지로 요약할 수 있었다. 첫째, 컴퓨터가 인간의 발성을 모방하고 청각 특성을 파악하도록 만든다. 둘째, 인공지능을 통해 인간이 말하는 완전한 문장을 이해시킨다. '특징추출'이라고도 불리는 첫 번째 연구방법은 기관마다 견해가 달라 채택 방법도 서로 달랐다. 어떤 방법이 더 좋다고 말하기도 어렵고, 인간의 발성이나 청각 특성을 하나의 시스템으로 통일한다는 것도 매우 어려운 일이었다. 두 번째 연구방법은 대부분 비슷했다. 어법과 어의의 규칙에 기반을 둔 고전적 인공지능 방법으로, 비유를 하자면 외국어를 가르치는 것과 비슷했다. 그렇다면 1970년대 초 음성 인식이라는 지능적 문제는 어느 수준까지 해결

---

2 미국 대학교수는 7~10년마다 6개월(급여 전액 지원), 혹은 1년(급여 반액 지원)씩 쉴 수 있다. 보통 시야를 넓히기 위해 협력회사에 들어가 연구하거나 책을 집필한다.

되었을까? 당시 가장 좋은 언어인식 시스템은 100여 개의 단어를 인식할 수 있었다. 다만 인식률이 70% 정도에 불과했고 말할 때 발음이 명확해야 할 뿐만 아니라 소음도 없어야 했다.

젤리네크는 인공지능 전문가가 아니라 통신 전문가였기 때문에 음성 인식을 바라보는 시각이 과거 컴퓨터공학자들과 달랐다. 그가 보기에 음성 인식은 인공지능이 아니라 통신과 관련된 문제였다.

인간의 뇌를 정보의 근원으로 생각한 젤리네크는 생각이 적절한 문장으로 바뀌고 다시 소리로 나가는 흐름을 코딩의 과정으로 보았다. 또한 매개체(음파통로, 공기, 전화선, 확성기 등)를 통해 청중의 귀로 전파되기까지는 긴 채널을 통과하는 정보의 전파 문제로, 마지막에 청자가 듣고 이해하는 것은 디코딩의 과정으로 보았다. 전형적인 통신 문제인 이상 통신 문제를 해결하는 방식으로 접근하면 됐다. 젤리네크는 두 가지 수학 모형(마르코프 모형)으로 정보의 근원과 채널을 분리했다. 음성에서 어떤 특징을 추출해야 컴퓨터가 인식할 수 있는가에 대해서 젤리네크의 생각은 아주 간단했다. 디지털 통신이 사용하는 특징을 음성 인식에도 그대로 사용한다는 것이었다. 젤리네크는 당시 상당히 발전했던 디지털 통신의 여러 기술을 활용해 음성 인식을 현실화했다. 반면 인공지능 방법은 완전히 배제했다.

앞에서 설명했듯, 수학 모형을 찾고 나면 통계방법으로 모형의 매개변수를 '훈련'시켜야 한다. 이것이 오늘날 이야기하는 기계학습이다. 이를 위해서는 대량의 데이터뿐만 아니라 계산 능력까지 충분히 뒷받침되어야 한다. 당시 이 조건을 충족시킬 수 있는 회사는 IBM

뿐이었다. 그때는 인터넷 콘텐츠는커녕 컴퓨터 내 텍스트(기계가 읽을 수 있는 텍스트)조차 많지 않았지만, 다행히 IBM에는 대량의 텔레텍스트가 있어서 IBM 음성 인식 시스템을 위한 초창기 데이터로 활용할 수 있었다. 비록 젤리네크 팀 전체가 보유한 계산 능력이 오늘날 애플 휴대폰인 아이폰 한 대에도 못 미칠 수준이었지만 IBM은 계산 능력에서 비교할 대상이 없을 만큼 독보적인 회사였다.

고전적 인공지능 방식과 다른 음성 인식 방법을 찾아낸 젤리네크는 수학적 기반이 탄탄한 직원, 특히 이론 물리학을 전공한 직원을 환대했다. 무슨 이유에서인지 그는 언어학자들을 배척하며 IBM에서 내보냈다. 젤리네크 팀은 4년의 연구 끝에 통계 방법을 기반으로 음성 인식 시스템을 개발해냈다. 이 시스템에서는 과거 70% 내외였던 음성 인식률이 90% 이상으로 향상되었고 수백여 개에 불과했던 인식 가능 단어도 2만여 개로 늘어났다. 획기적인 도약이 아닐 수 없었다. 상상해보라. 음성 인식 시스템에서 단어 열 개마다 세 개씩 틀리면 그 문장은 이해할 수 없지만, 하나밖에 틀리지 않는다면 원래 의미를 정확하게 유추해낼 수 있다. 더군다나 영어 단어 수백 개로는 유치원생 수준의 대화만 가능하지만 2만여 개라면 모국어가 영어인 사람들이 다양한 교류를 즐길 수 있다. 이제 음성 인식은 실험실에서 나와 실질적인 응용이 가능해졌다.

젤리네크 팀은 음성 인식을 연구하다가 우연히 통계 방법으로 지능형 문제를 해결하는 루트를 개발했다. 이 방법은 대량의 데이터를 필요로 하므로 데이터 구동 방식이라고도 불린다. 데이터 구동 방식의 최대 장점은 데이터가 축적될수록 시스템이 좋아지는 것이다. 과거의 인공지능 방식은 데이터가 늘어나도 별 도움을 받지 못했다.

훗날 IBM과 구글에서 연구부문 부사장을 역임했던 알프레드 스펙터(Alfred Spector) 박사는 1980년대에는 카네기멜런대학교의 교수였다. 스펙터의 말에 따르면 당시 카네기멜런대는 고전적 인공지능 분야에서 한참을 앞섰지만, 도저히 극복하기 힘든 난관에 봉착해 있었다. 그러다 IBM 왓슨연구소에 참관을 갔던 교수들은 데이터 구동 방식으로 거둔 엄청난 성과를 보고 학교로 돌아와 새로운 방법론을 수용했다. 이런 상황에 리카이푸(李開復)는 고전적 인공지능 실험실에서 통계를 기반으로 박사 논문을 작성하고, 홍샤오원(洪小文)과 세계 최초로 대용량의 화자 독립형 연속 음성 인식 시스템[3]을 개발했다. 스펙터는 리카이푸 등의 작업이 없었다면 그들의 논문 지도교수인 라 레디(Raj Reddy)가 튜링상을 받지 못했을 것이라고 말했다.

음성 인식 이후 유럽과 미국의 과학자들은 다른 지능형 문제들도 데이터 구동 방식으로 해결할 수 있을지 고민하기 시작했다. 젤리네크의 동료였던 브라운(Peter Brown)은 1980년대 들어 기계 번역[4]에 데이터 구동 방식을 사용했다. 하지만 데이터 부족으로 번역 결과는 그다지 만족스럽지 못했다. 일부 학자들은 데이터 구동 방식을 긍정적

---

3   IBM의 초기 시스템은 고립된 음성만 인식할 수 있었다. 연속 음성 인식에서 리카이푸의 스핑크스(sphinx) 시스템은 IBM의 동종 시스템을 능가했다.

4   Peter. Brown et al, *A Statistical approach to Machine Translation*, *Computational Linguistics*, vol. 16, no.2, 1990.

으로 평가했지만 또 다른 학자들, 특히 초기부터 이 분야에 몸담아왔던 학자들은 기계 번역이라는 지능형 문제를 해결하려면 데이터에 기반한 통계만으로는 부족하다고 생각했다. 1980년대 초부터 1990년대 중기까지 10여 년 동안 컴퓨터업계에서는 데이터 구동 방식을 다양한 분야에 적용할 수 있을지, 음성 인식이 유일한 사례는 아닌지 논쟁이 끊이지 않았다. 다시 말해 음성 인식이든 기계 번역, 영상 인식, 혹은 자연 언어 이해든 학자들은 두 파로 갈렸다. 고전적 인공지능 방식으로 문제를 해결하려는 인간 모방파와 데이터 구동 방식을 적극 도입하려는 데이터 구동파였다. 두 파의 세력은 분야별로 차이가 컸다. 데이터 구동파는 음성 인식과 자연 언어 이해에서 빠르게 주도권을 확보했지만, 영상 인식과 기계 번역에서는 오랫동안 열세를 면치 못했다. 영상 인식과 기계 번역은 기존 데이터도 적을 뿐만 아니라 데이터 축적도 어려웠기 때문이다. 특히 영상 인식은 인터넷이 등장하기 전까지 수백만 장의 사진을 확보한 실험실이 한 곳도 없을 정도였다. 기계 번역의 경우는 일반적인 텍스트 데이터 외에 양방향(심지어 다수)의 대조 데이터가 대량 필요한데 인터넷 등장 전까지 『성경』과 소수 UN 문건 외에는 유사 데이터를 찾을 수 없었다.[5] 21세기 초

---

5 그 원인은 첫째, 당시에는 기계가 읽을 수 있는 언어 자료가 없었고 둘째, 대다수 문학작품의 각기 다른 판본이 여러 나라에 산재했으며 번역 또한 일대일 대응이 아니었다. 셋째, 지금은 인터넷에서 아주 쉬워 보이는 많은 일이 당시에는 매우 어려웠다.

까지도 시스트란(SYSTRAN)[6] 등 기계 번역 회사는 대량의 인력을 조직해 기계 번역을 위한 문법 규칙을 프로그래밍했다. 영어 대 중국어처럼 한 쌍의 언어에만 수만 건의 규칙이 필요했고, 수만 건의 규칙 덕분에 시스트란의 중영 번역시스템은 2002년까지 세계 최고라는 평가를 받았다. 하지만 21세기에 들어서면서 시스트란은 빠르게 뒤처졌다. 끊임없이 데이터를 축적한 데이터 구동 방식이 훨씬 더 우세해졌기 때문이다.

1990년대 인터넷이 활성화된 뒤 데이터 습득이 매우 쉬워졌다. 1994년부터 2004년까지 10년 동안 음성 인식 실패율은 절반으로 줄어들고 기계 번역의 정확도[7]도 두 배 가까이 향상되었다. 약 20%는 방법이 개선된 덕분이고 80%는 데이터 양이 증가한 덕분이었다. 1년씩 보면 컴퓨터의 지능형 문제 해결에 큰 진척이 없어 보였지만, 10여 년의 누적은 결국 질적 변화를 끌어냈다.

데이터 창조의 기적: 양적 변화에서 질적 변화로

어떤 의미에서 2005년은 빅데이터의 원년이라고 할 수 있다. 대부분

---

6   1968년 설립된 시스트란은 세계에서 가장 오래된 기계 번역 회사다. 21세기에 들어서 상대적으로 낙후된 기술력 때문에 점점 사양세로 접어들더니 현재는 전 세계 직원이 60명도 안 된다.
7   블레우(BLEU, Bilingual Evaluation UnderstudyScore) 점수로 판가름한다. 블레우 점수란 기계 번역의 수준을 가늠하는 객관적 점수로, 일반적으로 인간 번역 점수는 50~60%다.

의 사람은 데이터가 가져온 변화를 느끼지 못했지만 전 세계 기계 번역 종사자들은 소스라치게 놀랄 만한 연구 성과를 접했다. 기계 번역에서 아무런 기술 축적이 없어 전혀 알려지지 않았던 구글이 절대적 우위를 보이며 전 세계 모든 기계 번역 연구팀을 제패하고 일거에 대표주자로 떠올랐다.

이 이야기는 2005년 2월부터 시작해야 한다. 미국 정부의 기계 번역 연구비를 따낸 전 세계 연구기관은 대학이든, 기업이든 관례에 따라 미국표준기술연구소(National Institute of Standards and Technologies, NIST)가 주최하는 평가 및 교류 행사에 참석해 세세한 연구방법을 밝혀야 한다. 물론 미국 정부의 지원을 받지 않는 연구팀도 참가할 수 있으며 그들에게는 기술을 세세하게 밝힐 의무가 없다. 2005년 2월, 구글 기계 번역팀은 처음으로 이 평가에 참가했다. 다른 팀들은 모두 독일 아헨공과대학교처럼 과거에 좋은 성적을 받았거나 IBM, 시스트란처럼 오랫동안 연구해온 기관이라 평가 전까지 구글 팀에 관심을 기울이는 사람은 아무도 없었다.

2005년 4월, 평가 결과가 나오자 구글을 제외한 모든 사람이 깜짝 놀랐다. 4가지 평가 항목에서 그동안 기계 번역을 해본 적이 없던 구글이 다른 연구팀의 동종 시스템을 크게 앞질렀기 때문이다. 표3은 2005년 NIST가 발표한 평가 결과로, 표시된 수치는 기계 번역 결과와 인간 번역 결과 간의 블레우 점수다. 블레우 점수는 간단히 말해 두 번역 결과의 일치성을 반영하며, 따라서 높을수록 좋다. 그렇다고 블레우 점수가 100%에 도달해야만 정확하게 번역되었다는 뜻은 아니다. 사람 대 사람의 블레우 점수도 대략 50%에 불과하다. 점수 기준을 이해했다면 다음의 평가 결과를 살펴보자. 아랍어의 영어 번역에서 구글의 점수는 2등보다 약 5%P 높은 51.31%인데, 이 5%P를 따라잡으려면 5~10년[8]의 연구 기간이 필요하다. 또 중국어의 영어 번역에서도 구글은 2등보다 17%P 높은 51.37%를 기록했다. 이 차이는 한 세대를 뛰어넘는 수준이다.

구글은 어떻게 이런 결과를 얻었을까. 업계 인사들은 당시 세계

표3 2005년 세계 기계 번역 시스템에 대한 NIST 평가 결과

아랍어에서 영어로 번역	
구글	51.31%
서던캘리포니아대학교	46.57%
IBM 왓슨연구소	46.46%
메릴랜드대학교	44.97%
존스홉킨스대학교	43.48%
......	......
시스트란사	10.79%
중국어에서 영어로 번역	
구글	51.37%
SAKHR사	34.03%
미국육군연구소	22.57%

---

8   기계 번역, 음성 인식, 영상 인식 등 분야는 기술 진보에 따라 1년에 0.5% 내외씩 발전할 수 있다.

최고의 기계 번역 전문가인 오크(Franz Och) 박사의 영입이 중요한 원인 중 하나임을 잘 알고 있었다. 사실 평가에 참여한 시스템 가운데에는 구글 시스템과 자매라고 할 수 있는 시스템이 두 개 더 있었다. 오크가 박사 과정 때 만든 아헨공과대학교 시스템과 연구교수였을 때 만든 서던캘리포니아대학교(USC) 시스템이었다. 그런데 오크는 2004년 7월에야 구글에 정식으로 출근[9]했기 때문에 2005년 2월까지는 시간이 턱없이 부족했다. 기존 작업을 다시 시행할 여유밖에 없었을 뿐, 기술을 실질적으로 개진하기는 불가능했다. 그렇다면 왜 구글 시스템이 자매 시스템보다 훨씬 뛰어났을까?

　NIST 조건에 따르면, 평가 결과가 나온 뒤 보통 5월에서 7월 사이에 각자의 연구방법을 교류하는 세미나를 개최해야 했다. 이전까지 참가자들의 관심은 학술계의 오랜 친구들과 만나 감회를 나눌 수 있는 토론에 쏠렸다. 하지만 이번에는 구글의 비밀무기가 무엇인지 확인하겠다는 뚜렷한 목적을 가지고 모였다.

　2005년 7월 NIST가 소재한 버지니아주 북부에서 세미나가 열렸을 때 오크는 최고의 관심 대상이었다. 모두 그의 비밀을 듣고 싶어 했는데, 막상 듣고 나자 허탈해지고 말았다. 오크는 2년 전과 같은 방법을 사용했다. 다만 전보다 수천 배, 심지어 1만여 배 많은 데이터를 사용했을 뿐이었다. 사실 자연 언어 처리 분야에서 데이터가 얼마나

9　오크는 2004년 4월 28일 구글의 상장 발표날 구글에 합류했지만 USC에서의 교수 업무를 마무리 짓기 위해 휴가를 신청했다. 그는 여름방학이 되어서야 정식으로 출근했다.

중요한지는 과학자들 모두 분명히 알고 있었다. 하지만 과거에는 연구팀 간에 사용 가능한 데이터 양이 두세 배 정도밖에 차이 나지 않았기 때문에 결과에 영향을 미친다 해도 아주 큰 차이는 없었다. 그러다 오크가 1만여 배 많은 데이터를 사용하자, 이 양적 변화는 결국 질적 변화로 이어졌다. 오크는 6요소 모형을 훈련할 수 있었던 데 반해 당시 대부분의 연구팀 데이터로는 3요소 모형만 훈련할 수 있었다.[10] 간단하게 말해서, 훌륭한 3요소 모형으로는 영어 문장 속 단어와 간단한 문장 성분을 정확히 호응시킬 수 있다. 6요소 모형은 모든 종속절과 복잡한 문장 성분 간의 호응까지 가능해서 한 언어에서 다른 언어로 단락끼리 맞대응해 번역할 수 있다. 어떤 시스템이 문장 대부분을 아주 긴 단락 안에서 곧장 번역할 경우 어휘 단위로 번역하는 시스템보다 훨씬 정확하리라는 사실은 쉽게 상상할 수 있을 것이다. 구글이 시도하기 전까지는 누구도 5요소, 6요소 모형을 상상하지 못했다. 물론 충분한 데이터로 훈련하지 않는다면 5요소, 6요소 모형 역시 정확도가 많이 떨어져 번역에 아무런 도움도 되지 못한다.

표3에서 알 수 있듯이 고전적 인공지능 방식을 사용한 시스트란과 데이터 구동 방식을 택한 시스템은 이미 한 세대 이상의 차이가 난다. 결국 2005년 NIST 평가 이후 시스트란은 역사의 무대에서 물러나기 시작해 이제는 아는 사람이 거의 없을 정도가 되었다. 다른

---

10   간단히 말해 N요소 모형은 N개 단어의 앞뒤 관계를 살필 수 있다. 따라서 6요소 모형은 6개 단어의 앞뒤 관계를 파악할 수 있고, 당시 보편적이던 3요소 모형은 3개 단어만 가능하다는 뜻이다.

대학과 연구소들은 2005년 평가 이후 데이터 수집에 심혈을 기울였다. 그 결과 이듬해 평가에서는 모든 연구팀이 1년 전보다 최소 100배 이상의 데이터를 사용해 구글과 차이를 빠르게 좁힐 수 있었다.

오늘날 영상 인식, 자연 언어 이해 등 '지능'과 관련된 많은 연구 분야에서는 데이터의 양적 우세함을 이용할 수 없는 방식의 경우 시대에 뒤떨어진다는 평가를 받는다.

1970년대에 시작된 데이터 구동 방식은 1980년대와 1990년대에 느리지만, 안정적으로 발전했다. 21세기에 들어온 뒤에는 인터넷 덕분에 사용 가능한 데이터가 급증해, 데이터 구동 방식은 뚜렷한 우위를 점하고 결국 양적 변화에서 질적 변화로 도약하게 되었다. 인간과 비슷한 지능이 있어야만 할 수 있던 수많은 일을 오늘날 컴퓨터가 감당할 수 있는 것은 데이터 양이 증가한 덕분이다.

전 세계 각 분야에서 끊임없이 외연을 넓혀가던 데이터는 점차 새로운 특징을 띠기 시작했다. 수많은 데이터가 서로 겹치더니 점과 선 차원에서 망(網)의 차원으로 연결된 것이다. 다시 말해 데이터 간의 관련성이 극대로 커졌다. 그리고 이를 배경으로 빅데이터가 등장했다.

빅데이터의 특징

빅데이터란 용어는 2007년 이후 언론매체에 자주 등장하고 있지만 사람마다 다르게 이해하고 심지어 대규모 데이터로 잘못 이해하는 경우까지 있다. 따라서 빅데이터에 대해 논하려면 먼저 빅데이터란 무엇이고 어떤 특징이 있는지부터 살펴봐야 한다.

빅데이터의 가장 큰 특징은 크기가 크다는 것이며, 이 점에서는 전문가나 문외한 모두 이견을 보이지 않는다. 하지만 데이터 양이 많다고 전부 빅데이터가 될 수는 없다. 가령 개개인의 유전자지도에는 수백 GB(기가바이트)에서 TB(테라바이트)급 데이터가 들어 있는데[11] 그 양이 적지 않음에도 통계적으로는 큰 의미가 없다.

또 전 세계 70억 인구의 출생일을 기록한다면 상당한 데이터가 생기지만, 그 데이터만으로는 전 세계 인구의 연령대만 정확히 알 수 있을 뿐 다른 통계 정보는 얻을 수 없다. 사실 세계 인구의 연령대는 전통적 표본 통계법으로도 알 수 있기 때문에 이 대량의 데이터는 의미가 크지 않다.

빅데이터가 유용한 이유는 방대할 뿐만 아니라 또 다른 특징들도 갖고 있어서다. 일부 데이터 전문가들은 빅데이터의 특징을 대량(Vest), 다양성(Variety), 적시성(Velocity)의 3V로 요약하는데, 외우기는 편해도 완전히 정확하다고 할 수는 없다. 우선 일부 빅데이터에 적시성이 있다고, 적시성의 장점은 뒤에서 자세히 소개하겠지만, 이것을 모든 빅데이터가 갖춰야 할 특징으로 볼 수는 없다. 적시성이 없어도

---

11 Reid J. Robison, How big is the human genome?

빅데이터라 부를 수 있는 데이터가 있다는 말이다. 둘째, 다양성도 분명 빅데이터의 특징이지만 의미상으로 살짝 모호하다. 사실 여기서 가장 중요한 의미는 다차원이다. 실제로 다차원이란 표현이 더 간단하고 정확하다. 그래서 혼동을 피하고자 이후 Variety는 다차원으로 설명하겠다. 다음의 간단한 사례를 통해 다차원의 중요성과 그 위력을 살펴보자.

2013년 9월 바이두(百度)에서 〈중국 '미식' 도시 Top 10〉이라는 꽤 재미있는 통계 결과를 발표했다. 바이두는 아무런 여론조사나 지역별 식습관 연구 없이 오직 '바이두 지식'에 올라온 7,700만 건의 음식 관련 질문에서 결론을 '발굴'해냈는데 중국의 지역별 식습관을 어떤 학술연구보다 훨씬 잘 반영한 듯 보였다. 바이두에서 내놓은 결론은 다음과 같다.

"XX 먹을 수 있나요?"라는 질문에서 푸젠(福建), 저장(浙江), 광둥(廣東), 쓰촨(四川) 등지의 네티즌은 "XX벌레 먹을 수 있나요?"라고 가장 많이 물었고 장쑤(江蘇), 상하이(上海), 베이징(北京) 등지 네티즌은 "XX가죽 먹을 수 있나요?"라고 제일 많이 물었으며 네이멍구(內蒙古), 신장(新疆), 티베트 네티즌은 "버섯 먹을 수 있나요?"에 가장 큰 관심을 보였으며 닝샤(寧夏) 네티즌은 놀랍게도 "게 먹을 수 있나요?"라고 가장 많이 물었다. 닝샤 네티즌의 궁금증에 푸젠 네티즌은 분명 깜짝 놀랐을 테고, 반대로 닝샤 네티즌 역시 벌레를 먹으려는 사람이 있다는 사실에 경악했을 것이다.

사실 바이두의 이 소소한 조사는 빅데이터의 다차원성이 얼마나 중요한지를 잘 보여준다. 바이두 지식은 겉으로 드러나는 차원의 데이터(음식의 조리법, 식사법, 성분, 영양가치, 가격, 질문한 지역과 시간 등)뿐만 아니라 문외한은 별 관심 없는 숨은 차원의 데이터(질문자나 답변자가 사용하는 컴퓨터 혹은 휴대전화 및 브라우저 등)까지 확보하고 있다. 매우 다양한 층위의 데이터가 존재한다는 의미다. 이러한 차원은 명확히 드러나지 않기 때문에(기존 데이터베이스와 다르다) 문외한 눈에는 바이두 지식의 원시 데이터가 좋게는 다양하고 나쁘게는 매우 지저분하게 보인다. 하지만 이렇게 난잡하고 무질서한 데이터가 무관해 보이는 차원(시간, 지역, 식품, 조리법, 성분 등)을 연결해낼 수 있다. 여러 정보를 발굴, 가공, 정리해 지역별 식습관처럼 유의미한 통계 규칙을 얻어내는 것이다.

바이두는 모두가 흥미로워할 결과만 발표했다. 사실 바이두가 원하기만 하면 해당 데이터에서 유의미한 통계 결과를 훨씬 더 많이 얻을 수 있다. 예를 들면 연령별, 성별, 문화 배경별 식습관이나(바이두 지식 사용자의 등록 정보가 믿을 만하다면, 설령 아니어도 다른 방법을 통해 신뢰할 만한 연령 정보를 얻을 수 있다), 생활습관이 다른 사람들(정상적으로 일하고 쉬는 사람, 올빼미족, 컴퓨터 앞에 앉으면 몇 시간씩 게임을 하는 사람, 출장이 잦거나 운동을 싫어하는 사람 등)의 식습관도 쉽게 알아낼 수 있다. 여기에 개인별 컴퓨터(혹은 휴대전화 등 스마트기기) 브랜드와 모델을 더하면 질문자와 답변자의 소득 상황까지 대략 파악할 수 있어서 소득계층별 식습관도 알 수 있다. 물론 사생활 침해 논란을 피하고자 바이두는 결과를 발표하지 않을 것이다. 또한 비교적 오랫동안 데이터를 수집해왔기 때문에 바이두는 지역별 식습관의 변화, 특히 경제발전 단계별 식습관의 변화까지도 살펴볼 수 있다. 그런데 이처럼 간단해 보이는 문제도 바이두 지식의 빅데이터, 특히 다차원성이 확보되지 않는다면 해답을 얻기 매우 힘들다.

어쩌면 상기 통계가 별로 복잡해 보이지 않으니 기존의 통계방법으로도 결론을 도출할 수 있지 않으냐고 의문을 제기할 수도 있다. 여기에서 기존의 통계방법이 불가능하다고 말하는 것이 아니다. 기존의 통계방법은 일반인이 상상하는 것보다 훨씬 비싸고 어렵다. 기존의 통계방법으로 똑같이 정확한 결과를 얻으려면 무엇을 해야 할까. 우선 제대로 된 설문지를 작성하고(결코 쉽지 않다) 각각의 지역에서 대표성을 가진 그룹을 찾아 조사한 뒤(갤럽이 줄곧 해온 일이다) 반은 수작업으로 자료를 처리하고 정리해야 한다.[12] 그러면 비용도 많이 들 뿐만 아니라 갤럽의 여론조사처럼 표본 추출 때 요소들을 자세히 고려해야 하는 데 쉬운 일이 아니다. 나중에 집계하다가 한 문항이 더 필요하다는 것을 발견해 설문지에 끼워 넣기라도 하면, 대부분 수작업인 일을 처음부터 다시 해야 하기 때문에 비용이 두 배로 늘어난다.

기존 방법이 어려운 두 번째 이유는 답안에 피조사자의 진짜 생각이 반영되지 않을 수도 있기 때문이다. 바이두 지식에서 질문하고 답할 때 사람들은 아무런 스트레스도 받지 않는다. 실리적 목적도 없

---

12 대량의 수작업 통계자료는 분량이 방대해 처리에 오랜 시간이 걸린다. 미국 역사상으로도 인구조사 통계가 10년 넘게 끝나지 않는 경우가 허다했다. 그리고 이 난제가 IBM의 탄생을 촉진했다.

기 때문에 무슨 문제든 물어볼 수 있고 아는 대로 답할 수 있다. 하지만 설문지 답은 다르다. 대부분 자신의 답이 '아주 이상'하게 보이기를 원치 않아서 "처우더우푸(두부를 소금에 절여 삭힌 음식으로 냄새가 고약하다 - 옮긴이)를 좋아한다" 등의 식습관이나 "벌레를 즐겨 먹는다"는 기호를 드러내려 하지 않는다. 예전에 중국 중앙방송국에서 시청률을 조사할 때도 비슷한 현상이 있었다. 시청자가 직접 작성한 카드의 시청률이 자동 통계박스에서 집계된 결과와 완전히 달랐다. 카드로 집계한 통계에서는 유명한 사회자가 나오는 소위 고품격 프로그램의 시청률이 크게 과장되었다. 시청자들이 본능적으로 체면이 서는 프로그램에 표시했기 때문이다. 나 역시 오바마 의료개혁에 대해 비슷한 실험을 한 적이 있는데, SNS상의 지지율(약 24%에 불과)이 갤럽 여론조사 결과(41%)보다 훨씬 낮았다.

요즘은 바이두 지식 같은 다차원의 빅데이터가 있어서 과거에는 처리하기 힘들던 문제를 아무 저항 없이 자연스럽게 해결할 수 있다.

빅데이터의 세 번째 중요한 특징은 전면성, 혹은 완전성인데 의외로 경시 받을 때가 많다. 간단한 중영 번역 사례를 통해 살펴보자.

중국에서 나고 자란 초등학생 샤오밍이 학교에서 "좋은 아침입니다(早上好) = Good morning"이라는 대응 관계를 배워서 그대로 외웠다고 해보자. 샤오밍은 이제 "좋은 아침입니다"를 영어로 말할 수 있지만, 그렇다고 샤오밍이 영어를 이해한다고 할 수는 없다. 그저 머릿속에 대응 관계가 있을 뿐이다. 그러다보니 "너 = you"라는 단어를 또 배우면 샤오밍은 자신이 이해하는 중국어 방식에 따라

"안녕하세요(你好)"를 엉뚱하게도 "Good you"라고 번역할 수 있다. 초기 컴퓨터의 자동번역에서 나온 수많은 오류가 이런 식이었다. 만약 샤오밍에게 "안녕하세요 = How are you"라고 외우게 하면 샤오밍은 두 문장을 번역할 수 있다. 물론 샤오밍은 중국 문장이란 문장을 전부 영어로 번역해 외울 수는 없다. 무조건적 암기는 모든 선생님이 반대하는 영어 학습법이기도 하다. 따라서 샤오밍이 중국어 문장을 영어로 번역하려면 두 언어를 배운 다음 중국어 문장의 의미를 이해한 뒤 어법과 어의에 따라 영어로 번역해야 한다.

과거 과학자들은 이러한 사고 흐름을 기반으로 기계 번역 시스템을 개발했다. 반면 오크는 구글에서 번역 시스템을 개발할 때 이런 방식이 아니라 미련스럽게 무조건 외우는 방식, 즉 데이터를 통해 서로 다른 언어의 긴 문장 성분에 대응하도록 학습한 뒤 곧장 번역하는 방식을 채택했다. 물론 그러기 위해서는 전제가 필요했다. 오크가 사용하는 데이터에 중국어, 영어, 아랍어의 문장 대부분을 포함한 뒤 기계학습을 통해 두 언어 표현의 다양한 번역법을 확보해야 했다. 다시 말해 두 언어 간 번역의 완전성을 갖춰야 했다. 오크는 운이 좋게도 구글에 있었기 때문에 주요 언어의 일상적 표현 데이터와 두 언어를 대응시키는 번역법을 온전히 확보할 수 있었다. 다른 연구기관에는 그처럼 전면적인 데이터가 없어서 오크는 다른 사람들보다 뛰어난 성과를 거둘 수 있었다.

2012년 미국 대선 결과 예측에 관한 언론 보도에서도 빅데이터의 완전성에 관한 사례를 살펴볼 수 있다. 이미 제1장에서 갤럽 박사가 1936년 미국 대선 결과를 성공적으로 예측해 명성을 얻은 이후 그의 회사에서 대선 때마다 예측 결과를 발표했다고 소개했다. 총체적으로 갤럽의 예측 결과는 대부분 맞았지만 틀린 적도 적지 않았다. 게다가 맞았을 때조차 미국 50개 주와 워싱턴 DC의 선거 결과를 정확히 예측한 적은 한 번도 없었다. 미국 각 주의 선거 결과를 정확히 예측하는 게 왜 중요할까? 미국 대통령 선거가 프랑스처럼 단순한 1인 1표제가 아니라 각 주에서 승리한 사람이 주 전체에 할당된 선거인단(예를 들어 캘리포니아주는 55명)을 독차지하기 때문이다. 과거 갤럽이 그렇게 오랫동안 예측하면서도 전체 50+1주의 결과를 정확히 예측하지 못하자 통계학자들은 갤럽의 능력 부족이 아니라 그 자체가 불가능하다고 생각했다. 미국 대선 때마다 치열한 경합을 벌이는 주가 약 10여 곳이고 해당 주에선 여론조사의 각 후보 지지율 격차가 표준편차보다 훨씬 작았다. 각종 여론조사 결과가 임의적이라는 뜻이다. 10개 주의 대선 결과를 임의로 예측해 맞춘다는 것은 1,000분의 1에도 못 미치는 아주 미미한 확률에 불과했다.

그런데 2012년에 변화가 발생했다. 실버(Nade Silver)라는 젊은 이가 빅데이터를 이용해 전체 50+1주의 선거 결과를 성공적으로 예측한 것이다. 갤럽 사는 물론 사람들 모두 깜짝 놀랐다. 실버는 어떻게 그 난제를 풀었을까? 사실 간단했다. 그는 투표 전에 유권자가 어떤 후보를 찍을지 알 수 있다면 각 주의 선거 결과를 예측하는 것도 가능하리라 생각했다. 그래서 실버는 인터넷, 특히 온갖 SNS에서 2012년 미국 대선과 관련된 데이터를 가능한 한 모두 수집했다. 각

지역의 신문 매체 데이터, 방명록과 지방 신문 데이터, 페이스북과 트위터 발언 및 멘션, 후보 캠페인 데이터 등까지 모두 수집한 다음 주별로 정리했다.

대선 전에 유권자의 생각을 전부 파악하지 못했다 해도 실버가 집계한 데이터는 이미 여론조사 회사가 따라잡을 수 없을 만큼 상당히 전면적이었다. 또 하나 중요한 요인은, 실버의 데이터가 아무런 압박도 없는 상태에서 유권자의 진짜 생각을 반영해 정확도가 매우 높았다는 것이다. 이들 두 요소가 결합해 실버는 유권자의 생각을 전면적으로 이해할 수 있었다. 혹은 일정 수준에서 데이터의 완전성을 확보했다고도 할 수 있다. 따라서 실버가 2012년 미국 대선 결과를 정확히 예측한 것은 전혀 이상한 일이 아니다.

데이터의 완전성을 모든 순간 확보할 수는 없지만, 국부적으로는 가능하기 때문에, 국부적 완전성으로 국부적 문제를 해결할 수 있다. 그 유용함에 대해서는 다음 챕터에서 컴퓨터의 자동 문답 사례를 통해 살펴보겠다.

시효성은 빅데이터에서 필수조건은 아니지만, 시효성을 확보할 경우 도시의 지능형 교통관리처럼 과거에 불가능했던 일을 상당수 처리할 수 있다. 스마트폰과 지능형 자동차(테슬라 등)가 등장하기 전까지 세계 대도시에는 교통관리(혹은 통제)센터가 있었지만 아무리 빨라도 20분 뒤에야 교통 정보를 파악할 수 있었다. 2007년 구글에서 처음 구글맵 교통 정보서비스를 출시했을 때 바로 그러했다. 정보는 빠르게 구글 서비스에 반영되었지만, 사용자들이 보기에는 30분이나 지난 상황이었다. 이동 상황을 충분히 반영할 수 있는 실시간 도구가 없는 이상, 도시 곳곳에 아무리 많은 표본추출 관측지점을 만들어 각종 교통사고와 정체 상황을 수시로 알려도 2007년 상황을 뛰어넘는 실시간성은 기대할 수 없었다.

하지만 위치 추적이 가능한 스마트폰이 등장하면서 상황이 근본적으로 변하기 시작했다. 스마트폰이 충분히 보급되고 사용자 대부분이 실시간 위치정보(빅데이터의 완전성에 부합)를 개방하자, 구글이나 바이두 같은 지도서비스 회사들은 인구밀도가 높은 도시에서 사람들의 이동 정보를 실시간으로 파악하고 그 흐름의 속도 및 위치에 따라 보행자와 차량을 쉽게 구분할 수 있게 되었다.

정보를 수집하고 지도서비스를 제공하는 회사가 동일하다보니, 데이터의 수집 및 처리부터 정보 전달까지의 시간이 지극히 짧아져

표4 과거의 교통 정보 전달 과정

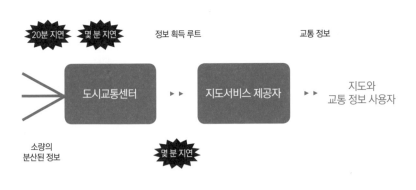

교통 정보를 매우 시의적절하게 제공할 수 있게 되었다. 구글이나 바이두의 지도서비스를 사용해본 사람이라면 6~7년 전과 확연히 달라졌음을 느꼈을 것이다. 물론 과거의 데이터를 분석해 그보다 더 시의적절한 정보를 예측하기도 한다. 일부 연구팀과 기업 연구부서에서는 이미 과거의 교통상황 데이터를 실시간 데이터와 결합해 일정 시간 동안(예를 들어 한 시간) 해당 도시의 각 도로에서 일어날 수 있는 교통상황을 예측하고 행인들에게 최적의 노선을 찾아주기 시작했다. 다음 챕터에서는 빅데이터로 교통상황을 개선한 사례를 살펴보고 빅데이터의 시효성이 사회에 미친 영향에 대해 분석해보겠다.

마지막이자 어쩌면 가장 중요한 빅데이터의 특징은 그 이름에서 찾아볼 수 있다. 영어에서 크다는 의미는 large와 big에 모두 있는데 왜 라지데이터(large data)가 아니라 빅데이터(big data)라고 하는지

표5 스마트폰 등장 후의 교통 정보 전달 과정

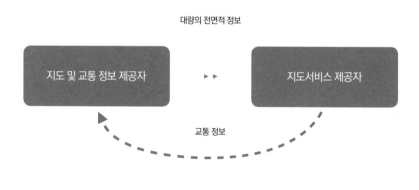

궁금해하는 사람이 간혹 있다. 실제로 빅데이터가 굳어지기 전까지는, 대량의 데이터를 수집하고 처리해 연구를 진행한 상당수의 논문에서 big이 아니라 large나 vast(방대한)를 주로 사용했다. 가령 'large Scaled…' 'Vast Data…' 'Large Amount…' 등의 구가 포함된 논문 표제는 눈에 많이 띄었지만 Big은 찾아보기 힘들었다.

그렇다면 big, large, vast에는 어떤 차이가 있을까? large와 vast는 정도에서 살짝 차이가 있는 수준으로, very large가 vast라고 보면 된다. large와 vast는 크기를 표현할 때 주로 사용하는 반면 big은 상대적으로 작은 거대함, 추상적 의미의 거대함을 훨씬 강조한다. 예를 들어 'large table'은 아주 큰 탁자를 의미할 뿐이지만 'big table'은 작은 탁자가 아니라는 의미로, 아주 크다고 할 수는 없어도 아주 크다고 부를 수 있음을 강조하는 비교적 추상적인 표현이다.

big data란 영어 표현을 자세히 뜯어보면 매우 적확하다고 인정하지 않을 수 없다. 무엇보다 '빅데이터는 사유 방식의 전환'이라는 일종의 정보를 전달하기 때문이다. 오늘날 데이터는 과거와 비교할 수 없을 정도로 많아졌다. 이런 양적 변화로 질적 변화가 일어났으니 사유 방식과 행동 방식 또한 과거와 달라져야 한다. 이것이 바로 빅데이터의 개념을 이해하는 열쇠다. 빅데이터가 등장하기 전까지 컴퓨터는 지능이 필요한 문제를 제대로 해결할 수 없었지만, 사고방식을 바꿔 지적 문제를 데이터 문제로 인식하면서 이제는 문제 해결이 가능해졌다. 이로 인해 전 세계에서 새로운 기술혁명, 즉 지능혁명이 시작되었다.

지적 문제란 데이터의 문제

지난 50여 년간 연산 속도가 지수급으로 증가하면서 컴퓨터가 처리할 수 있는 일도 계속해서 늘어났지만, 사람들은 여전히 컴퓨터에 대해 "빠르지만 똑똑하지는 않다"라는 인식을 하고 있었다. 사람의 질문에 대답할 수도 없고 바둑을 두거나 사람을 알아볼 수도, 운전할 수도, 주체적으로 판단할 수도 없다는 등등의 이유에서였다. 하지만 데이터가 충분히 쌓이자 상당수의 지적 문제가 데이터 처리의 문제로 바뀌게 되었고 바로 그 순간부터 컴퓨터는 똑똑해지기 시작했다. 사람들이 컴퓨터 지능이 질적으로 도약했다고 처음 느낀 때는 컴퓨터가 최초로 체스 세계 챔피언을 이긴 1996년이다. 그 경기는 2016년 알파고가 이세돌을 이겼을 때보다 한층 더 큰 파란을 일으키며 세상을 깜짝 놀라게 했다.

1996년 IBM의 슈퍼컴퓨터 딥블루와 체스 세계 챔피언 카스파로프가 여섯 판의 대국을 치렀다. 카스파로프는 세계 체스계의 전설적인 인물로, 당시 '엘로 평점(Elo Rating)'에서 그가 세운 최고 기록은 10여 년 동안이나 유지되다가 지금의 세계 챔피언 칼슨에 와서야 깨졌다. 카스파로프는 아직도 역사상 두 번째로 높은 엘로 평점을 기록하고 있다. 1996년, 카스파로프의 과거 기보를 학습한 딥블루는 백으로 먼저 시작해 기선을 제압하며 제1차전을 승리로 이끌었다. 세계는 깜짝 놀라며 충격에 빠졌다. 컴퓨터가 언젠가는 인간 체스 챔피언을 이길 것이라고 예상은 했어도 이렇게 빠르리라고는 생각하지 못했다.

하지만 임기응변에 능한 카스파로프는 이후 다섯 판을 내주지 않았고 결국 3.5 대 1.5로 딥블루를 이겼다. 언론들은 딥블루가 매우 훌륭하다고 평가하면서 비록 점수로는 졌지만 어쨌든 최초로 컴퓨터가 체스 챔피언을 이겼다고 보도하는 한편, 컴퓨터가 아직은 충분히 똑똑하지 못해 대처 능력도 부족하고 저급한 실수[13]도 저질렀노라고 평했다. 모두 체스에서 컴퓨터가 인간을 넘어서려면 시간이 한참 더 필요할 것이라고 여겼다.

그러나 1년 뒤인 1997년 5월, 딥블루가 성능을 높여 다시 도전장을 냈다.

역시 총 여섯 판으로 진행되었는데 이번에는 카스파로프가 제1차전에서 백을 쥐고 선공을 펼쳤다. 카스파로프는 자신이 익숙한 킹스 인디언 어택 오프닝[14]을 채택해 선공의 우위를 놓치지 않았다. 그러다 44번째 수에서 딥블루가 아주 이상한 수를 두자 카스파로프는 순간 컴퓨터의 지능이 대단하다고 오인했다. 물론 그는 흔들림 없이 45수를 두어 딥블루의 패배를 끌어냈다. 나중에 IBM은 그 이상한 수가 사실은 프로그램 오류였다며, 딥블루가 적합한 수를 찾지 못하자 미리 설정해놓은 보수적 수를 놓았다고 밝혔다. 딥블루는 첫 번째 판을 졌지만 카스파로프에게 컴퓨터가 도대체 얼마나 똑똑한지 가늠할

13　나중에 프로그램 버그 때문이었다고 밝혀졌다.

14　King's Indian Attack: 체스 경기에서 흔한 오프닝 중 하나로, 선공 측이 킹 앞의 폰을 두 칸 전진시킨 뒤 뒤쪽의 폰을 한 칸 전진시켜 킹을 보호한다. 매우 공격적인 오프닝이다.

수 없다는 심리적 부담을 안겨주었다. 나중에 카스파로프는 관례에서 자유로운 수야말로 슈퍼 지능의 반증이라고 평했다.

제2차전에서는 딥블루가 선을 잡아 보편적인 루이 로페즈 오프닝[15]을 두었다. 양측 모두 안정적으로 수를 이어가고 있었는데 막판에 이르러 딥블루가 또 다시 통상적이지 않은 수를 두었다. 45수 뒤 카스파로프는 빠져나올 방법을 찾지 못하고 패배를 선언했다. 그때 경기를 지켜보았던 친구는 사실 무승부로 만들 방법이 있었노라고 말했다. 하지만 오늘날 스톡피시(Stockfish)[16] 같은 최강의 체스 프로그램들은 당시 딥블루가 처했던 상태에서 어떤 대응이 나오든 모두 승리할 수 있다. 그러니 당시 카스파로프의 패배가 아주 억울한 것만도 아니다.

뒤이은 세 경기는 무승부였다. 제4차전은 카스파로프가 시간을 너무 많이 써서 어쩔 수 없이 무승부가 되었고, 제5차전은 카스파로프가 우세한 상황이었는데 딥블루가 무승부로 뒤집었다. 그 두 번의 대국에서 딥블루는 최강의 계산 능력을 선보였다. 어쨌든 양측 모두 제5차전까지는 정상적인 기량을 펼쳤다고 말할 수 있다.

제6차전 때 카스파로프는 제4차전에서 썼던 카로-칸 디펜스[17]를

---

15 Ruy Ropez: 스페인 오프닝의 일종으로, 역시 킹 앞의 폰을 두 칸 전진시키는 것으로 시작하지만 이어서 나이트를 옮긴 다음 비숍을 내보낸다. 가장 짧은 시간 내에 킹과 룩의 자리를 옮길 수 있으며 상대적으로 공격과 수비 모두 안정적이다.

16 오늘날 이러한 체스 프로그램은 인간을 가볍게 이길 수 있다.

17 Caro-Kann Defense: 독일 체스기사 카로와 칸이 함께 만든 오프닝. 흑이 여러 복잡한 변화를 피하고자 말을 내주고 먹으면서 경기를 빠르게 중반부까지 진행한 뒤 후반부에 힘을 쏟는다.

오프닝으로 선택했다. 흑을 쥔 기사가 후수로서의 열세를 상쇄하기 위해 채택하는 이 기법은 판을 빠르게 정리해 후반부에 승부수를 둔다. 하지만 딥블루는 제4차전 때의 기법을 반복하는 대신 대담하게 나이트를 버리며 카스파로프의 방어선을 깼다. 그 대국은 20여 수밖에 두지 않았다. 카스파로프는 종반전까지 가기도 전에 패배를 선언했고, 이는 통상적인 체스 진도의 절반밖에 되지 않았다.

이러한 과정을 살펴보면 컴퓨터가 이미 충분히 똑똑해졌다고 생각될 수 있다. 카스파로프를 속수무책으로 만들고, 심지어 사람처럼 예측 불가능한 반응을 하는 것처럼도 보인다. 실제로 당시 언론들은 딥블루를 그렇게 평가했고 IBM의 주가는 급등했다. 하지만 그렇게 똑똑해 보이는 겉모습 뒤로는 방대한 데이터와 별로 복잡하지 않은 알고리즘, 강력한 계산 능력이 있을 뿐이다. 처음부터 인간 같은 사고력은 딥블루에 있지도 않았고 필요도 없었다.

사실 1996년 대국 전에 IBM의 딥블루 팀은 수집 가능한 카스파로프의 기보를 모두 모았다. 그런 다음 데이터를 이용해 몇 가지 모형을 구축한 게 전부였다. 구체적인 방법은 다음과 같다.

컴퓨터는 수학 모형을 이용해 체스판 위 모종의 상황 S에서 자신과 상대의 승률 $P(S)$를 구할 수 있다. 가령 다음번에 둘 수 있는 수가 N종이라고 하면, 각각의 수에 대한 대응상태 S'_1, S'_2……S'_N를 가정해 상응하는 승률 $P(S'_1)$, $P(S'_2)$……$P(S'_N)$을 계산해낸다. 이러한 확률을 근거로 딥블루는 승률이 가장 높은 상황 S'_k을 찾아내 말을 옮긴다. 이어진 상대 차례에서 상대가 말을 옮기고 나면 체스판은 새로운 상태인 S''가 된다. 딥블루는 다시 자신이 선택할 수 있는 유한한 수에 따라, 이번에는 M종이라고 하면, 각각의 대응상태 $S'''_1, S'''_2 \cdots\cdots$ S'''_M로 새로운 상태의 승률 $P(S'''_1), P(S'''_2)\cdots\cdots P(S'''_M)$를 계산한 뒤 $P(S'''_i)$라는 가장 승률이 높은 수를 선택한다(표6 참조).

당연히 딥블루는 자신과 상대의 승률을 계산할 때, 과거 데이터에 근거해 카스파로프가 둘 만한 수를 고려하고 여러 상황별 가능성을 예측했다. 그러고는 상대의 다음 수가 판세에 미칠 영향을 반영해 예측했던 가능성끼리 대조해본 뒤 가장 유리한 상황을 찾아 말을 옮겼다. 사실상 딥블루 팀은 기계의 지적 문제를 빅데이터의 문제와 방

표6 컴퓨터가 체스를 두는 방식

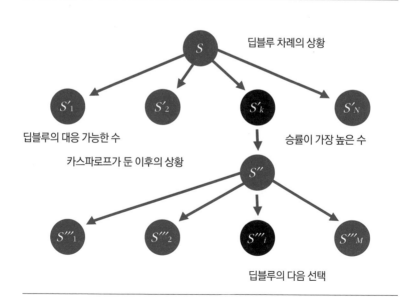

대한 계산의 문제로 바꾼 것이다. 덧붙이자면 알파고도 구체적 알고리즘에서 딥블루와 차이가 있을 뿐, 게임에 임하는 원리는 같다.

1996년 대국 때 딥블루 팀은 카스파로프의 과거 데이터를 연구해 그의 기풍을 상당히 잘 파악하고 있었다. 카스파로프가 평소 습관대로 체스를 뒀다면 딥블루는 수월하게 상대하고도 남았을 것이다. 어쩌면 제1차전 때 딥블루가 허를 찌르며 승리한 것도 그 덕분인지 모른다. 그러나 당시 딥블루는 충분한 데이터를 가지지 못해서 카스파로프의 작은 변수에도 흔들리며 피동적으로 되었다. 1997년에는 완전히 달라졌다. 딥블루 팀은 컴퓨터 속도를 두 자릿수나 끌어올렸을 뿐만 아니라 세계 100위권 마스터[18]를 불러 세계적 대가들의 기보를 수집 및 정리한 뒤 프로그램을 학습시켰다. 그렇게 해서 딥블루는 대가들이 다양한 국면에서 취하는 수, 어쩌면 인간이 생각해낼 수있는 온갖 호수를 맛볼 수 있었다. 빅데이터의 완전성을 갖춘 것이다. 1997년 대국 때 딥블루는 버그 때문에 제1차전을 내줬을 뿐, 내리 다섯 판을 이기거나 비겼고 카스파로프의 예상을 벗어나는 수까지 선보였다. 다시 말해 딥블루가 카스파로프보다 훨씬 더 형세를 잘 파악했다. 또한 기계인 딥블루에게는 카스파로프에게 없는 장점이 하나더 있었다. 감정의 영향을 받지 않아 안정적 기조를 유지할 수 있었던 것이다. 이는 지능형 애플리케이션들이 가진 중요한 특성이다.

---

18   체스에서는 최고 등급을 그랜드마스터(엘로 평점 2,500 이상), 다음을 마스터(엘로 평점 2,400 이상)라 한다.

1997년 이후 컴퓨터의 체스 수준은 사람들이 상상하는 것보다 훨씬 빠른 속도로 향상하였다. 이제는 누구도 제대로 된 체스 프로그램에 맞설 수 없을 정도다. 처음 기계지능에 대한 정의를 내릴 때, 컴퓨터가 체스로 사람을 능가하면, 비로소 지능을 가졌다고 간주했다. 그런데도 바둑계와 과학기술계의 권위 있는 인사들을 포함해 대부분의 사람은 2015년 말까지 알파고가 최고 수준의 바둑기사 상대는 되지 못할 거라고 생각했다. 하지만 2016년 1월 알파고는 유럽 바둑 챔피언 판후이 2단을 이긴 데 이어 같은 해 3월, 다시 한 번 인간의 최고 고수를 능가하였다. 한국의 유명한 바둑기사 이세돌 9단과 다섯 차례 대국을 벌인 결과 4 대 1로 압승해 세계 바둑계와 과학기술계를 뒤흔들어 놓은 것이다. 알파고의 구체적인 알고리즘은 딥러닝을 설명할 때 자세히 이야기하겠다.

정말로 많은 분야에서 이미 기계지능이 인간을 추월했을까? 이에 대한 관점은 사람마다 다르다. 어떤 사람들은 아직도 인정하지 않으면서 컴퓨터가 이미 해결한 문제를 지적인 문제가 아니라고 부정한다. 예전에 컴퓨터가 음성을 식별해 의미를 파악하자 이 문제를 지적 문제의 범주에서 배제하더니, 체스 챔피언을 이긴 뒤에는 컴퓨터가 바둑은 두지 못한다고 말하고, 바둑에서도 뛰어난 능력을 선보이자 바둑은 과거의 지적 문제를 계산 문제로 바꾼 것에 불과하다고 말한다. 컴퓨터의 지능이 끊임없이 향상되고 있긴 하지만 여전히 잘하지 못하는 일들도 있다며 인간의 지능이 컴퓨터보다 높다고 매우 자랑스럽게 말하는 것이다.

컴퓨터가 지금까지 제대로 못 하는 일 속에는 "왜 여름이 겨울보다 더울까?"처럼 추리를 요구하는 복잡한 질문에 답하는 것도 포함된다. 과학자들은 이미 오랫동안 컴퓨터의 자동응답을 연구해왔다. 일반적으로 질문 유형은 '무엇(What)' '언제(When)' '어디(Where)' '어느(Which)' '누구(Who)' '왜(Why)' '어떻게(How)'의 일곱 가지로 분류된다. W나 H로 시작되기 때문에 이 일곱 단어를 WH의문사라고도 부르고 해당 질문은 WH문이라고도 한다. 일곱 가지 유형에서 가장 답하기 쉬운 유형은 "중국의 국가주석은 누구인가?"처럼 사실을 묻는 '무엇(What)' '언제(When)' '어디(Where)' '어느(Which)' '누구(Who)'이다. 반면 답하기 어려운 유형은 원인을 묻는 '왜(Why)'와 과정을 묻는 '어떻게(How)'의 질문이다. 세계 자연 언어 처리 전문가와 기계지능 전문가들은 이 두 유형의 자동응답에 대해 오랫동안 연구했지만 2012년까지 좋은 방법을 찾지 못했다.

2012년 나는 텐센트(Tencent, 腾讯)에서 구글로 이직했다. 그때 상사인 슐레진저 박사와 유스타스가 내게 당장 효과를 볼 수 있는 제품을 기대하지 않는다며 기계지능과 관련된 근본적 문제를 해결하면 좋겠다고 말했다. 다만 문제 해결 뒤 마이크로소프트사가 5년 안에 따라잡을 수 없어야 한다는 전제를 내세웠다. 나는 한 달 넘게 사무실에 틀어박혀 해결할 만한 문제를 모색했다. 당시 구글의 클라우드 컴퓨팅과 빅데이터 플랫폼은 매우 체계적이고 자연 언어 처리의 기본 작업(웹사이트 모든 주요 언어의 구문 분석 등)도 이미 완성돼 다섯 유형의 간단한 질문들은 린더캉(林德康) 박사의 주도 아래 상당한 수준으로 대답할 수 있었다. 반면 복잡한 질문에 대한 답변에는 아직 손을 댄 사람이 없었다. 과거 수십 곳의 학술 연구소와 100여 명의 일류 과학자들이 전부 실패한 문제라 너무 어렵다고들 느꼈기 때문이다.

그러나 구글의 기본 환경과 데이터 준비 상황을 살펴본 뒤 나는 접근법을 바꾸면 복잡한 질문에 대한 컴퓨터의 답변 난국을 최소 일부분이라도 해결할 수 있겠다는 결론을 내렸다. 내 생각을 슐레진저 박사에게 말하자 박사는 곧장 "다른 회사와 연구소에서 못해낸 일인데 우리가 가능하다면 그들에게 없는 다른 조건이 있어서겠군"이라는 반응을 보였다. 나는 데이터라고 대답한 다음, 지적 문제를 빅데이터의 문제로 바꿀 수 있다고 설명했다.

내가 제시했던 해결법은 다음과 같다.

1단계, 사용자가 구글에서 물었던 복잡한 질문에 대해 답이 나온 경우와 나오지 않은 경우를 사이트별로 확인한다. 우리 연구 결과에 따르면 대략 질문의 70~80%가 구글 첫 페이지 검색 결과에서 답이 나왔다. 확인해보고 싶다면 구글이나 빙(Bing), 바이두에서 "하늘은 왜 파랄까?"나 "왜 여름이 겨울보다 더울까?" 같은 '왜'에 관한 질문을 던진 뒤 검색엔진에 뜨는 상위 10개의 사이트를 열어보라. 보통 원하는 답을 얻을 수 있다. 한편 검색엔진 상의 개요 부분만 따질 경우는 20~30%만 답변을 얻을 수 있다. 2012년에는 실질적으로 컴퓨터와 인간이 문제를 이해하고 답하는 데 차이가 있었다. 그렇다면 목표를 웹사이트 내에 해답이 있는 문제들에만 답하도록 설정할 경우 빅데이터의 완전성을 갖추는 셈이 아니겠는가.

2단계, 질문을 웹사이트 내 각각의 구절과 일일이 매치시켜 답변일 수 있는 토막을 골라낸다. 어떻게 선별하는가는 기계학습에 의존해야 한다.

3단계, 자연 언어 처리기술을 이용해 답안이 든 토막을 완전한 단락으로 합친다.

내 설명을 들은 슐레진저 박사는 해볼 만한 접근법이라고 인정했다. 우리는 곧장 마운틴뷰에서 팀을 조직해 복잡한 문제의 컴퓨터 답변을 위한 초기 시스템 개발에 착수했다.

보안상의 이유로 여기서 자세한 방법까지 밝힐 수는 없다. 간단히 말해 세계 각지의 과학자와 기술자가 연합팀을 조직해 빅데이터 처리 방식에 따라 2년간 노력한 결과, "하늘은 왜 파랄까?"나 "왜 여름이 겨울보다 더울까?" "케이크는 어떻게 만드나?" 등 복잡한 질문에 컴퓨터가 30% 정도 답할 수 있게 되었다. 그리고 컴퓨터의 답과 인간의 답을 비교해봤더니, 대부분 답안이 컴퓨터와 인간의 답변 가운데 어느 게 더 정확하고 좋은지 판단하기 힘들었다. 과거 튜링 박사의 정의에 따르면 우리는 이미 인간과 동등한 모종의 지능을 컴퓨터에 부여한 셈이었다.

컴퓨터가 바둑을 두고 질문에 답하는 것들 모두 기계지능에서 빅데이터가 결정적 역할을 하고 있음을 보여준다. 뒤에서 우리는 구글의 자율주행자동차, 암 진단이나 신문기사 작성이 가능한 컴퓨터 등 다양한 로봇을 살펴보려 하는데, 이러한 로봇은 SF 영화 속 로봇처럼 인간형은 아니지만 어떤 부분에서는 인간을 뛰어넘는 지능을 보유하고 있다. 데이터센터의 강력한 서버클러스터에서 지원을 받는 이러한 로봇들은 방법론적으로 우리처럼 추리를 통해서가 아니라 빅데이터를 통해 지능을 얻는 경우가 훨씬 많다. 데이터 속에서 정보와 지식을 학습하고 취득하는 것이다. 빅데이터가 유발한 세상 변화의 혁명이 이미 조용히 시작되었다. 이에 대해서는 다음 몇 장에서 자세히 살펴보겠다. 이번 기술혁명은 기계의 지능화라는 특징을 갖기 때문에 지능혁명이라 불러도 어긋남이 없을 것이다.

📢 Insight

빅데이터를 통계나 제품 개선 및 판매, 전략 결정을 위한 밑받침으로만 중요하다고 인식해서는 안 된다. 오히려 (무어의 법칙, 수학 모형과 함께) 기계지능을 탄생시켰다고 보아야 한다. 기계에 인간과 비슷한 지능이 생기면 인간 사회는 엄청난 변화를 맞을 수밖에 없다. 향후 20년간 빅데이터와 그로 인한 지능혁명이 경제 발전을 주도하리라는 것은 매우 확실한 사실이다.

3

사유의
혁명

인과관계가 불확실할 때
데이터를 통해 새로운 해결법을 찾을 수 있다.
데이터에 포함된 정보로 불확실성을 제거하고
데이터 간의 상관성을 통해
원래의 인과관계를 일정 부분 대체하면
원하는 답을 얻을 수 있다.
이것이 빅데이터 사유의 핵심이다:

제2장에서는 기술적 차원에서 빅데이터가 왜 그렇게 중요한지 기계지능 방면에서의 응용을 중심으로 분석하고, 기계지능의 혁명에 따라 컴퓨터가 점점 더 많은 영역에서 인간을 능가해 결국에는 우리 사회에 엄청난 변화를 가져오리라 예측하였다. 제4장에서는 빅데이터가 사회에 미칠 영향에 대해 한층 더 깊이 살펴보려 한다. 그에 앞서 이번 장에서는 또 다른 측면, 즉 빅데이터란 완전히 새로운 사유 방식이라는 방법론적 측면에서 빅데이터의 중요성을 살펴보겠다. 빅데이터식 사유 방식에 따르면 우리의 행위 방식과 방법은 근본적인 변화가 필요하다.

빅데이터 사유의 중요성을 설명하기 위해서는 17세기 이후 우리의 일상 행위를 이끌어온 가장 중요한 사유 방식의 하나인 기계적 사유부터 살펴볼 필요가 있다. 진도를 빨리 나가고 싶은 독자들은 역사적 지식과 결론이 필요 없다고 생각할 수도 있겠지만, '기술(術)'의 차원이 아니라 '방도(道)'의 차원에서 빅데이터를 이해하고 새로운 사유 방식으로서의 중요성을 알고 싶다면 인류가 세계를 인식해온 방법의 변화와 발전과정을 이해해야만 한다.

오늘날 기계적 사유라고 하면 많은 사람이 틀에 박히고 경직되어 매우 뒤떨어졌다는 반응부터 보이고 심지어 '기계'라는 단어 자체를 부정적으로 취급하기까지 한다. 하지만 2세기 전만 해도 기계적 사유는 요즘의 인터넷 사유, 빅데이터 사유처럼 첨단 어휘였다. 실제로 기계적 사유는 지난 3세기 동안 인류가 도출해낸 가장 중요한 사유 방식이자 현대 문명의 기반이라 해도 과언이 아니다. 오늘날에도 입으로는 현대적 개념을 논하지만, 행위 방식과 사유 방식에서는 사실상 여전히 기계적 사유에 얽매여 있는 사람들이 많다. 그렇다면 기계적 사유는 어떻게 등장했을까? 그 영향력이 왜 지금까지 유지되고 있으며, 앞으로 논하려는 빅데이터 사유와 어떤 관련이 있고 본질적 차이는 무엇일까? 2000년 전으로 돌아가 살펴보자.

과학적 성과를 결정한 사유 방식: 유클리드에서부터 프톨레마이오스, 뉴턴까지

기계적 사유의 근원은 고대 그리스까지 거슬러 올라갈 수 있다. 유럽이 과학 분야에서 세계를 선도할 수 있었던 것은 상당 부분 고대 그리스 때 확립된 사변 사상 및 논리와 추리력 덕분이다. 이를 현실에 접목해 가장 기본적인 공리(公理)를 집대성한 뒤 인과 논리를 통해 과학의 틀을 구축해냈기 때문이다. 가장 대표적인 예가 유클리드의 기하학과 프톨레마이오스의 천동설이다.

유클리드의 최대 업적은 기하 법칙들을 발견한 게 아니라 그동안 누적된 기하학과 수학 지식을 기초로 공리체계에 기반한 기하학을 수립한 것이다. 기하학에 대한 인간의 지식은 유클리드 전에 이미 수천 년 동안 축적되었다. 가령 고대 이집트나 메소포타미아, 고대 중국 문명 모두 직각삼각형 법칙을 이미 알고 있었다. 하지만 당시에는 어떠한 문명도 공리체계의 지식구조를 수립하지 못했기 때문에 세계에 대한 이해 또한 파편적일 수밖에 없었다. 유클리드는 기하학을 공리화할 때 더할 나위 없이 간단하면서도 상호 독립적인 다섯 가지 공리(Five Axioms)부터 정리해냈다. 다시 말해 어떠한 공리도 다른 네 개의 공리에서 도출될 수 없으며 다섯 가지 모두 그 자체로 자명했다. 그 뒤에 나온 기하학의 모든 정리는 정의 및 간단한 다섯 가지 공리에서 직접적(공리와 정의만 전제로 한다) 혹은 간접적(공리와 정의 외에 이미 증명된 정리를 사용할 수 있다)으로 추론해낸 것이다.

유클리드는 공리화시킨 기하학을 『기하학 원본』이라는, 세계에서 영향력이 가장 큰 책으로 편찬해냈다. 논리와 추리에 기반한 유클리드의 공리체계는 기하학, 수학, 자연과학의 이후 발달에 기반을 마련한 것은 물론 서양인의 사유 방식 전체에 지대한 영향을 미쳤다. 심지어 법학계에도 영향을 미쳐 로마법 자체가 유클리드 공리체계와 유사한 기반을 가지게 되었다. 물론 모든 법률이 자연법에서 도출되는 것처럼 로마법의 공리 역시 기하학이 아니라 자연법이다.

유클리드 이후 대략 5세기 동안 고대 그리스 로마 시대의 가장 위대한 천문학자인 프톨레마이오스는 유클리드의 방법론을 천문학에 응용해 천체 운동의 규칙을 완전하고 엄밀하면서 상당히 정확하게 묘사한 이론체계, 즉 천동설을 수립했다. 프톨레마이오스를 언급한 김에 개인적인 의견을 덧붙이자면, 가끔 사람들이 틀렸거나 다른 의견이 있을 수도 있으니 '가장 위대한 사람' 같은 표현을 '가장 위대한 사람 중 한 명'이라고 고치는 게 어떠냐고 건의하곤 한다. 그런데 책에 반영되는 생각은 매우 주관적일 수밖에 없고, 실수를 피하는 것보다는 생각을 충분히 반영하는 게 낫지 않을까 싶다. 내 생각으로 프톨레마이오스는 근대 이전까지 '~의 하나'라는 구절 없이 가장 위대하다고 칭하기에 전혀 부끄럽지 않은 천문학자다. 천동설 이외에도 구면 좌표(지금도 사용하고 있다)를 발명하고 적도와 본초자오선을 포함한 경위선(오늘날의 지도에도 그려져 있다)을 정의하고, 황도를 제시하며 호도법을 발명하는 등 수많은 업적을 남겼다. 이러한 업적 중 아무거나 하나를 골라도 역사에 오래도록 이름을 남기기에 충분할 정도다.

유클리드와 마찬가지로 프톨레마이오스 역시 큰 체계를 구축했을 뿐만 아니라 방법론을 집대성했다. 프톨레마이오스의 방법론은 "관찰을 통해 수학 모형의 틀을 잡은 뒤 자료를 이용해 모형을 구체화한다"라고 요약할 수 있다. 프톨레마이오스의 성과는 과거 수백 년 동안 축적된 천문 관측 자료, 그리고 유클리드와 피타고라스의 학설 덕분이다. 그는 여러 천문 현상의 공통점을 가장 기본적이고 더할 나위 없이 단순한 기본모형(Meta Model)으로 설명했다. 또한 피타고라스가 가장 완벽한 도형을 원이라고 했기 때문에 기본모형을 원으로 설정했다. 프톨레마이오스는 원이라는 곡선만으로, 서로 크기가 다른 원만을 겹쳐서 사람들이 알고 있던 천체운동의 규칙을 깔끔하게 설명했다. 프톨레마이오스가 왜 지동설이 아니라 천동설을 제시했는가는 매우 간단하다. 그것이 사람들 눈에 보이는 현상, 즉 해와 달과 별이 동쪽에서 떠서 서쪽으로 지는 현상에 가장 부합했기 때문이다.

프톨레마이오스의 사상은 서양에서 1천여 년 동안 영향력을 발휘했다. 결코 천동설이라서가 아니라 그의 사유 방식과 방법론 때문이었다. 지동설을 믿은 후대의 코페르니쿠스와 갈릴레이까지도 사실상 사유 방식은 프톨레마이오스에서 벗어나지 못했다. 코페르니쿠스는 프톨레마이오스 좌표계의 중심을 지구에서 태양으로 옮길 경우 천체 운동의 모형이 다소 간단해진다는 것을 발견했을 뿐이라, 여러 원을 겹쳐놓은 프톨레마이오스의 모형을 계속 채택해야 했다. 갈릴레이는 코페르니쿠스보다 과학적으로 훨씬 발전해, 사람들이 정말로 지동설을 믿기 시작한 것은 코페르니쿠스(혹은 부르노)가 아니라 갈릴레이 때부터다.[1] 하지만 갈릴레이조차 연구방법만큼은 프톨레마이오스와 차이가 없었다.

프톨레마이오스 등의 방법은 단순하지만 매우 효과적이라, 오늘날까지도 일을 시작할 때 가장 먼저 고려되며 거의 모든 경제학자가

---

1   갈릴레이는 목성의 위성 4개를 발견한 뒤 지구 이외의 천체 역시 중심이 될 수 있다고 말했다. 이때서야 비로소 사람들은 지구의 독보성을 부인하고 지동설을 믿기 시작했다.

이 방법에 따라 이론을 세운다. 그들의 방법론은 두 가지 핵심 사상으로 요약할 수 있다. 첫째, 가설일지라도 간단한 원형(原型)을 만든 다음 그 원형을 이용해 복잡한 모형을 구축한다. 둘째, 모든 모형은 역사 자료에 부합해야 한다. 오늘날 동적 계획 경영학에서 광범위하게 사용되는 이러한 핵심 사상은 프톨레마이오스의 방법론과 일치한다.

과학 발전에서 방법론은 사유 방식과 방법보다 훨씬 중요하다. 동양 문명이 기술적으로 오랫동안 서양에 앞섰으면서도 과학체계 구축에서 한참 뒤떨어진 가장 중요한 이유가 바로 방법론에서 뒤처졌기 때문이다.

그런데 프톨레마이오스의 방법론에는 두 가지 결함이 있었다. 첫째, 모형이 전반적으로 너무 복잡했다. 기본적으로 가장 간단한 원을 사용했지만, 워낙 복잡하게 얽혀 손으로 계산할 경우 정확도가 떨어질 수밖에 없었다. 하지만 프톨레마이오스의 방법론은 오늘날에도 기계학습 분야에서 흔히 찾아볼 수 있다. 알파고 훈련 때 사용된 구글 브레인만 봐도 간단한 인공신경망을 수만 대의 서버에 복잡하게 연결해놓은 것이다. 치명적이라 할 수 있는 프톨레마이오스 방법론의 두 번째 결함은 확정적 가설이다. 일단 모형을 가정하면 확정적으로 굳어져 바뀌지 않았다. 이러한 선험적 가설은 기계론으로 이어졌다. 프톨레마이오스의 천동설 모형은 과거 데이터와 완벽하게 일치했지만 미래를 예측할 때는 조금씩 오차가 생겼는데 이러한 오차는 수정할 수 없었다. 수정할 수 없는 작은 오차가 1,000여 년 동안 축적되자 1년에 열흘이나 어긋나 나중에는 농사 시기를 정확히 예측할 수 없었다. 결국 교황 그레고리우스 13세는 열흘을 한꺼번에 건너뛰는 수밖에 없었다. 물론 이러한 결함이 프톨레마이오스의 위대함을 손상할 수는 없다.

고대 그리스 로마 시대 이후 자연계에 대한 인간의 인식은 매우 더디게 발달하였다. 서양은 중세 암흑시대에 진입했고, 동양의 중국과 아랍 제국은 공학과 기술이 부단히 발전했음에도 과학체계를 형성하지 못하고 방법론에서도 큰 성과를 거두지 못했다. 결국 과학적 방법론의 진보는 데카르트와 뉴턴에게로 넘어갔다. 데카르트의 업적은 대담한 가설과 정밀한 증명이라는 과학적 방법론을 제시한 것이며 그의 방법론은 오늘날까지도 사용되고 있다. 하지만 근대 사회 사상에 가장 큰 공헌을 한 사람이라면 역시 저명한 과학자이자 사상가인 뉴턴을 꼽아야 한다.

뉴턴에 대한 서양인의 평가는 권력 중심으로 생각하는 동양인으로서는 상상하기 힘들 정도로 높다. 뉴턴은 세상을 떠난 뒤 웨스트민스터 대성당(사원이라고도 불린다)의 가장 눈에 잘 띄는 곳에 묻혔고, 그의 묘지에는 엘리자베스 1세 등 영국의 모든 군주보다 훨씬 훌륭한 묘비가 세워졌으며 지금까지도 셀 수 없을 만큼 많은 추모객이 몰린다. 대다수 동양인에게 뉴턴은 일개 과학자에 불과하고 그의 이론 역시 오늘날 기준으로는 매우 간단해 보일 것이다. 대체 뉴턴은 왜 이렇게까지 존경을 받을까? 유럽과 미국 사람에게 뉴턴은 뛰어난 과학자일 뿐만 아니라 인류 역사상 가장 중요한 사상가 중의 한 명이다.

심지어 일부 역사학자는 그를 인류 역사상 두 번째로 영향력 있는 인물로 꼽는데, 이 순위는 아인슈타인 등 모든 과학자를 앞설 뿐만 아니라 예수와 공자까지 뛰어넘는다. 뉴턴은 수학과 물리학, 천문학, 광학 등 여러 분야에서 거둔 창조적인 성과로 완전히 새로운 방법론을 집대성해 과학의 시대, 이성의 시대를 선도했을 뿐만 아니라 서양의 근대 사회를 열었다.

뉴턴의 가장 직접적인 업적은 간단하고 아름다운 수학 공식으로 자연의 수수께끼를 풀었다는 것이다. 뉴턴은 자신의 대작『자연철학의 수학적 원리(일명 프린키피아)』에서 간단명료한 몇 가지 공식(세 가지 역학 법칙과 만유인력 법칙)으로 우주 만물의 운동 법칙을 파헤치고, 미적분 개념을 활용해 수학을 정지된 변량에서 연속 변화하는 함수로 확장했다. 또『광학』에서는 아무것도 없어 보이는 빛을 원색들로 분해했다.

뉴턴은 자신의 위대한 업적을 통해 과학 시대의 도래를 선포하고, 사상가로서 사람들에게 세상 만물의 운동 변화 법칙을 파악할 수 있다는 믿음을 주었다. 뉴턴은 세상 만물은 운동하며 이러한 운동은 확정적 규칙을 따르고 그 규칙은 인식할 수 있노라고 말했다. 뉴턴의 발견은 전례 없는 믿음을 주었다. 뉴턴 이전까지만 해도 사람들은 자연을 알 수 있다고 거의 믿지 않았다. 사과가 왜 떨어지는지, 해와 달과 별들이 왜 뜨고 지는지 등 오늘날은 설명이 별로 필요 없는 자연현상을 당시에는 알 수 없었기 때문에 사람들은 자연을 두려워하면서 맹신했다. 뉴턴이 등장한 뒤에야 자연 앞에서 피동적으로 움츠러

들지 않고 능동적으로 과학을 응용하며 미래를 장악할 수 있게 되었다. 뉴턴과 동시대의 대과학자인 핼리는 뉴턴의 원리를 이용해 태양 주위를 도는 혜성의 주기와 그 혜성이 지구에 다가오는 시간을 계산해냈다. 훗날 혜성에는 핼리의 이름이 붙여졌다. 이후 사람들은 뉴턴의 이론으로 1,000년 후의 일식과 월식 시간을 정확히 예측할 수 있게 되었다. 과거에는 상상조차 할 수 없었던 일이다. 이는 확정성이라는 말이 인간의 뇌리에 깊이 뿌리내리도록 만들었다.

사상가로서 뉴턴의 업적은 모든 정확한 이론은 간단한 형식과 뛰어난 범용성을 지녀야 한다고 제시한 것이다. 이는 동양 철학의 '대도지간(大道至簡: 기본원칙은 매우 간단하다)' 사상과 일치한다. 뉴턴의 각종 과학적 발명과 발견은 물리학 규칙부터 수학 미적분 정리까지 모두 매우 간단한 공식으로 묘사되었고, 이러한 공식에는 보편적인 의미가 담겨 있었다. 그래서 뉴턴 시대부터 시작해 과학자들은 몇 가지 공식으로 세상을 표현하고 더 나아가 미래를 예측하려 했다. 뉴턴 이후 영국의 제임스 줄도 간단한 공식으로 에너지 보존 법칙을 서술했고 또 한 명의 영국인 맥스웰 역시 간단한 방정식으로 볼 수도, 만질 수도 없는 전자기장을 설명했다. 과학 원리는 이처럼 간단한 형식을 띤 덕분에 쉽게 발명으로 응용될 수 있었다.

유클리드부터 프톨레마이오스, 다시 뉴턴에 이르기까지 사유의 방법은 일맥상통하게 발전을 거듭했다고 말할 수 있다. 뉴턴은 유클리드가 논리적 추리를 통해 세운 과학체계의 방법론을 수학에서 자연과학으로 확장하고 프톨레마이오스가 기계 운동 모형으로 묘사한 천체의 법칙을 세상의 모든 법칙으로 확장했다. 후대에 와서 뉴턴의 방법론은 기계적 사유로 개괄되었으며, 그 핵심은 다음과 같다.

첫째, 변화의 법칙은 확정적이다. 프톨레마이오스부터 뉴턴까지 모두 그렇다고 인정했다.

둘째, 확정성이 보장되면 법칙을 파악할 수 있고 간단한 공식이나 언어로 명확하게 서술할 수 있다. 뉴턴 이전까지는 대부분 이 점을 인정하지 않은 채 법칙이란 신의 영역이라고 결론지었다.

셋째, 이러한 법칙들은 언제 어디서나 적용돼 미지의 영역에서도 다양하게 응용될 수 있다. 이러한 인식은 뉴턴 이후에야 생겼다.

이상이 바로 기계적 사유의 핵심 본질이다.

기계적 사유의 결과물, 산업혁명

기계적 사유는 대발명의 시대를 직접 촉발했다.

뉴턴 본인 자신도 광학 원리를 이용해 천체망원경을 발명하고 이를 통해 영국 왕립학회 회원이 되었지만, 처음으로 뉴턴의 역학 원리를 응용해 중대한 발명을 해낸 사람은 위대한 발명가 와트다. 와트라고 하면 보통 증기기관부터 떠올리는데 사실 증기기관은 와트 이전부터 있었기 때문에 와트는 증기기관을 개량했다거나 일종의 만능 증기기관을 발명했다고 하는 편이 더 정확하다. 18세기 영국 광산에서는 둔중한데다 적합성과 효율성이 떨어지는 뉴커먼 증기기관을 사용했다. 뉴커먼 증기기관에는 결점이 매우 많았지만, 반세기 동안 누구도 손을 보지 못했다. 개량하기 싫어서가 아니라 어떻게 개량해야 하는지 몰라서였다. 뉴턴과 와트 이전까지는 기술이 진보하려면 매우 오랜 시간 축적된 경험, 오늘날 표현으로는 데이터와 정보, 지식이 필요해 보통 여러 세대에 걸쳐 진행되었다.

와트는 이전의 수공업자들과 달리 오랫동안 축적된 경험이 아니라 과학 원리를 이용해 곧장 증기기관을 개량했다. 자기계발서들을 보면 와트가 대학에 다니지 않았다고 묘사되어 있지만 사실 그는 대학의 물리 및 고등 수학 상당수를 체계적으로 학습했다. 20대 초반에 글래스고대학교에서 일하면서 역학, 수학, 물리학 수업을 듣고 교수들과 이론과 기술 문제를 토론한 것이다. 증기기관을 개량할 때 사용한 대부분 이론 작업도 모두 이 대학에서 완성되었다. 이후 와트는 대학을 떠나 공장주 볼턴과 여러 곳에서 사용될 수 있는 새로운 증기기관 발명에 매진했고, 이로 인해 그의 증기기관은 만능 증기기관이라고도 불리었다.

와트는 온갖 문제를 해결할 수 있는 일종의 범용 기계를 발명한 셈이었다. 와트 이전의 증기기관은 특정한 목적으로 설계 및 제작되어 광산이 아닌 다른 곳에서는 거의 사용할 수 없었다. 반면 와트의 증기기관은 범용성이 아주 뛰어나 같은 증기기관을 다른 공장에 팔 수 있었다. 이러한 성질은 모든 문제에는 통용되는 해결법이 있다는 기계적 사유의 중요한 특성과 일맥상통한다. 범용성이 얼마나 중요한지 일찌감치 눈치챈 와트의 동료 볼턴은 자신과 와트가 하는 일이 단순한 기계가 아니라 산업 동력을 제공한다고 명확하게 지적했다.

와트 증기기관의 이러한 특성 때문에 산업혁명 이후 '기존 산업 + 증기기관 = 새로운 산업'이라는 패턴이 생겨났다. 볼턴과 와트의 버밍엄 만월회[2] 동료이자 훗날의 도자기 제왕 웨지우드는 와트의 증기기관을 도자기 제조에 사용했다. 세계 최초로 증기기관 동력을 사용한 업종이었다. 증기기관을 사용하자 1,000여 년 동안 공급 부족에 시달리던 전 세계 도자기가 공급 과잉 상황으로 돌아서기 시작했다. 그 후 산업혁명은 전 세계의 경제를 빠르게 성장시켰다. 후대 사람들은 영국의 양대 위인인 뉴턴과 와트에 대해, 뉴턴은 산업혁명이라는 대문의 열쇠를 찾았고 와트는 그 열쇠로 산업혁명의 대문을 열어젖혔다고 평가한다.

기술적 승리도 의미 있지만 와트의 성공은 기계적 사유라는 새로운 방법론을 장악했다는 점에서 더 큰 의미가 있다. 와트 이후 기계적 사유는 유럽 전체로 퍼졌고 장인들은 각종 문제 해결을 위한 기계를 발명하기 시작했다. 19세기 초 영국 기술자 스티븐슨이 기계를 이용해 기차를 발명한 뒤 1821년 영국 스톡턴에서 달링턴 구간 철로가 연결되면서 사람들 간의 거리가 크게 줄어들었다. 1843년 영국 발명가 서버(Charles Thurber, 1803~1886)는 처음으로 기계 방식을 도입해

2　영국 버밍엄의 작은 학술모임으로 볼턴, 다윈(찰스 다윈의 할아버지), 와트, 웨지우드, 프리스틀리 (Joseph Priestley: 산소의 연소 원리를 발견) 등과 통신회원인 프랑스의 라부아지에, 미국의 프랭클린과 제퍼슨이 참여했다. 만월회는 유럽과 미국의 산업혁명에 거대한 영향을 미쳤으며 18세기 영국 위인들 전기 속에서 자주 거론된다.

손글씨를 대신하는 전류 타자기를 만들어, 수천 년 동안 손으로 문명을 기록하던 방식을 일종의 기계 운동으로 대체했다. 산업혁명 직전 영국의 기계적 사유는 대서양을 건너 미국으로 전해졌다. 업무 경험이 전혀 없던 예일대 기계학과 졸업생 휘트니(Eli Whitney, 1765~1825)는 자신이 배운 물리학 지식과 기계 원리로 조면기를 발명해 일일이 손으로 목화씨를 제거하던 작업을 기계에 넘겨주었다. 목화씨 제거 효율을 50배 이상 높인 조면기는 미국 남부의 농장 경제를 완전히 바꾸어, 이후 남북전쟁 발발의 간접 요인으로 작용했다. 휘트니와 같은 해에 출생한 미국 발명가 풀턴(Robert Fulton, 1765~1815)은 기계 동력으로 풍력을 대체한 증기선을 발명해 세계 자유무역 시대를 위한 발판을 마련했다.

기계의 광범위한 사용과 기계적 사유 방식은 오늘날까지도 가장 위대하다고 일컬어지는 사건, 바로 산업혁명을 직접 촉발했다. 산업혁명 이전의 2,000년 동안 세계 각지 사람들의 생활 수준은 큰 변화가 없었다. 저명한 역사학자 매디슨(Angus Maddison, 1926~2010)은 세계 각 문명의 역사 시기별 경제를 연구하면서 세계인의 평균 자산이 서기 원년 무렵부터 18세기 산업혁명 전까지는 별로 향상되지 않았다는 사실[3]을 발견했다. 하지만 산업혁명 이후에는 상황이 크게 달라졌다. 마르크스는 일찍이 "부르주아가 100년도 안 되는 계급 통치 기간

---

3   자세한 내용은 제7장 참조.

창출한 생산력이 과거 모든 세대를 합친 것보다 훨씬 많고 거대하다[4]"고 했다. 산업혁명에 비하면 어떠한 왕후장상의 위업도 보잘것없어 보인다.

산업혁명은 부를 창출했을 뿐만 아니라 인간의 수명을 크게 늘려주었다. 산업혁명 이전까지는 유럽, 동아시아, 인도를 막론하고 수명이 30~40세에 불과했기 때문에 "사람이 70세까지 산다는 것은 예로부터 드문 일"이라는 탄식이 있었다. 그러나 1,800년 이후 세계 각국 모두 평균 수명이 두 배나 증가했다. 여기에서 새로운 사유 방식이 인류 문명의 발전에 얼마나 중요한지 알 수 있다.

기계적 사유가 세계에 미친 영향력은 산업혁명이 끝났다고 함께 사라지지 않았다. 뉴턴 시대 이후 3세기 동안 사람들은 갈수록 기계적 방식으로 모든 것을 묘사하려 했다. 프톨레마이오스 시대에 모든 운동을 원운동으로 귀결시키려 했던 것처럼 말이다. 기계적 사유가 사회생활 곳곳으로 스며들면서 사람들은 기계를 이용하면 과거에 해결할 수 없었던 수많은 문제를 포함해 모든 문제를 해결할 수 있다고 믿었다.

스위스의 숙련공들은 기계의 위력을 극도로 활용했다. 그들이 제조한 정교하고 값비싼 기계식 시계는 시간 표시는 물론 100여 년간의 양력, 음력, 주요 별들의 움직임을 정확하게 예측하고 심지어

---

4   출처: 『공산당 선언』.

기계 진동을 통해 음악까지 연주할 수 있게 되었다.

시간과 음악만 기계와 의기투합한 게 아니라 계산 역시 기계와 손을 잡았다. 19세기 중엽 발명가 배비지는 기계적 방법을 활용해 복잡한 계산이 가능한 차분기관을 만들었고, 70년 뒤 1930년대 독일의 컴퓨터공학자이자 기계사인 추제는 프로그래밍이 가능한 인류 최초의 컴퓨터 Z1을 제조했다. 당시 사람들은 시간문제일 뿐, 무슨 일이든 기계를 이용하면 결국에는 실현할 수 있다고 생각했다.

기계적 사유는 인간의 행동을 이끄는 일종의 규범으로서 광범위한 영향을 미쳤으며, 그 핵심 사상은 확정성(혹은 예측 가능성)과 인과관계로 요약할 수 있다. 뉴턴은 모든 천체 운동의 규칙을 몇 가지 법칙으로 명확히 설명했고 이러한 법칙은 어디서나 정확히 적용된다. 이것이 바로 확정성이다. 또한 물체에 힘을 가하면 가속도가 생기고 가속도의 크기는 힘과 물체의 질량에 따라 결정되는데 이것은 일종의 인과관계라 할 수 있다. 이러한 확정성과 인과관계가 없으면 우리는 세상을 인식할 수 없다.

오늘날 우리가 빅데이터 사유와 인터넷 사유를 논할 때 무의식 중에 우월감을 느끼는 것처럼 19세기에도 사람들은 근대 과학기술에 대한 자신의 이해와 이성을 드러내기 위해 당시의 최첨단 어휘인 기계적 사유를 즐겨 사용했다. 객관적으로 기계적 사유는 세계의 근대화, 더 나아가 현대화의 과정도 촉진시켰다. 아인슈타인의 상대성이론을 비롯해 수많은 주요 발명과 발견을 이끌어내고 현대 의약학 같은 과학기술의 탄생을 도운 것이다.

기계적 사유의 영향력을 한층 더 깊이 이해하기 위해서는 아인 슈타인을 이야기하지 않을 수 없다. 모두 아인슈타인이 현대 물리학의 집대성자로, 물리학에서 뉴턴 이론을 넘어섰을 뿐만 아니라 거의 모든 물리학 분야에 공헌했다는 사실을 알고 있을 것이다. 그런데 아인슈타인의 사유 방식은 뉴턴과 같다. 뉴턴의 물리학 이론은 확정성, 즉 소위 말하는 절대적 시공⁵을 기반으로 하고 있으며, 만유인력법칙은 인과관계를 연구하던 중 발견한 결과였다. 뉴턴은 행성이 태양 주위를 돈다는 결과를 발견한 뒤에 만유인력이라는 원인을 찾아낸 것이다. 아인슈타인의 연구 방식도 비슷하다. 그의 이론 역시 광속 불변이라는 일종의 확정성에 뿌리를 두고 있다. 아인슈타인은 이 가설을 기반으로 논리적 추리를 통해 특수상대성이론을 도출했다. 아인슈타인 자신도 말한 것처럼 그가 아니었어도 누군가는 단시간 내에 특수상대성이론을 발견했을 것이다. 특수상대성이론이 광속 불변의 필연적 결과이기 때문이다. 마찬가지로, 중력과 가속도를 등가로 설정하고 인과 논리를 따졌다면 일반상대성이론 역시 발견했을 수 있다. 아인슈타인의 상대성이론은 형식적으로 볼 때 간단하고 미묘하며 몇 개의 공식으로 이론 전체를 명확히 서술할 수 있다는 점에서 뉴턴의 역학과 비슷하다.

뉴턴과 아인슈타인이 이러한 인과관계를 찾을 수 있었던 원인은

---

5   시간과 공간 자체는 운동의 변화를 따르지 않는다.

비범한 지혜 외에 엄청난 행운, 혹은 번뜩이는 영감이 있었기 때문이다. 떨어지는 사과에 맞았다는 뉴턴의 일화는 정말 볼테르가 지어낸 이야기라면 신뢰하기 힘들겠지만, 아인슈타인이 백일몽을 꾸다가 독특한 아이디어가 떠올라 일반상대성이론을 깨달았다는 일화는 사실이다. 당시 아인슈타인은 스위스 특허국에서 무척 한가롭게 근무하고 있었다. 어느 날 창가에 앉아 바깥의 환한 햇빛을 건너다보던 그는 어떤 사람이 의자에 앉은 채 하늘에서 빠르게 떨어지는 이상한 광경을 상상하다가 중력과 가속도의 관계를 깨닫고 일반상대성이론을 발견했다. 이 사례에서 진정한 인과관계를 찾기란 매우 어려운 일이며 운이 상당히 크게 작용한다는 것을 알 수 있다. 그렇기 때문에 세상을 인식할 때 기계적 사유에는 한계가 많을 수밖에 없다.

물론 기계적 사유는 불확정성과 불가지성(不可知性)을 부인하기 때문에 더 많은 제약을 받는다. 아인슈타인은 양자역학을 정립한 보어 등과 논쟁을 벌일 때 "신은 주사위놀이를 하지 않는다"라는 유명한 말을 남겼다. 이제는 이 논쟁에서 아인슈타인이 아니라 보어 등이 옳았으며 신도 주사위를 던진다는 사실을 누구나 알고 있지만 말이다. 저명한 물리학자 장서우성(張首晟) 교수는 인류 최고의 문명 성과를 다음의 세 공식으로 요약하길 좋아한다.

아인슈타인의 질량 에너지 등가 공식: $E = mc^2$

양자역학 중 불확정성의 원리: $\Delta t \cdot \Delta p > \varepsilon$

엔트로피 정의: $H = -\Sigma_i P_i \log P_i$

장서우성 교수는 보어와 아인슈타인의 공식을 동시에 꼽아, 확정성을 확보하면 불확정성 문제를 해결하기 어렵다는 기계적 사유의 양면성을 드러냈다.

　　장서우성 교수는 내게도 공식 세 개를 꼽아보라고 말했다. 약속이라도 한 것처럼 나 역시 질량 에너지 등가의 공식과 엔트로피 정의를 선정했다. 하지만 나머지 하나에서 나는 장서우성 교수의 불확정성 원리 대신 훨씬 더 간단한 기본 공식인 1+1=2를 선택했다. 장서우성 교수는 저명한 물리학자로 물리학 원리를 좋아하지만 나는 수학을 훨씬 더 좋아해서 가장 간단한 공식을 제시한 것이다. 무엇보다 모든 수학의 기초일 뿐만 아니라 인과의 논리까지 포함해 전제가 크건 작건 반드시 확정적 결론을 얻을 수 있기 때문이다. 즉, 결과를 수긍하기 위해서는 반드시 원인을 알아야 한다는 것이다. 이는 데카르트가 과학적 방법론을 정리한 이후 전 세계 과학자들이 준수해야만 하는 원칙이다. 이 방법론을 통해 인류는 제2차 세계대전 이전까지 승승장구하며 세계 곳곳에서 수많은 발명을 해냈다. 그중에서도 페니실린은 아주 중요할 뿐만 아니라 지극히 대표적인 발명이다.

　　페니실린이 인류에게 얼마나 중요한 의미가 있는지는 굳이 설명할 필요도 없다. 페니실린은 질병을 치료하는 항생제이지만 질병에 대한 공포에서 인간을 해방해주었다는 데 더 큰 의미가 있다. 페니실린이 발명되어 사용되기 전까지는 동양에서든 서양에서든 일단 병에 걸리면 회복 여부를 하늘에 맡기는 수밖에 없었다. 지금은 매일 질병과 죽음의 공포 속에서 산다는 게 어떤 느낌인지 상상도 못 하지만,

50년 전만 해도 사람들은 미래에 대한 불확실한 그림자 속에서 살아야 했다. 이 모든 것을 바꾸어놓은 게 페니실린이다. 그러니 수많은 문학작품에서 페니실린의 발명 과정을 극도로 과장하는 것도 그다지 이상한 일이 아니다.

페니실린에 관한 가장 극적인 과장은 그 발명 과정을 영국의 의사 알렉산더 플레밍(Alexander Fleming, 1881~1955)이 1928년 우연히 곰팡이가 세균을 죽일 수 있다는 사실을 발견해 만병통치약을 발명했다고 축약해 버리는 것이다. 사실 상황은 훨씬 더 복잡했다. 플레밍의 우연한 발견은 페니실린이 발명되기까지 오랜 과정의 짧은 서막에 불과하기 때문에 지나치게 과장되었다고 볼 수밖에 없다. 실제로 플레밍은 곰팡이의 살균 원리도 제대로 알지 못했고 곰팡이 속의 유효성분을 농축하거나 추출할 능력도 없었다. 단지 플레밍의 우연한 발견뿐이었다면 페니실린은 한참 더 늦게 보급되었을지도 모른다.

페니실린이 우연한 발견으로 그치지 않고 만병통치약이 될 수 있었던 진짜 이유는 과학자들이 인과적 논리를 의식적으로 응용한 덕분이다. 제약 분야는 오늘날까지도 '병리를 연구해 병의 진짜 원인을 찾은 뒤 그 원인을 제거할 방법을 모색한다'라는 핵심 방침을 준수하고 있다. 세계 최초로 과학적 방법을 통해 페니실린의 살균 원리와 페니실린 추출을 연구한 사람은 플로리(Howard Florey, 1898~1968)와 체인(Ernst Chain, 1906~1979) 등이다. 시기도 플레밍이 페니실린을 발견한 뒤 11년이 지난 1939년이었고 이때 플레밍은 더는 페니실린을 연구하지도 않았다. 체인과 그의 동료 에이브러햄(Edward Penley

Abraham, 1913~1999) 등은 페남(penam)이라는 페니실린의 유효성분을 발견했다. 페남은 세균의 세포벽을 파괴할 수 있는데 사람과 동물의 세포는 세포벽이 없기 때문에 페니실린은 세균만 죽이고 사람과 동물에는 해를 끼치지 않았다. 페니실린의 살균 원리를 분명히 밝혀낸 것이었다. 나중에 미국 매사추세츠공과대학의 과학자 시언(John Shee-han, 1915~1992)은 이 원리를 응용해 페니실린 합성에 성공했다. 이로써 더 이상 곰팡이를 배양해 약물을 추출할 필요가 없어졌다.[6] 또한 페니실린의 살균 원리를 이해하자 과학자들은 어떤 세균에 내성[7]이 왜 생기는지도 이해할 수 있게 되었다. 에이브러햄 등은 다시 페남의 살균 원리를 응용해 세팔로스포린 항생물질 등 새로운 유형의 항생제를 개발함으로써 내성 문제도 해결했다. 페니실린과 기타 항생제의 발명은 사실상 '분석을 통해 원인을 찾고 원인에 근거해 결과를 도출하는' 혹은 '그런 줄도 알고 그렇게 된 까닭도 아는' 사유 방식을 따른 셈이다.

이러한 방식은 논쟁할 여지 없이 확실한 결과를 낳았고, 덕분에 산업혁명 이후 인간의 수명이 많이 늘어날 수 있었다. 반면 인과관계를 거의 중시하지 않는 전통 의학은 '그렇게 된 까닭'을 몰라서 치료 효과가 들쭉날쭉했다. 결국 의사들이 늘어놓는 번지르르한 해석은 원인을 명확히 알지 못했기 때문이다.

---

6   곰팡이 배양은 비용이 많이 들었지만 생산성이 낮았다.
7   어떤 세균은 효소를 생산해 페니실린의 유효성분을 녹여버렸다.

뉴턴 이후 인류 사회는 상당 부분 기계적 사유 덕분에 진보할 수 있었다. 하지만 정보시대에 이르면서 기계적 사유의 한계성이 확연해지기 시작했다. 우선 모든 규칙을 간단한 원리로 묘사할 수 없어졌고, 간단한 인과관계의 규칙성은 전부 발견된 터라 인과관계를 찾는 일이 아주 많이 어려워졌다. 또한 세상에 대한 인식이 분명해지면서 세상 자체에 상당한 불확정성이 존재한다는 사실을 발견했다. 과거에 상상했던 것과 달리 모든 것이 확정적인 것은 아니었다. 그래서 현대 사회에서는 불확정성을 인정한 채로 어떻게 하면 과학적 돌파구를 찾을 수 있을지, 혹은 일을 제대로 처리할 수 있을지 고민했다. 이는 또한 새로운 방법론의 탄생을 이끌었다.

세계의 불확정성

불확정성은 우리 세계 어디서나 찾아볼 수 있다. 우리는 전문가, 특히 금융 분야의 전문가들이 미래 추세를 잘못 예측하는 이상한 현상을 자주 접하곤 한다. 누구든 경제학자들의 미래 전망을 통계내보면 기본적으로 절반만 맞는다는 것을 발견할 것이다. 이러한 현상은 그들에게 전문지식이 부족해서가 아니라, 불확정성이 세계의 중요한 특성이라 과거 같은 기계론적 방법으로는 정확한 예측을 할 수 없기 때문이다.

세계의 불확정성은 두 가지 측면에서 시작하였다. 우선, 우리는 세계의 이모저모를 상세히 알게 된 뒤 세상에 영향을 주는 변수가 너무 많아서 간단한 방법이나 공식으로는 결과를 산출할 수 없다는 사실을 발견했다. 그래서 임의의 사건을 처리하듯 그것을 인위적으로 불확정한 유형에 분류하였다.

다음의 예를 보면 불확정성에 대해 이해할 수 있을 것이다. 평평한 탁자에서 주사위를 굴릴 경우 우리는 주사위가 완전히 멈추기 전까지 어떤 숫자가 나올지 전혀 알 수 없다. 하지만 주사위가 손을 떠나는 순간, 주사위의 정확한 형상과 밀도, 손의 힘, 회전 속도, 공기의 유동 속도를 알고 정확히 계산한다면 주사위의 어느 지점이나 면이 탁자에 맞닿을지 충분히 계산할 수 있다. 또 탁자와 주사위의 탄성계수, 두 재질의 물리성질 등의 요소를 안다면 주사위가 튕기는 높이, 운동 방향 등을 계산할 수 있고 결국 어떤 숫자가 나올지 계산해낼 수 있다. 하지만 던질 때 손의 속도나 힘처럼 정확히 측량할 수 없는 미세한 부분들이 꽤 있기 때문에, 모든 것을 고려한 결과조차 완전히 정확할 수는 없다. 이렇다보니 보통 사람들은 주사위 각각의 면이 나올 확률을 그냥 6분의 1로 가정한다.

주식 전문가의 예측률이 대략 50%라는 것은 주사위의 원리와 비슷하다. 미국 정부와 일부 연구소에서 발표하는 각종 경제 데이터가 2만여 건에 이르는데 최고의 경제학자라도 평생 연구할 수 있는 경제지표는 그것의 1%도 되지 않고(물론 그들은 상당수 데이터가 별로 중요하지 않다고 여긴다), 이들이 생각할 수 없는 불확정 요소가 너무 많기 때문에 시장을 정확히 예측할 수 없는 것은 어떻게 보면 당연하다. 미국의 큰 투자기관은 저마다 이윤을 염두에 두고 컴퓨터로 각종 경제 데이터의 영향을 최대한 고려하지만, 요소의 측정이 확실하다고 할 수 없어서 결국에는 50% 내외의 예측률에서 벗어나지 못한다. 실제로 미국 펀드 대부분의 투자수익률은 시장 평균치보다 높지 않다.

두 번째 불확정성 요소는 객관적 세계 자체에서 비롯되며 우주적 특성이라고 할 수 있다. 거시 세계의 경우 항성 주위를 도는 행성의 속도와 위치를 정확히 계산할 수 있기 때문에 그 운동 궤적도 그려낼 수 있다. 하지만 미시 세계에서는 전자가 원자핵 주위를 고속으로 돌 때 특정 시각 전자의 위치와 운동 속도를 동시에 정확히 측정할 수 없다. 당연히 운동 궤적도 그려낼 수 없다. 장비가 정확하지 않아서가 아니라 원자 자체의 특성 때문이다. 양자역학에 불확정성의 원리라는 게 있다. 말하자면 전자 같은 소립자의 위치 오차와 운동량 오차를 곱한 값이 무한대로 작아질 수 없다는 것이다. 이는 기계적 사유에서 인정하는 세계의 확정성과 완전히 배치된다.

어떻게 이런 현상이 존재할 수 있을까? 우리의 측정 활동 자체가 측정 결과에 영향을 주기 때문이다. 주식시장에서의 조작도 이와 비슷하다. 모종의 이론에 근거해 주식을 사거나 팔면 사실 주식시장에 반대의 추진력을 가하는 셈이라, 미세하게 주가를 이론이 예측한 방향과 반대 방향으로 움직이게 만든다.

만약 세상에 불확정성이 가득하다면 뉴턴 이전처럼 미래 세계를 인식할 수 없는 상태로 되돌아가는 것은 아닐까? 그렇지는 않다. 미시 세계 속 전자 운동의 경우, 비록 전자의 정확한 위치와 속도는 알 수 없지만, 일정한 시간 동안 핵 주변 공간에 전자가 존재할 확률은 알 수 있어서 과학자들은 밀도 모형으로 전자의 운동을 그려냈다. 이 모형에서 밀도가 높은 곳은 전자가 존재할 확률이 높다는 뜻이고 반대는 전자가 존재할 확률이 낮다는 뜻이다. 이 모형은 원자핵 주변에 밀도가 다른 '구름'이 퍼져 있는 듯해 '전자구름'이라고 불린다.

현실 상황도 이와 비슷하다. 데이터 양이 너무 많아서 생긴 불확정성이든 세계 자체가 가지고 있는 불확정성이든, 세계에는 확정적 공식이나 규칙으로 표시할 수 없는 일이 매우 많다. 하지만 그렇다고 아무런 규칙도 없는 것은 아니라서 보통은 확률 모형으로 나타낼 수 있다. 섀넌 박사는 확률론을 기반으로 세계의 불확정성과 정보를 연결하는 완벽한 이론, 정보이론을 구축했다. 정보이론은 통신 이론이지만 세상을 바라보고 문제를 처리하는 새로운 사고방식을 가져다주었다.

엔트로피, 새로운 세계관

처음에 정보이론은 통신 이론이었다. 오늘날 우리는 정보라는 어휘를 수시로 접하고 정보량이 많다느니, 적다느니 말하기도 한다. 그런데 정보가 어느 정도가 돼야 정보량이 많다고 할 수 있는지 자세히 생각해본 사람은 많지 않을 것이다. 조금 더 근원적으로 들어가서, 과연 정보를 계량화할 수 있을까? 가능하다면 어떻게 양을 잴까? 대부분 이러한 문제들에 대해 명확히 알지 못한다. 물론 두뇌회전이 빠른 사람이라면, 정보와 데이터는 직접적 관련이 있고 데이터 양은 가늠할 수 있으니 데이터 양으로 정보량을 표시할 수 있지 않을까 생각할 것이다. 분명 데이터 양은 정보량과 관계가 있다. 하지만 이 둘을 완전히 똑같다고 볼 수는 없다. 예를 들어 한자 50여만 자인『사기』와 영어 단어 80만 자인『구약·신약성서』중 어느 쪽 정보량이 더 클까? 이는 편 폭이나 글자 수로만 따질 수는 없을 듯하다. 그 외에, 양이 많아 보여도 계속 중복되는 데이터라면 실제정보량은 매우 적다는 것을 모두 잘 알 것이다.

그렇다면 정보를 어떻게 계량할까? 사실 수천 년 동안 수많은 사람이 이 문제에 대한 답을 알고 싶어했지만 끝내 구하지는 못했다. 그러던 1948년, 섀넌이 유명한 논문「통신의 수학적 이론(A Mathematic Theory of Communication)」에서 '정보엔트로피' 개념을 제시한 뒤 정보의 계량 문제가 해결되고 정보의 작용을 양적으로 표시할 수 있게 되었다. 또한 섀넌은 정보와 세계의 불확정성 혹은 무질서 상태를 하나로 연결했다.

무질서 상태라는 문제를 처음 인식한 사람은 오스트리아의 물리학자 볼츠만(Ludwig Boltzmann, 1844~1906)이다. 그는 밀폐된 용기 속 미시 상태의 질서, 즉 원자의 위치와 운동량이 용기 속 기체의 열역학 특성과 관련이 있다는 것을 발견했다. 볼츠만 이전에 증기기관을 제작했던 기술자들도 이미 열역학 제2법칙[8]을 알고 있었다. 그중 클라우지우스(Rudolf Clausius)는 '엔트로피'라는 개념을 도입해 하나의 시스템 속에서 일정한 온도를 추구하는 정도에 관해 설명했다. 이 시스템이 완전히 같은 온도에 도달하면 더는 아무 일도 일어날 수 없으며 이때 엔트로피는 최대가 된다는 것이다. 하지만 볼츠만 이전까지 기술자와 과학자들은 그 원인을 설명할 수 없었다. 볼츠만은 엔트로피(거시 특성의 엔트로피)와 밀폐된 시스템의 무질서 상태(각 분자의 미시 특성 Ω)를 연결했다.

$$E = k \log(\Omega)$$

여기서 k는 볼츠만 상수라 불린다. 볼츠만 등은 밀폐된 시스템 안에서는 엔트로피가 언제나 끊임없이 증가하려 한다는 사실도 발견했다. 다시 말해 미시적으로는 이 시스템이 갈수록 무질서해지고 거시적으로는 같은 온도로 나아간다는 뜻이다.

섀넌은 열역학의 엔트로피 개념을 정보이론에 접목해 정보 시스템의 불확정성을 설명했다. 또한 정보량과 불확정성의 관계에 대해서도, 매우 불확정적인 일이나 전혀 모르는 일을 알려고 하면 대량의 정보를 이해해야 한다고 지적했다. 뒤집어서 말하면, 어떤 일에 대해

---

8   열량을 저온의 물체에서 고온의 물체로 이동시키면서 다른 영향을 주지 않기란 불가능하다.

비교적 많이 알고 있다면 그 일을 완전히 파악하기까지 아주 많은 정보가 필요하지 않다는 것이다. 이러한 각도에서 보면 정보량의 크기는 불확정성의 크기와 같기 때문에 섀넌은 엔트로피와 정보량을 연결할 수 있었다. 그는 또 시스템의 불확정성을 제거하고 싶다면 정보를 주입해야 한다고도 지적했다.

원래 정보이론은 통신에 관한 이론이었다. 문명사회에 접어든 이후 사람들은 먹고 자는 일 외에 사실상 대부분 시간을 통신과 관련된 일에 쓰게 되었다. 직장에서는 토론, 회의하거나 편지를 쓰고 집에서는 가족과 대화하며 한가할 때 책이나 신문, 텔레비전, 영화를 보는 식이다. 이러한 행동이 모두 일종의 통신이며 통신을 통해 정보가 전달된다. 섀넌은 처음으로 정보를 계량화하고 수학적 방법으로 통신 원리를 명확히 해설함으로써 과학에 지대한 공헌을 했다.

섀넌이 정보이론을 발표할 때 최초 목적은 통신의 과학적 이론을 세우는 것뿐이었지만 정보이론은 과학과 공학에 국한되지 않고 새로운 방법론으로 올라섰다. 확정성을 기반으로 한 기계적 사유와 달리 정보이론은 순전히 불확정성을 기반으로 세워졌기 때문에, 불확정성을 제거하기 위해서는 정보를 입력해야 했다. 얼마나 많은 정보를 넣어야 하는가는 시스템의 불확정성이 얼마나 큰가에 달려 있었다. 이러한 사고방식은 정보시대에 들어서 일을 처리하는 기본 방식이 되었다. 인터넷 광고의 예를 통해 상술한 원리가 어떻게 작용하는지 살펴보자.

사용자에 대해 전혀 모르는 상황에서 정액제 광고(CPM)를 웹페이지에 게재한다면 조회율은 매우 낮아 1,000회 노출당 광고 수입이 0.5달러도 되지 못할 수 있다. 사용자의 수요를 임의로 예측해 부정확하기 때문이다. 만약 광고가 10만 종인데 사용자와 관련 있는 광고가 10종뿐이라면 적중률은 만분의 1에 불과해진다. 정보이론 방법으로 계량화하면 그 불확정성은 14비트 정도가 된다. 반면 검색 광고는 사용자가 키워드를 입력하기 때문에 정확도를 훨씬 높일 수 있다. 어느 정도까지 높일 수 있는가는 키워드가 주는 정보량에 따라 달라진다. 중국어 한자를 예로 들어 한 번 검색 때 단어를 두 개 입력하고 각 단어가 평균 두 글자라고 하면, 대략 10~12비트의 정보량이 제공되기 때문에 대부분의 불확정성이 사라진다. 또 10만 종의 광고 가운데 10개를 골라낼 경우 적중률은 십몇분의 일에서 몇분의 일이 될 테니 독자가 광고를 클릭할 가능성이 많이 증가한다. 실제로 구글 검색 광고의 경우 1,000회 노출당 수입이 정액제 광고의 100배인 약 50달러에 달한다. 여기에서 바로 정보의 역할을 알 수 있다. 마찬가지로, 페이스북이나 구글이 가입 회원의 사용 습관을 파악해 대략 1~2비트의 정보량을 확보한다면 광고 배치의 난도를 절반 정도 줄일 수 있다. 실제로 사용자와 관련이 있는 정액제 광고는 완전히 임의적인 경우보다 광고 수입이 2배 이상 높다.

상술한 내용은 특정한 예에 불과하지만, 정보를 장악한 사람이 부를 취할 수 있다는 정보 시대의 방법론을 반영한다고 할 수 있다. 이는 산업 시대에 자본을 장악한 사람이 부를 취득할 수 있었던 것과 같은 맥락이다.

의심할 여지 없이, 불확정성의 시선으로 세상을 바라보면서 정보로 불확정성을 제거하면 부를 얻을 수 있을 뿐만 아니라 수많은 지능형 문제를 정보 처리의 문제, 구체적으로 말하자면 정보를 이용한 불확정성 제거의 문제로 바꿀 수 있다. 체스를 예로 들면 각각의 상황마다 여러 가능성이 있지만, 최종 선택은 무척 어렵다. 이것이 바로 불확정성의 발현이다. 또 다른 예로, 얼굴의 이미지 인식은 세계 인구가 한정적이기 때문에 한정된 가능성 중에서 하나를 선택하는 문제로 볼 수 있다. 이러한 식별 문제 역시 불확정성 제거의 문제가 되는 것이다. 우리는 제2장에서 젤리네크 등의 작업을 살펴보았다. 그때부터 기계지능 분야에서의 성과는 사실상 각종 지능 문제를 끊임없이 불확정성 제거의 문제로 바꾼 다음, 상응하는 불확정성을 제거할 수 있는 정보를 찾았던 것에 불과하다.

정보를 이용할 때 사용하는 원리와 방법은 상당 부분 정보이론에서 근거를 찾을 수 있다. 가령 정보이론의 중요한 개념인 상호정보량(Mutual Information)으로 정보의 상관성이 왜 수많은 문제를 해결하는 데 도움이 되는지 설명할 수 있다. 많은 경우 우리가 확보할 수 있는 정보와 연구하려는 대상은 같지 않은데, 그들 사이에 '관련'이 있어야만 확보한 정보로 불확정성을 제거하고 연구하려는 문제를 명확히 처리할 수 있다. 예를 들어 앞에서 얘기한 왕진시의 사진과 다칭 유전의 위치, 생산량 같은 정보를 관련 있다고 할 수 있다. 물론 '관련 있다'는 말은 매우 모호하고 비과학적이라 둘 사이의 '상관성'을 계량화하는 게 가장 필요하다. 이에 정보이론에서는 상호정보량 개념을 이용해 상관성을 계량화한다. 예를 들어 빅데이터 텍스트로 통계를 냈을 때 '중앙은행의 금리 조정'과 '주가의 단기 변동' 간 상호정보량이 크게 나온다면 이는 둘 사이에 상관성이 매우 강하다는 의미다. 또 '중앙은행의 금리 조정'과 '베이징 공항의 항공기 대거 연착' 간 상호정보량이 제로에 가깝다면 둘 사이는 아무 상관성이 없다는 뜻이다.

샤넌은 정보와 상호정보량의 계량화 외에도 정보 처리 및 통신과 관련된 두 가지 기본 법칙, 즉 샤넌의 제1정리와 샤넌의 제2정리를 제시했다. 정보시대에서 샤넌의 정리는 기계 시대 때 뉴턴의 역학 법칙과 비슷한 역할을 했다.

샤넌의 제1정리는 샤넌의 소스코딩 법칙이라고도 불린다. 대략적인 의미는 이렇다. 정보원 하나에 N종의 정보가 있는데 N종의 정보에 일일이 코딩을 해야 해서 0011로 첫 번째 정보, 10000111로 두 번째 정보…… 이런 식으로 표시한다고 가정해보자. 이때 코드는 당연히 중복될 수 없다. 중복되면 코드로 어떤 정보인지 판단할 수 없다. 코딩에는 여러 방법이 사용될 수 있지만 어떤 방법은 효율이 높고 어떤 것은 낮고, 혹은 아주 긴 코드를 사용해야 정보 하나를 표시할 수 있을 때도 있다. 샤넌의 제1정리는 정보원에서 나오는 모든 정보에 일종의 코드를 부여할 경우 코드의 평균 길이는 해당 정보원의 정보 엔트로피보다 커지지만, 코드의 평균 길이를 그 정보 엔트로피에 무한대로 가깝게 만들 수 있는 코딩방식이 반드시 존재한다는 것이다.

정보이론을 배운 적이 없는 독자들은 위 단락을 이해하기 어려울 수도 있으니 구체적인 예를 들어보겠다. 가령 한자에 코딩할 경우, 어떤 글자는 많이 쓰이고 어떤 글자는 적게 쓰이므로 상용글자는 좀 짧게, 잘 쓰이지 않는 글자는 좀 길게 코드를 부여할 수 있다. 하지만 어떻게 해도 코드의 평균 길이는 한자의 불확정성, 즉 한자의 정보 엔트로피를 넘어설 게 분명하다. 이것이 섀넌 제1정리의 첫 번째 의미다. 섀넌의 제1정리에는 두 번째 의미도 있는데, 모든 한자의 평균 코드 길이가 한자의 불확정성(정보 엔트로피)에 아주 근접해지는 일종의(최선의) 코딩방식이 반드시 존재한다는 것이다. 어떻게 할 수 있는가는 허프먼(Huffman)이 아주 간단한 방법을 제시했다. 여기서는 가장 짧은 코드를 가장 자주 쓰이는 한자에 분배하면 된다. 허프먼 코딩이라고도 불리는 이 코딩방식은 어디서나 통용될 수 있으며 섀넌의 제1정리를 잘 보완해준다.

섀넌의 제1정리는 현대 통신의 기반을 의미할 뿐만 아니라 새로운 방법론을 대변하기도 한다. 경제학에 값싼 자원을 최대한 이용해 귀한 자원을 최대한 아낀다는 길더의 법칙(Gilder's Law)이 있는데 이는 정보이론의 허프만 코딩과 본질적으로 같다. 정보 시대 들어 컴퓨터는 무어의 법칙 덕분에 값싼 자원이 되고 심지어 갈수록 가격이 떨어지지만 인건비는 계속 증가하자 똑똑한 기업들은 컴퓨터로 인간의 일을 대체하기 시작했다. 구글이나 페이스북 같은 회사는 갈수록 많은 일을 기계에 넘기고 사람의 고용을 줄이고 있다. 지난 50여 년 동안 실질적인 생산력 제고는 값싼 기계로 사람을 대신한 덕분이었고,

이러한 방법은 의식적이든 무의식적이든 정보이론에 상당히 부합한다. 물론 IT 방면의 초기 투자비용이 인건비보다 비싸 보여서 계속 사람을 고집하는 기업주도 있다. 하지만 이러한 기업은 점차 도태될 수밖에 없다.

정보이론 중 섀넌의 제2정리는 통속적으로 말해 정보의 전파속도는 채널의 용량을 넘을 수 없다는 것이다. 이는 우리의 현실 생활과도 일치한다. 인터넷 발전의 전 과정을 경험한 우리 세대는 인터넷이 사실상 끊임없는 대역폭 확장을 기반으로 발전해왔음을 잘 알고 있다. 초창기에는 전화 모뎀을 사용하다가 DSL(디지털 가입자 회선)로 넘어가고 이어서는 광대역 케이블, 마지막에는 광섬유에 이르기까지 항상 채널 용량을 키우는 방식이었다. 채널 용량이 증가해야만 전송률이 높아지고, 비로소 글자를 읽는 것부터 시작해 그림을 보고 영상, 이어서는 고화질 동영상을 시청할 수 있었다. 인터넷이 전반적으로 발전할 수 있었다. 섀넌이 제2정리를 제시한 이후 사람들은 의식적으로 대역폭을 확장해나가기 시작했다.

섀넌의 제2정리는 통신 분야의 기본 법칙을 묘사하기도 하지만 자연계의 고유한 법칙으로서 다양한 상행위를 설명해주기도 한다. 가령 장사에서 인맥이 중요하다는 말을 자주 하는데 사실 인맥이란 사람과 사람이 왕래하는 대역폭이라고 할 수 있다. 인맥이 충분하지 않으면 나가는 정보와 들어오는 정보 모두 한정적이라 장사가 잘되기 힘들다. 현대 통신 수단의 본질은 상대적으로 저렴한 가격으로 사람들의 인맥을 넓혀주는 것이며, 미디어 산업의 지속적 성장은 사실상 사업이 갈수록 편리해지도록 외부와 연결된 기업의 대역폭을 끊임없이 확장해주는 것이다.

정보이론에서 반드시 알아야 할 원리가 또 하나 있다. 최대 엔트로피의 원리로, 대략적인 의미는 미지의 사건에 대해 확률 모형을 구할 경우 그 모형은 우리가 확보한 데이터를 만족시켜야 하지만 미지의 상황에 대해 어떤 주관적 가설도 내릴 수 없다는 것이다. 최대 엔트로피 원리는 수많은 분야, 특히 금융 분야에서 어떠한 가정적 이론보다 효과적이기 때문에 기계학습에 광범위하게 사용된다. 주관적 가설을 배제해야 한다는 점에서 최대 엔트로피의 원리는 이미 우리가 수백 년 동안 사용했던 '대담한 가설과 소심한 증명'의 방법론과 다르다. 물론 주관적 가설의 배제에는 충분히 많은 데이터가 확보돼야 한다는 전제가 깔려 있다. 그렇지 않으면 최대 엔트로피 모형은 평균치만 내놓을 수 있을 뿐이며 어떤 세부사항도 묘사나 예측할 수 없다.

오늘날 정보이론은 정보시대의 방법론을 제공하기 때문에 경영에서 광범위하게 사용되고 있다. 또한 엔트로피라는 용어는 이미 정보이론과 불확정성의 대명사가 되었다. 바로 그런 이유로 장서우성 교수와 나는 세계에 대한 사람들의 인식 수준을 가늠할 때 엔트로피가 최고 경지를 대변한다고 생각한다.

빅데이터의 본질

정보이론이라는 도구 겸 방법론이 생긴 덕분에 빅데이터의 본질을 훨씬 쉽게 이해할 수 있게 되었다. 우선 우리는 세상의 불확정성을 인정해야만 확정적 사유 방식으로 불확정적 세계를 바라보지 않을 수 있다. 또 정보나 데이터가 불확정성을 제거할 수 있음을 이해하고 나면 왜 빅데이터의 등장이 지능형 문제 해결로 연결되는지 이해할 수 있다. 많은 지능형 문제란 근본적으로 말하자면 불확정성을 제거하는 문제에 불과하기 때문이다. 이제 앞에서 얘기한 빅데이터의 세 가지 특성, 즉 방대한 데이터 양과 다차원성, 완전성이 왜 중요하고 필요한지 정보이론에 근거해 하나하나 살펴보겠다. 이를 기반으로 빅데이터의 본질을 파악할 수 있을 것이다.

먼저 데이터 양에 대해 살펴보면, 과거에는 데이터를 사용했음에도 양이 충분하지 않아 불확정성을 제거할 수 없었다. 그래서 데이터의 역할은 매우 한정적이고, 당연히 대부분의 사람도 별로 중요하게 여기지 않았다. 결국 어떤 분야든 충분한 데이터를 먼저 확보하는 분야가 연구의 진전을 좀 더 앞당길 수 있는 상황이었다. 구체적으로 기계지능의 경우, 음성 인식 분야가 비교적 많은 데이터를 가장 빨리 확보했다. 그러니 데이터 구동 방식이 음성 인식 분야에서 탄생한 것도 전혀 이상할 게 없다.

빅데이터의 다차원성이 왜 중요한지는 두 가지 각도에서 살펴볼 수 있다. 첫째는 앞에서 언급한 '상호정보량' 때문이다. 일반적으로 상관성을 확보하기 위해서는 여러 층위의 정보가 필요하다. 예를 들어 '중앙은행의 금리 조정'과 '주가 변동'의 상관성에 대해 통계를 내려면 과거 중앙은행의 금리 조정이라는 층위의 정보만으로는 확실히 불충분해, 상술한 두 가지 층위의 정보를 동시에 노출해야 한다. 둘째는 이른바 '교차검증' 때문이다. 여름날 아주 무더울 때 우리는 곧 비가 내릴 것을 안다. 다시 말해 '공기 중 습도가 높다'와 '24시간 이내에 비가 온다' 간의 상호정보량이 비교적 크다. 다만 습도가 높아도 비가 내리지 않는 경우도 있기 때문에 아주 확정적이라고 할 수는 없다. 그런데 기압 정보와 구름 정보 등 다른 층위의 정보를 결합시켜 '24시간 이내에 비가 온다'는 사건을 검증할 수 있다면 예측의 정확도를 크게 높일 수 있다. 따라서 빅데이터의 다차원성 역시 정보이론을 기반으로 한다.

마지막으로 정보이론의 각도에서 데이터의 완전성이 왜 중요한지 살펴보겠다. 이를 설명하기 위해서는 정보이론의 중요한 개념인 크로스 엔트로피부터 짚어봐야 한다. 이 개념은 섀넌이 아니라 쿨백 등이 제시했기 때문에 영어권에서는 쿨백-라이블러 발산(Kullback-Leibler Divergence)으로 더 많이 불린다. 이는 두 정보원, 혹은 두 확률 모형이 얼마나 일치하는가를 반영한다. 두 데이터원이 완전히 일치하면 크로스 엔트로피는 제로가 되고 격차가 커지면 크로스 엔트로피 역시 커진다. 모든 데이터 구동 방식에서는 모형을 세울 때의 데이터와 모형을 사용할 때의 데이터가 일치해야 한다. 이는 갤럽이 말한 대표성과 같으며, 데이터가 일치하지 않을 경우 방식은 무효화된다. 크로스 엔트로피는 이러한 대표성이나 일치성을 정확하게 계량화한 것이라고 할 수 있다.

다시 빅데이터의 완전성으로 돌아가, 과거에는 확률통계에 기반을 둔 모형 대부분이 희박한 확률을 가진 사건들을 놓치는 경우가 많았다. 그리고 이는 데이터 구동 방식의 약점으로 여겨졌다. 많은 학과에서는 이러한 현상을 '블랙 스완 효과[9]'라고 부른다. 빅데이터 등장 이전까지 이러한 사건은 피할 수 없었다. 심지어 데이터 구동 방식을 개발한 젤리네크조차 통계데이터가 아무리 많아도 빈틈이 생길 수 있다고 여겼다. 이러한 빈틈이 크로스 엔트로피에 반영될 때 그 수치는 한없이 커질 수 있다. 다시 말해 데이터 구동 방식이 그 순간 무효가 되는 것이다.

그렇다면 어떻게 해야 빈틈이 생기지 않도록 막을 수 있을까? 여기에서 바로 빅데이터의 완전성이 필요하다. 빅데이터 시대에는 특정 분야에서 데이터의 완전성을 확보하는 일이 가능하다. 가령 전 국민의 얼굴 형상을 수집하는 일이 과거에는 상상조차 할 수 없었지만, 오늘날에는 완전히 가능한 일이 되었다. 데이터의 완전성이 갖춰지면 훈련모델의 데이터 세트와 해당 모델의 테스트 세트가 동일하

---

9   18세기 호주를 발견하기 전까지 유럽 사람들은 하얀 백조만 보았기 때문에 백조라면 무조건 하얗다고 생각했다. 그러다가 호주에서 검은 백조를 발견해 그동안 하얀 백조를 관찰해 얻은 결론을 무효로 할 수밖에 없었다. 이로 인해 과거 데이터로 얻은 결론이 희박한 확률의 미래 사건까지 모두 반영할 수는 없음을 인정했다. 과학적 방법론이나 경제학, 사회학 연구에서 '블랙 스완'은 극히 드물거나 일반적 예상을 벗어난 사건을 비유한다. 블랙 스완은 발생 전까지는 증명할 사례가 없지만 일단 발생하면 엄청난 파란을 일으킨다.

거나 고도로 중복되며, 그들의 크로스 엔트로피는 제로에 가까워진다. 이러한 상황에서는 수많은 블랙 스완 재난에서 벗어날 수 있다. 그러면 데이터 구동은 보편성을 갖춰 언제나 적용 가능한 방법론이 된다.

여기서 알 수 있듯이 빅데이터의 과학적 기반은 정보이론이고, 빅데이터의 본질은 정보를 이용해 불확정성을 제거하는 것이다. 인간이 정보를 사용한 지는 꽤 오래되었지만, 빅데이터 시대에 와서 양적 변화를 통해 질적 변화가 일어난 뒤에야, 사람들은 정보이론의 사유 방식을 채택할 경우 과거의 수많은 난제가 저절로 풀린다는 것을 깨달았다.

인과관계에서 강력한 상관관계로

논리적 추리 능력은 인간 고유의 능력이라, 우리는 원인이 주어질 경우 논리적 추리를 통해 결론을 도출할 수 있다. 과거 우리는 인과관계를 매우 강조했다. 원인이 있어야 결과가 나오기 때문이기도 하고, 원인을 찾을 수 없을 경우 결과를 전적으로 신뢰할 수 없어서이기도 했다. 가령 현대 의학의 신약 개발이 인과관계를 이용해 문제를 해결한 전형적인 사례다.

앞에서 언급한 페니실린의 발명 과정이 대표적이다. 제일 먼저, 19세기 중반에 오스트리아·헝가리 제국의 제멜바이스(Ignaz Philipp

Semmelweis, 1818~1865)[10]와 프랑스의 파스퇴르 등이 수많은 질병을 미생물 세균이 일으킨다는 사실을 발견했다. 그러자 사람들은 세균을 죽이면 질병을 치료할 수 있다는 생각을 아주 쉽게 떠올렸다. 이것이 인과관계다. 하지만 나중에 플레밍 등은 소독제를 상처에 바르는 것만으로는 별 소용이 없음을 발견하고 체내에서 세균을 죽일 수 있는 물질을 찾으려 노력했다. 결국 1928년 플레밍이 페니실린을 발견했지만, 그는 페니실린의 살균 원리를 알지 못했다. 옥스퍼드대학교의 과학자 체인과 에이브러햄이 페니실린 속의 페남이 세균의 세포벽을 파괴한다는 사실을 알아낸 뒤에야 페니실린이 왜 효과적인지 드러났다. 비로소 페니실린과 질병 치료의 인과관계가 완전히 밝혀진 셈이지만 이미 1943년, 제멜바이스가 질병 발생의 원인이 세균임을 밝혀낸 지 거의 1세기가 지난 뒤였다.

2년 뒤 여성 과학자 호지킨(Dorothy Hodgkin)이 페남의 분자구조를 밝혀내 노벨상을 받고, 1957년이 되어서야 마침내 페니실린을 인공적으로 합성할 수 있게 되었다.[11] 당연하게도, 페남의 분자구조가 밝혀진 덕분에 사람들은 그것을 개량하면서 새로운 항생제를 발명하고 에이브러햄도 결국 세팔로스포린 항생제를 발명할 수 있었다. 페니실린과 기타 항생제의 발명 과정을 훑어보면 인간은 끊임없이 원인을 분석한 뒤 답안(결과)을 찾아냈다. 의심할 것 없이 이러한 인과

10　오스트리아·헝가리 제국 의사. 1847년 세균이 수많은 질병의 원인임을 발견했다.
11　이전까지는 곰팡이를 배양해 페니실린을 추출했다.

관계를 통해 찾아낸 답안은 강한 신뢰를 얻었다.

다른 신약 개발도 페니실린과 비슷한 과정을 거친다. 일반적으로 과학자들은 질병이 발생하는 원인을 분석해 그러한 원인을 제거할 수 있는 물질을 찾은 다음 새로운 약을 합성해낸다. 이것은 매우 긴 과정이고 비용도 많이 든다. 7, 8년 전까지는 처방약 하나를 개발하는 데 10년 이상의 시간과 10억 달러 이상의 경비를 들여야 했고, 요즘은 시간과 비용 모두 한층 더 늘어났다. 스탠퍼드의과대학교 학장인 마이너(Lloyd Minor) 교수 등 일부 전문가들은 20년의 세월과 20억 달러가 필요하다고 예상한다. 그러니 효과적인 신약 가격이 왜 그렇게 비싼지 어느 정도 이해할 수 있다. 특허 기간[12] 내에 20억 달러의 비용을 회수할 수 없다면 회사는 신약 개발에 투자하려 하지 않을 것이다.

인과관계에 따라 신약 하나를 개발하려면 이렇게 긴 시간과 엄청난 비용이 필요하다. 이는 확실히 환자가 기다리거나 부담할 수 있는 수준도 아니고 의사와 과학자, 제약회사가 원하는 바도 아니지만, 과거에는 다른 방법이 없어서 그렇게 할 수밖에 없었다. 하지만 오늘날은 빅데이터 덕분에 특효약을 찾는 방법이 조금 달라졌다. 미국에는 처방약이 총 5,000여 종밖에 없는데 인간이 걸릴 수 있는 질병은

---

12 미국의 특허 존속 기간은 17년이며 3년 연장할 수 있다. 하지만 대부분의 핵심 특허를 약품 실험 때 신청하기 때문에 아주 오랜 실험 과정을 거쳐 약품이 출시되면 특허 기간은 보통 10년 정도밖에 남지 않는다.

대략 1만 종에 이른다. 그런데 약과 질병을 하나씩 대응시키던 중 의외의 즐거움을 발견할 수 있었다. 일례로 스탠퍼드의과대학에서 심장병 치료에 쓰이는 약물이 위장병에도 효과적이라는 사실을 발견했다. 물론 이를 증명하기 위해서는 상응하는 임상시험을 해야 하지만 3년의 세월과 1억 달러만 투자하면 위장병 치료약을 찾을 수 있다. 사실상 이러한 방법은 인과관계가 아니라 A약이 B병에 효과적이라는 강한 연관 관계에 따른 것이며, 이후 3년의 연구는 실질적으로 원인을 찾는 작업이다. 이렇게 결과가 있고 원인을 반추해가는 방법은 인과관계를 통해 결론을 도출하던 과거의 방법과 완전히 반대된다. 의심할 여지 없이 빠른 방법이며, 당연히 충분한 데이터의 확보를 전제로 한다.

반면 과거에는 데이터 양이 한정적이고 다차원적이지 못해 상관성을 찾기 매우 힘들었다. 설령 찾았다 해도 전통적인 관념과 달라 쉽게 받아들여지지 않았을 것이다. 1990년대 중반 미국과 캐나다에서 담배가 인체에 유해하다는 사안을 두고 일련의 법정 공방이 벌어졌다. 흡연이 유해한지를 어떻게 판정하는가가 소송의 관건으로, 인과관계로 판정하느냐 상관성으로 판정하느냐에 따라 재판 결과가 달라질 판이었다.

오늘날 대부분 사람들은 흡연의 유해성을 확고부동한 사실로 받아들이고 있다. 미국 외과협회는 흡연 남성의 폐암 발생률이 비흡연

남성보다 23배가 높으며 여성은 13배가 높다[13]는 「보고서」를 발표했고, 통계학에서는 여기에 임의적 우연성이 아니라 필연적 연관성이 존재한다고 일찍부터 밝혀왔다. 하지만 이렇게 확실해 보이는 증거라도 여전히 담배회사에 죄가 있다고 판결할 만큼 충분하지는 않았다. 담배회사가 흡연과 폐암 사이에 아무런 인과관계가 없다고 여기기 때문이다. 담배회사에서는 일부 사람들이 체내 어떤 유전자의 결함이나 물질의 결핍 때문에 담배를 피우려 하며, 폐암 유발은 그러한 유전자 결함이나 물질 결핍 때문이지 담배 속 물질 때문이 아니라는 등등 수도 없이 많은 변명거리를 제시했다. 법률적으로 담배회사의 해명이 매우 타당한데다 미국 법률은 무죄추정의 원칙[14]을 채택하고 있어서, 단순히 발병률이 높다는 사실만으로 담배회사의 유죄를 판결할 수는 없었다. 결국 아주 오랜 세월 동안 미국 각 주정부의 검사들은 담배회사를 고소한 뒤 장시간 법정 조사와 공방을 벌였지만 이렇다 할 결과를 얻지 못했다. 원고 측(주 검사와 피해자)은 충분한 증거를 제출하지 못하지만 담배회사는 막강한 재력을 이용해 뛰어난 변호사를 고용한 것이 근본적인 이유였다.

이 상황은 1990년대 중반 미국 역사상 세기의 소송으로 꼽히는 사건 이후에야 바뀌었다. 1994년 미시시피주의 검찰 총장 무어(Michael Moore)는 다시 한 번 필립모리스 등 담배회사를 상대로 집단

13　"The Health Consequences of Smoking, A Report of The US Surgeon General," 2004.
14　법정에서 피고의 유죄를 입증할 충분한 증거가 없는 이상 피고는 무죄로 추정한다.

소송을 제기했고, 뒤이어 미국 40여 개 주가 유사 이래의 최대 소송에 가담했다. 소송이 시작되기 전 양측은 모두 재판의 승패가 사실상 각 주의 검사들이 이해할 만한 증거로 다른 원인이 아니라 흡연이 폐암 등 각종 질병의 발생률을 높인다는 사실을 증명할 수 있는가에 달려 있음을 잘 알고 있었다.

앞에서 이야기했듯이, 훨씬 직접적인 다른 요인으로 폐암에 걸릴 수 있기 때문에 흡연자가 비흡연자보다 폐암 발생률이 높다는 단순한 주장은 아무런 소용이 없었다. 흡연의 유해성을 설명하기 위해서는 흡연과 발병의 인과관계를 찾는 것이 최선이었지만 그것은 또 단기간 내에 가능한 일이 아니었다. 그래서 원고 측은 차선책을 마련하는 수밖에 없었다. 그들은 (담배회사가 주장하는) 다른 요인을 배제한 상황에서 흡연자의 발병률이 비흡연자보다 훨씬 높다는 증거를 제시하려 했는데 막상 시작해보니 생각보다 훨씬 어려웠다. 비록 당시 세계 인구가 60억 명을 넘고 흡연자 수는 물론 흡연과 관련된 각종 질병을 앓는 사람 역시 많았지만 이민자 위주의 미국, 특히 대도시의 경우는 사람들 간의 유전자 차이가 상대적으로 크고 생활습관과 소득 상황도 천차만별이었다. 대량 흡연자와 비흡연자의 표본을 조사한다고 해도 비교할 만한, 여러 조건이 비슷한 샘플이 절대 많지 않았다. 하지만 1990년대 세기의 소송에 참여한 각 주의 검사장들은 더는 흐지부지 무산시키지 않고 반드시 이기겠다는 결심이 확고했다. 그래서 존스홉킨스대학 등 여러 대학에서 의학자, 공공위생 전문가가 포함된 최고의 전문가를 고문으로 초빙했다. 전문가들은 조사원을 세계 각지, 특히 제3세계 국가의 농촌(중국 서남 지역 등)으로 보내 비교 자료를 수집했다. 이러한 지역은 종족이 비교적 단일하고(유전자 등 선천적 요인 배제 가능)[15] 소득 및 생활습관이 별 차이가 없어서(후천적 요인 배제 가능) 흡연의 유해성을 설명할 대조 표본을 충분히 확보할 수 있었다.

각 주의 검사와 전문가들은 3년여의 노력 끝에 마침내 담배회사에 승소했다. 1997년 담배회사와 각 주 정부는 3,655억 달러의 손해배상에 합의했다. 이 역사적 승리가 가능했던 이유는 검사들이 흡연과 발병의 인과관계를 밝힌 증거를 찾아서가 아니라 상관관계가 밀접한 통계 증거를 사용했기 때문이다. 그러한 증거만이 배심단과 판사를 이해시킬 수 있었다. 사실 마라톤식 소송이 진행되는 동안 사람들의 사유 방식은 이미 인과관계의 수용에서 상관성의 수용으로 전환되고 있었다.

법률에서까지 증거로 인정되었으니 상관관계의 결과를 다른 분야에 적용하기란 당연히 훨씬 쉽고 자연스러워졌다.

2003년 구글은 웹사이트의 콘텐츠를 기준으로 광고를 삽입하는 애드센스(AdSense) 서비스[16]를 출시해 웹사이트의 무작위 광고 상품에 도전장을 냈다. 직감적으로 우리는 카메라와 관련된 사이트 (혹은)

---

15 도시나 경제 발달 지역 등 인구 유동성이 큰 지역은 유전자가 비슷한 사람을 찾기 힘들지만 경제가 덜 발달하고 대대손손 모여 살아 유동이 적은 지역에서는 가능하다.

16 현재 이 서비스는 AdSense for Content(구글 콘텐츠 광고)라 불린다.

웹페이지에 카메라 광고를 삽입할 경우 효과가 매우 크리라고 예상한다. 이는 분명 상관성의 특성을 살린 광고지만, 대부분의 경우 상관성은 한눈에 알아챌 수 있을 만큼 직접적이지 않다. 다수의 데이터 통계 결과에 따르면 우리 예상을 벗어나는 광고와 콘텐츠의 조합이 훨씬 효과적일 때가 많다. 예를 들어,

- 영화 대여 및 동영상 시청 사이트의 간식 광고
- 여성복 사이트의 남성복 광고
- 커피 리뷰 및 판매 사이트의 신용카드와 주택 융자 광고
- 하드웨어 리뷰 사이트의 패스트푸드 광고 등

대량의 통계 자료가 밑받침되지 않았다면 일반 사람들은 이러한 조합을 상상조차 하지 못할 것이다. 물론 별로 관련 없어 보이는 조합을 자세히 분석하면 합리적 해설이 가능하다. 예를 들어 영화 대여 및 동영상 시청 사이트와 간식 광고의 조합은 사람들이 영상물을 시청할 때 군것질하는 습관에 부합된다. 하지만 커피와 신용카드, 혹은 주택 융자 등과 같은 조합은 전혀 갈피를 잡을 수가 없다. 원인을 찾을 수 있든, 찾을 수 없든(잠시 생각할 수 없는 이유가 이면에 있을 것이다) 이러한 상관성을 이용할 경우 확실히 광고 효과는 높일 수 있다. 물론 상관성을 이용할 때 사람들은 그 신뢰도가 올라가기를 희망한다. 즉 임의로 관련 있어 보이는 것들을 묶어놓은 게 아니라 수학적으로 밀접한 관계가 있기를 바란다.

우리는 앞에서 인과관계를 통해 답을 찾을 수 있다고 이야기했다. 인과관계에 근거해 원인을 찾는 것은 분명 좋은 방법이다. 하지만 복잡한 문제의 경우 물질적 조건과 사람의 노력 외에 운도 필요하기 때문에 해결하기 어려울 때가 많다. 뉴턴과 아인슈타인은 운이 아주 좋은 사람들이었다. 반면 유감스럽게도 우리는 대부분 영감이나 운이 없어서 많은 문제를 끝내 해결하지 못한다. 그런데 빅데이터 시대에는 설령 원인을 몰라도, 대량의 데이터에서 곧장 답을 찾는 새로운 사유 방식의 도움을 받을 수 있다. 이를 통해 지름길을 찾을 수도 있고 운이 없어서 문제에 압도되는 상황도 피할 수 있다. 하지만 다른 한편으로, 이렇게 원인을 찾지 못한 답안을 우리는 감히 수용할수 있을까? 만약 기꺼이 수용하기 원한다면 우리의 사유 방식은 이미 단순히 인과관계를 좇던 기계 시대의 방식을 뛰어넘어 빅데이터 사유를 갖기 시작했다고 말할 수 있다.

물론 이러한 사유 방식의 변화에는 과정이 있었다. 이제 빅데이터의 최대 수혜자인 구글을 통해 사유 방식의 변화가 왜 중요한지 살펴보자.

데이터 기업 Google

보통 사람들 눈에 구글은 최첨단 과학기술 회사로, 끊임없이 새로운 기술을 연구 및 개발하고 일부 기술을 성공적으로 상품화하는 기업처럼 보일 것이다. 하지만 근본적으로 말하자면 구글은 데이터 기업이다. 저명한 기계지능 전문가이자 구글연구소 전임 소장 노빅 박사는 이러한 구글의 본질에 대해 아주 잘 인식하고 있었다. 그는 모교(캘리포니아대학교 버클리캠퍼스)에서 명예 증서를 받을 때 자신이 구글에 합류한 이유를 다음과 같이 설명했다.

> 2001년 세계적으로 닷컴버블이 붕괴한 이후 모두 이 분야를 떠나기 시작했습니다. 꽤 많은 사람이 인터넷 업계에서 학술계로 돌아갔지요. 사람들은 제게 왜 하필 이럴 때 NASA(미국항공우주국)를 떠나 구글처럼 크지도 않은 인터넷 회사에 들어가느냐고 물었습니다. 저는 대공황 때(1929~33)의 이야기를 들려주었습니다. 대공황 때 어떤 사람들은 은행 주식을 사들여 나중에 큰 이익을 거두었지요. 훗날 사람들이 은행 주식을 샀던 투자자에게 금융이 그렇게 엉망일 때 왜 은행 주식을 샀냐고 물었더니 투자자는 "전 세계 돈이 거기에 있으니까요"라고 대답했습니다. 그래서 구글행 결심은 어렵지 않았습니다. 세계의 데이터가 모두 구글에 있었으니까요.

노빅은 구글에서 검색품질부서(나 역시 같은 부서였다)를 맡았다. 2005년 이전까지 우리는 계속해서 데이터를 사용해 검색 품질을 높였지만, 주요 업무 방식은 여전히 인과관계를 따르고 있었다. 가령 검색 결과의 상관성이 나쁘면 우선 원인부터 분석한 다음 답안을 찾았다. 당시에는 웹사이트 검색 품질이 향상될 여지가 꽤 커서 그런 방식에 의존해서도 매년 3~5%P를 높일 수 있었다. 그러다 검색 품질이 완벽에 가까워지자 한해 향상률이 1%P 이하로 떨어졌다. 하지만 그사이 데이터가 축적된 덕분에, 우리는 검색 품질이 여러 데이터 특성과 강한 상관관계가 있으며 이러한 특성을 잘 이용하면 검색 결과의 품질을 빠르게 향상할 수 있음을 발견했다.

모든 데이터 가운데 검색 품질과 상관성이 가장 높은 데이터는 조회 데이터, 즉 각각의 검색 키워드에 대해 사용자들이 어떤 검색 결과(웹페이지)를 클릭하는가다. 예를 들어 '가상현실'이라는 질의에 대해 사용자가 A사이트를 3만 1,000번 클릭하고 B사이트를 1만 5,000번, C사이트를 1만 1,000번 클릭했다면 당연히 A사이트가 1순위로 배열돼야 한다. 그런데 검색 정렬 알고리즘이 좋지 못할 경우 첫 번째로 배열되지 못할 수 있다. 이때 검색엔진 설계자는 선택의 기로에 놓인다. 연구를 통해 원래의 정렬 알고리즘을 개선할지, 아예 사용자의 클릭 결과를 믿을지, 혹은 그것들을 결합할지 고민한다. 단순히 정렬 알고리즘을 고칠 경우 주기가 아주 길어질 수밖에 없다. 그렇다고 사용자의 클릭 결과를 믿는다면 그것은 사실상 상관성으로 인과관계를 대체하는 것이라 두 가지 위험부담이 있다.

첫째, 사용자의 클릭은 마태효과를 만들어내기 쉬워서 앞쪽에 놓인 결과가 큰 관련이 없음에도 많이 클릭될 수 있다. 둘째, 단순히 클릭에 의존할 경우 검색 결과 순위가 일부 사용자들에 의해 조작되기 쉽다. 따라서 그나마 안정적인 방법은 사용자의 조회 데이터에 간단한 모형을 세워 검색 정렬 알고리즘 일부분으로 삼는 것이다.

요즘은 모든 검색엔진이 사용자의 조회 데이터와 검색 결과의 상관성을 측정하는 모형을 가지고 있다. 보통 '클릭모형'이라 불리는 이 모형은 데이터가 축적되면서 검색 결과 순위를 점점 더 정확히 예측하게 되었고, 따라서 중요성 또한 갈수록 높아지고 있다. 이제 클릭모형은 검색 정렬에서 최소 70~80%의 비중을 차지한다.[17] 검색 알고리즘의 다른 모든 요소를 합쳐도 그만 못하다는 뜻이다. 바꾸어 말한다면, 오늘날 검색엔진에서 인과관계는 더 이상 데이터의 상관성만큼 중요하지 않다는 것이다.

당연하게도 클릭모형의 정확도는 데이터의 양에 비례한다. '가상현실'처럼 흔한 검색은 사용자의 조회 데이터를 충분히 쌓기까지 그리 긴 시간이 필요하지 않다. 하지만 별로 흔치 않은 검색(보통 롱테일 검색이라고 불린다), 가령 '피카소의 초기 작품 소개' 같은 경우는 꽤 긴 시간이 지나야만 모형을 훈련할 '충분한 데이터'를 수집할 수 있다. 어떤 검색엔진이든 사용 시간이 길수록 축적된 데이터가 많고 롱테일 검색에 대한 정확도도 높아진다. 마이크로소프트의 검색엔진이 오랫동안 구글을 뛰어넘지 못하는 주요 원인은 알고리즘 때문이 아니라 데이터의 부족 때문이다. 같은 원리로 중국에서 서우거우(搜狗) 등 소규모 검색엔진이 바이두보다 가장 약한 부분 역시 데이터 양이다.

---

17 검색엔진별로 클릭모형 의존도에 차이가 있지만 모두 60% 이상이다.

검색 산업 전체가 조회 데이터의 중요성을 인식한 이후 이 시장의 경쟁은 기술 경쟁에서 데이터 경쟁으로 바뀌었다. 그러면서 각 회사의 사업 및 상품 전략도 데이터 획득, 상관성 확보를 중심으로 전개되기 시작했다. 검색 시장의 후발주자들은 빠르게 데이터를 확보하지 않으면 가만히 앉아서 도태될 지경에 처했다. 이에 마이크로소프트는 야후의 검색 업무를 인수해 원래 구글의 10% 내외였던 빙(Bing)의 검색량을 순식간에 구글의 20~30%까지 끌어올렸다. 덕분에 클릭모형의 정확도도 상당히 개선되고 검색 품질 역시 신속하게 향상되었을 것이다. 그런데도 충분하지 않자 일부 회사는 툴바(Toolbar)나 브라우저, 심지어 입력법 등으로 사용자의 조회 행위를 수집하는, 훨씬 급진적인 방법을 생각해냈다. 이러한 방법의 장점은 사용자가 해당 회사의 검색엔진에서 이용한 조회 데이터는 물론 다른 검색엔진을 이용한 데이터까지 모두 수집할 수 있다는 것이다.

예를 들어 마이크로소프트가 IE 브라우저를 통해 사용자가 구글로 검색할 때의 클릭 상황을 수집하는 식이다. 이럴 경우 브라우저 시장점유율이 높은 회사는 설령 검색량이 아주 적어도 대량의 데이터를 확보할 수 있다. 이러한 데이터, 특히 더 좋은 검색엔진에서의 조회 데이터를 확보하면 그 검색엔진 회사는 롱테일 검색의 품질을 빠르게 개선할 수 있다. 물론 어떤 사람은 빙의 수법을 구글 검색 결과의 '표절'이라고 비난하지만 사실 그것은 직접적인 표절이 아니라 구글의 데이터로 자신의 클릭모형을 개선하는 행위다. 이러한 일은 중국 시장에서도 똑같이 발생하고 있다. 그래서 검색 품질 경쟁은 브라우저 혹은 기타 클라이언트 소프트웨어 시장 점유율 경쟁이라 할 수 있다. 문외한의 눈에는 인터넷 기업들이 기술 경쟁을 벌이는 것처럼 보이겠지만 정확히 말하자면 데이터 층위의 경쟁을 벌이는 것이다.

구글 내부에서 클릭모형은 과거 '인과관계 추종'의 작업 방식이 점차 '상관성 모색'으로 전환되고 있음을 상징한다. 현재 구글에서는 최소 1/3~2/5의 기술자가 매일 데이터를 처리하고 있다. 구글의 키워드 광고시스템인 애드워즈(AdWords)는 인터넷 세계에서 가장 저렴한 상품인 동시에 광고주에게는 가장 효과적인 광고플랫폼이다.

그렇다면 구글은 어떻게 스스로와 광고주의 이익을 동시에 고려할 수 있을까? 구글 영업직원은 기술이 좋아서라고 대외에 홍보하는데, 틀린 말은 아니지만, 더 정확하게 말하자면 시작부터 대량의 다양한 데이터를 축적해 잘 이용하기 때문이다. 검색 결과 페이지에 광고를 넣을 때 광고주의 구매가격은 물론 검색 결과와의 상관성, 광고 자체의 품질 및 과거 사용자들이 해당 광고를 클릭한 비율까지 고려한다. 그런 이유로 클릭할 가능성이나 품질이 낮은 광고는 노출되는 경우가 매우 적다. 광고주로서는 비용을 절약할 수 있고 구글은 자원(한정적이면서 귀중한 검색 트래픽)을 클릭 가능성이 높은 광고에 남겨줌으로써 수익을 높일 수 있다. 더욱 중요한 점은 사용자에게 광고로 도배된 사이트보다 훨씬 좋은 인상을 남길 수 있다는 것이다. 또한 구글의 광고시스템은 광고를 노출할 때마다 모종의 규칙을 따르는 게 아니라 전적으로 데이터, 상관성의 결과를 이용한다는 사실도 언급할 가치가 있다.

구글과 여러 인터넷 기업이 성공할 수 있었던 이유는 기술과 데이터를 중심축으로 삼았을 뿐만 아니라 데이터 시대의 방법론, 즉 빅데이터 사유를 채택했기 때문이다. 이들 회사는 데이터 기업으로서 과거 산업체들과 다른 사유 방식에 따라 일을 처리한다. 상대적으로 말해 확정적 인과관계를 찾는 데 시간과 자원을 적게 투입하는 대신, 거대한 데이터에서 상관성을 모색한 다음 곧장 상품에 적용한다. 그래서 외부에서는 이들 회사의 상품이 매우 빠르게 바뀐다는 느낌을 받는다. 빅데이터 사유가 구글 등 회사에 어떤 도움을 주었는지는 다음 장에서 좀 더 자세히 살펴보겠다.

📣 Insight

많은 경우 낙후와 선진의 차이는 기계나 기술을 도입한다고 메울 수 있는 것이 아니며, 낙후 중에서 가장 두려운 상황은 사유 방식이 낙후되는 경우다. 서양이 근대 세계를 선도할 수 있었던 이유가 상당 부분 사유 방식이 앞섰기 때문이다. 기계적 사유는 과거 인류의 작업 방식을 바꾸어놓은 혁신적 방법론으로 산업혁명과 이후 세계 산업화 과정에서 결정적인 역할을 했으며 오늘날까지도 상당히 많은 영역에서 우리의 행동을 이끌고 있다. 만약 확정성(혹은 예측가능성)과 인과관계를 찾을 수만 있다면 결과는 더할 나위 없이 좋겠지만, 오늘날 우리가 직면한 복잡한 상황은 이미 기계시대처럼 몇 가지 법칙으로 명확히 설명할 수 없어졌다. 불확정성, 혹은 확정성을 찾기 힘든 상태가 바로 오늘날 사회의 일반적인 상황이다. 인과관계를 확정할 수 없을 때 문제 해결의 새로운 방법을 제시해준 것은 바로 데이터였다. 데이터에 포함된 정보는 불확정성을 제거하고 데이터 간의 상관성은 원래의 인과관계를 어느 정도 대체하며 원하는 답을 얻을 수 있게 도와준다. 이것이 바로 빅데이터 사유의 핵심이다. 빅데이터 사유는 기존의 기계적 사유에 대립한다기보다 그것을 보충하는 측면이 더 크다. 새로운 시대에는 새로운 방법론이 꼭 필요하며 반드시 등장하기 마련이다.

유클리드 기하학의 다섯 가지 공준(Five Axioms)

1. 임의의 한 점에서 다른 임의의 한 점까지 직선으로 연결할 수 있다.

2. 하나의 유한한 직선은 무한히 연장할 수 있다.

3. 임의의 점을 중심으로 임의의 거리[18]를 가진 원을 그릴 수 있다.

4. 모든 직각은 서로 같다.

5. 평면의 한 직선이 다른 두 직선과 만날 때 한쪽에 있는 두 내각의 합이 두 직각의 합보다 작으면, 이 두 직선을 무한히 연장할 때 그쪽에서 만난다.[19]

유클리드 기하학의 다섯 가지 공리(Five Notions)

1. 동량과 같은 양[20]은 서로 같다.

2. 같은 양에 같은 양을 더하면 그 합은 서로 같다.

3. 같은 양에서 같은 양을 빼면 그 차는 서로 같다.

4. 서로 포갤 수 있는 물체는 서로 같다.

5. 전체는 부분보다 크다.

---

18   원문에는 '반지름'이라는 표현이 없지만 여기에서 '거리'는 원의 반지름을 뜻한다.

19   대가들이 말하는 유클리드의 다섯 번째 공준으로, 현행 평면기하 중 평행선 공리의 일차적 등치명제다.

20   여기서 '양'과 4번째 공리의 '물체'는 원문에서 모두 thing이다.

4

빅데이터와
비즈니스

미래에는
물이나 전기 같은 자원을 공급하듯
전문 회사에서
빅데이터와 기계지능이란
도구를 사회에 공급할 것이다.

빅데이터 사유는 추상적인 게 아니라 데이터를 통해 상관성을 찾은 뒤 각종 난제를 해결하도록 도와주는 일련의 체계적인 방법이다. 개인이든 기업이든 빅데이터 사유를 수용해 일하는 방식을 바꾸면 과거에는 상상도 못 했던 꿈을 실현할 수 있다. 그리고 이러한 꿈을 기반으로 완벽한 사업 여건과 한층 현대화된 사회를 건설할 수 있다. 빅데이터의 영향력은 이미 사회 곳곳에 스며들어 일일이 서술하려면 엄청난 지면을 할애해야 한다. 여기서는 빅데이터가 비즈니스계에 미친 영향을 중심으로 논하겠다. 구체적인 사례를 통해 빅데이터 사유가 어떻게 기업의 각종 문제를 해결하고 더 나아가 새로운 비즈니스 사회를 만들었는지 살펴보겠다.

빅데이터의 규칙

빅데이터 시대에 들어서 사람들이 사유 방식을 바꾸자 과거에는 풀지 못했던 수많은 문제가 저절로 해결되었다.

미국에서 마약은 심각한 사회 문제다. 보통 마약 구입처를 소탕하면 근본적 해결이 가능하다고 생각하기 때문에, 과거 미국에서는 마약 단속의 중점을 남미 마약 공급상의 퇴치에 두었다. 틀렸다고 할 수는 없지만, 마약의 범람을 효과적으로 막을 수는 없었다. 마약이 범람하는 중요한 원인 가운데 하나는 대마 등 마약을 얻을 수 있는 식물 상당수가 집에서도 키울 수 있을 만큼 재배가 쉽다는 것이다.

메릴랜드주 볼티모어시의 동부에서 일부 가난한 사람들이 버려진 집에 들어가 문과 창문을 봉쇄한 다음 LED(발광 다이오드) 등으로 몰래 대마를 재배했다. 주변 단지가 어지러운데다 외지인도 거의 찾지 않다보니 그곳은 마약류 작물 재배의 천국으로 변해갔다.

그러한 구역을 일일이 강도 높게 조사하면 문제를 해결할 수 있을까? 답은 그렇게 간단하지 않다. 좋은 환경에 생활 수준이 높은 시애틀 지역에서 창과 문을 봉쇄한 다음 마약을 재배하는 것은 어떨까? 당연히 힘들겠지만, 마약 재배자에게는 역시 방법이 있었다. 한 가족이 50만 달러에 저택을 구입해 주변에 장미를 가득 심었는데 평소에 사람은 거의 오가지 않았다. 사실 침실 네 개와 거실 두 개로 구성된 이 대저택에는 사람이 살지 않았다. 대신 658그루의 대마 분재가 집을 가득 메우고 있었다. 집주인이 매년 대마를 팔아 거둔 이익

은 집값의 분기 대출금과 전기세는 물론 새로운 집의 계약금을 치르기에 충분했다.[1]

비슷한 상황이 미국 각 주와 캐나다 여러 지역에서 발생했다. 캐나다 브리티시컬럼비아주의 경우 대마 분재로 거두는 한해 소득이 65억 달러에 이르러 석유에 이은 제2대 사업으로 추정될 정도였다.

마약 재배 지역이 워낙 광범위한데다 일 처리 역시 은밀해 마약을 재배하는 주택을 찾으려면 상당한 비용을 들여야 했다. 게다가 미국 헌법 제4조에서 '모든 사람은 신체, 주거, 문서, 재산의 안전을 보장받으며 무분별한 수색과 체포를 당하지 않을 권리가 있다'고 명시하고 있어서 경찰은 증거도 없이 아무 곳이나 들어가 조사할 수 없었다. 그래서 과거 경찰들은 마약 재배의 가능성이 농후한 용의자를 찾아도 탄식만 내뱉을 뿐이라, 미국 내 마약은 단속에도 불구하고 근절되지 않았다.

하지만 빅데이터 시대에 들어선 뒤로는 비밀 마약 재배의 호시절도 끝을 보이기 시작했다. 2010년 미국 언론매체들은 다음과 같은 기사를 보도했다.

사우스캐롤라이나주 도체스터 카운티의 경찰은 원격 검침기로 수집된 가구별 전력 상황을 분석한 끝에 가택 내 대마 재배자를

1　http://www.seattletimes.com/seattle-news/big-time-pot-growers-use-seattle-area-homes/.

체포했다.

이 사건은 미국 사회에 광범위한 논쟁을 불러일으켰다. 당연히 화제는 현지 전력회사인 에디스코(Edisto Electric)가 경찰에 가입자 데이터를 제공할 수 있는가도 있었지만, 그보다 빅데이터가 과거의 난제 해결에 도움이 될 수 있는가와 이러한 기술이 사회에 어떠한 영향을 미칠까에 대한 깊이 있는 토론이 더 많았다. 그런데 나는 사회의 시선과 상관없이 일단 경찰들을 칭찬하고 싶다. 새로운 기술 환경 속에서 사유 방식을 바꿈으로써 과거에 풀지 못했던 문제를 제대로 풀어냈기 때문이다.

이 소식이 전해진 뒤 얼마 지나지 않아 미국 다른 주에서도 비슷한 방법을 이용해 가택 내 대마 재배자를 체포했다는 언론 보도가 속속 터져 나왔다[2]. 2011년까지 오하이오주에서만 비슷한 혐의로 60명이 체포되었다. 왜 최근 몇 년 동안 경찰의 검거율이 이렇게 높아졌을까? 예전에 전력회사가 사용했던 구식 계량기는 주택별 전력 사용량을 매달 기록할 뿐이었다. 그러다 10여 년 전부터 미국은 원격 검침기로 구식 계량기를 대체하기 시작해 전력 사용량은 물론 전력 사용 패턴까지 기록할 수 있게 되었다. 대마를 재배하는 집은 전력 사용 패턴이 일반 가정집과 달라서 주택별 사용 패턴을 전형적인 가정

---

2   http://www.dispatch.com/content/stories/local/2011/02/28/police-suspecting- home-pot-growing-get-power-use-data.html.

집 패턴과 비교하자 범죄 용의자를 걸러낼 수 있었다.

마약 재배 조사 건으로 우리는 빅데이터 사유의 세 가지 강점을 확인할 수 있다. 첫째, 통계 규칙과 개별 안건을 대조하면 정확하고 객관적인 평가가 가능하다. 둘째, 사회에서 이미 증거 확보 때 상관성으로 직접 증거를 대체해도 용인하고 있다. 즉 앞에서 이야기한 밀접한 상관관계가 인과관계를 대체하고 있다. 셋째, 법 집행 비용, 더 광범위하게는 운영비가 빅데이터 시대에는 크게 줄어들 것이다.

빅데이터를 이용한 비슷한 사례는 경찰서 외에 세무국에서도 찾아볼 수 있다.

미국은 99.7%의 회사가 500명 이하의 소기업이며 민간기업 직원의 50%가 이들 소기업에 고용되어 있는데 소기업당 평균 직원은 5명에 불과하다.[3] 이러한 소기업, 특히 현금 거래가 가능한 소매회사(식당, 상점, 서비스업 등)에서는 탈세가 빈번히 일어난다. 추정에 따르면 미국에서 해마다 새어나가는 연방세는 3,000여 억 달러며,[4] 2006년에 약 4,000억 달러로 정점을 찍었다고 한다. 탈세가 없다면 재정 적자를 피할 수 있을 정도다.

그런데 미국에서는 소기업의 세금 탈루 비율이 가장 높다. 이들의 탈루를 조사하는 비용이 너무 많이 들기 때문이다.

하지만 2006년부터 탈세 액수가 줄어들기 시작했다. 연방 세무

---

3   https://www.sba.gov/sites/default/files/FAQ_Sept_2012.pdf.

4   IRSReleasesNewTaxGapEstimates, 2008, www.irs.gov.

국과 각 주 정부 세무국에서 빅데이터 기술을 채택해 세금을 탈루하는 소기업 및 부당하게 환급받는 개인 상황을 비교적 정확히 파악했기 때문이다.[5] 개인의 부당 환급은 미국의 개인소득세에 관한 배경지식이 필요하므로 여기서는 생략하고 소기업의 탈세 위주로 살펴보겠다. 사실 연방정부와 주 정부 세무국에서 소기업의 탈세를 막은 방법은 매우 간단했다. 세무국은 우선 규모(영업장 크기), 유형, 주소에 따라 기업을 단순 분류했다. 가령 샌프란시스코 나소 거리의 식당을 한 유형으로 분류하고 새너제이 16번가의 이발소를 다른 유형으로 분류하는 식이다. 그런 다음 과거 데이터에 근거해 유형별로 대략적인 수입과 납세 상황을 분석했다. 예를 들어 식당 유형은 영업 면적 1제곱미터당 약 1만 달러 매출액이 발생하고 전체 식당의 연 소득은 대략 200만~280만 달러이며 20만 달러를 세금으로 냈다. 또 이발소 업종은 연 소득이 8~12만 달러며 5,000달러를 세금으로 냈다. 이를 기준으로 어떤 식당이 영업 면적은 다른 식당과 비슷한데 자진 신고한 소득이 50만 달러에 불과하면 조사하고, 이발소도 연 소득이 10만 달러인데 1,000달러만 세금으로 내면 조사를 벌였다.

빅데이터가 등장하기 전까지 규칙을 찾는 일은 매우 힘들었다. 늘 '가설-증명-재가설-재증명'의 긴 과정을 거치고 규칙을 찾은 뒤에는 안건별로 적용하기 위해 상당한 비용을 들여야 했다. 그러나 빅

---

5   Jeff Butler, *Discusses the IRS Research Division's Big Data Techniques*, Meritalk, 2016.

데이터가 등장한 뒤로는 무척 간단해졌다. 가령 빅데이터를 집계해 정상적인 전력 사용이나 납세 패턴을 찾아낸 다음, 곧장 패턴이 이상한 대마 재배자나 탈세 혐의자를 파악해낼 수 있게 되었다. 이러한 방법은 기계학습과 기계지능에 의지하기 때문에 인건비를 대폭 줄여 집행비까지 낮춰주었다. 미국에서는 유사한 뉴스[6]를 각종 언론매체에서 얼마든지 쉽게 발견할 수 있다.

행정 감독기관이 빅데이터 분석을 통해 원하는 정보를 얻었다면 재계에서도 유사한 방법으로 더 많은 사업을 진행할 수 있지 않겠는가. 「뉴욕타임스」의 찰스 두히그 기자는 2012년에 미국의 2대 유통 체인업체[7]인 타깃의 빅데이터 활용 상황을 상세히 보도했다.

2002년 유통 체인업체 타깃은 통계학 석사인 폴(Andrew Pole)을 초빙해 데이터 분석을 맡겼다. 그동안 타깃은 신용카드 번호, 영수증 발송용 주소[8]를 통해 고객과 그들의 구매 상품을 관련지어왔다(빅데이터의 다차원성을 떠올려보길). 하지만 그러한 데이터의 활용성이나 활용 방법에 대해서는 생각해보지 않았다. 타깃에 들어간 뒤 폴은 데이터를 이용해 고객의 행동을 분석하기 시작했다. 하루는 마케팅부의 동료가 어떤 여성 고객의 임신 여부를 판단해줄 수 있겠느냐고 물었다.

---

6   http://www.governing.com/columns/tech-talk/gov-states-big-data-tax-fraud. html 이
     사이트에서 빅데이터로 탈세 혐의자를 물색해낸 사례를 찾아볼 수 있다.
7   최대 유통 체인은 월마트.
8   미국 일부 상점에는 영수증을 우편으로 보내주는 서비스가 있는데 고객은 신용카드 명세 대조를 위
     해 주소나 휴대전화 번호를 알려준다.

아이가 생긴 가정은 구매 습관이 달라지고, 심지어 광적으로 구매하는 경우도 있어서 상점에서 그 시기에 맞춰 관련 상품의 할인쿠폰을 제공하면 구매 욕구가 강한 고객을 확보할 수 있기 때문이었다.

폴의 데이터 분석팀은 임신한 고객의 행동을 분석한 끝에 임신부가 시기별로 아주 비슷한 물건을 구매한다는 사실을 발견했다. 초기에는 피부 건조증 때문에 향이 없는 대용량 스킨오일을, 이어서 비타민과 영양제를 구매하고 더 뒤에는 무향의 비누와 약솜을 대량 구매했다. 아기용 수건 등 용품을 구매할 때는 보통 분만이 가까워져올 때였다. 모든 임신부의 구매 물품이 똑같지도 않고 타깃이 보유한 데이터가 완전하지도 않았지만 큰 흐름은 체계적이면서 자동으로 도출해낼 수 있었다. 폴은 만약 어떤 여성이 대용량 야자유 로션, 기저귀를 충분히 담을 수 있는 커다란 가방, 비타민, 환한 색감의 놀이용 매트를 구매했다면 단지 이 정보만으로 그녀의 임신 가능성을 87%라 추정할 수 있다고 말했다. 또한 임신이 확실하다면 출산예정일도 거의 정확하게 예측할 수 있다고도 했다.

대량의 데이터에 근거한 폴 팀의 예측은 상당히 정확했다. 타깃은 폴의 결론을 참고해 25종의 상품을 추려낸 다음, 임신부가 있다고 확실시되는 가정에 임신 시기별로 25종 상품의 할인쿠폰을 발송했다. 빅데이터를 이용해 사업의 정확도를 높인 덕분에 타깃은 포화 상태에 전자상거래로 분할되던 미국 소매시장에서 안정적 성장세를 유지할 수 있었다. 폴이 타깃에 초빙되었던 2002년에 440억 달러였던 타깃의 매출규모는 2010년이 되자 670억 달러로 증가했다. 타깃 사장은 여기서 폴의 공헌이 매우 크다고 여겼다. 그때 이후 타깃은 '엄마와 아기'처럼 특정 고객을 대상으로 하는 맞춤형 마케팅에 집중했기 때문이다.

타깃의 빅데이터 활용 일화는 빅데이터와 미래 비즈니스의 관계를 반영하는 매우 대표적인 사례다. 타깃의 이야기를 꺼낸 김에 한 가지 더 재미있는 상황을 소개하겠다. 「포브스」 등 여러 매체에서 끊임없이 보도 및 발췌되는 이야기라 이미 알고 있는 사람이 많을 테니, 세세한 내용은 생략하고 논의하기 쉽게 간단한 줄거리만 살펴보겠다.[9]

어느 날 한 중년 남자가 미니애폴리스의 타깃 매장으로 뛰어 들어와 매니저를 불러달라고 요구했다. 매니저가 나오자 남자가 "내 고등학생 딸이 배내옷이랑 아기요람 같은 물건의 할인쿠폰을 받았소. 학생한테 임신이라도 장려하는 게요?"라고 따졌다. 처음에 매니저는 무슨 일인지 갈피를 못 잡다가 남자 손에 들린 우편물 주소와 할인쿠폰을 보고 자신들이 보낸 게 맞다는 것을 확인했다. 매니저는 곧장 남자에게 사과했다.

며칠 뒤 매니저는 다시 한 번 사과하고 후속 조치에 만족하는지 확인하기 위해 남자에게 전화를 걸었다. 그런데 수화기 너머에서

---

9   http://www.nytimes.com/2012/02/19/magazine/shopping-habits.html?pagewanted=1&_r=1&hp.

들려오는 남자의 말에 깜짝 놀라고 말았다. "딸과 이야기해보았습니다. 확실히 제가 상황을 몰랐더군요. 딸애가 정말로 임신했고 8월에 출산할 예정이라고 합니다. 제가 사과를 드려야 마땅합니다."

두히그 기자는 자신의 기사에서 "타깃은 10대 여자아이의 부모보다 임신 사실을 먼저 알아차렸다. 사실 고객 집안의 상황을 명확히 알았으면서도 모르는 척했을 뿐이다. 마치 맞선에 나간 남녀가 이미 상대에 대해 철저히 조사했음에도 아무것도 모르는 척하는 것처럼 말이다"라고 평했다. 물론 타깃은 사생활을 캐기 위해서가 아니라 장사를 위해서 빅데이터를 탐색했다. 그런데 그 말을 뒤집으면 상가에서 빅데이터를 장악하면 고객의 수요를 손금 보듯 훤히 알 수 있다는 뜻이 된다.

전자상거래 회사에 비하면 타깃의 IT 기술은 결코 대단한 수준이 아니며, 전통 할인매장이라 고객 행위와 관련된 데이터도 많이 수집한다고 할 수 없다. 그런데도 타깃은 빅데이터를 이용한 뒤 고객보다 고객 집안의 상황을 더 많이 파악할 수 있었다. 그러니 아마존, 알리바바 등 월등히 많은 데이터를 확보한 전자상거래 회사는 우리보다 우리 자신의 수요를 훨씬 잘 알고 있을 것이다.

엄청난 사업 기회: 상관성, 시효성, 개성화

빅데이터가 등장하기 전이라고 정보와 직결된 상관관계를 얻을 수 없었던 것은 아니다. 아주 긴 시간을 들여 충분한 데이터를 확보한 다음, 다시 아주 긴 시간을 들여 검증해야 했을 뿐이다. 그렇다보니 과거에는 대부분 기업이 자잘한 데이터 수집과 처리를 그다지 중시하지 않고 경험과 거시적 데이터를 상대적으로 더 높이 평가했다. 하지만 빅데이터 시대에 들어와서는 기업의 생각 역시 서서히 변하게 되었다.

월마트 체인점이나 메이시즈 백화점 같은 전통 상점은 상품 배치를 매우 중요하게 여긴다. 이들 매장의 진열대는 기본적으로 두 유형으로 나뉘는데 첫 번째 유형의 진열대에는 보통 고정된 물품이 배치된다. 1~10열은 약품과 세면도구, 11~15열은 문구, 16~20열은 생활용품 같은 식이다. 이렇게 진열대를 고정하는 이유는 단골고객이 올 때마다 물건을 쉽게 찾도록 하기 위함이다. 두 번째는 상점에 들어가자마자 있는 진열대로 판촉물, 유행상품, 계절상품 등이 주로 배치되며 수량은 많지 않아도 상당한 매출을 낸다. 과거에는 두 번째 진열대의 상품 배치를 기본적으로 경험에 의지했고 경험이 축적된 뒤로는 데이터의 상관성을 활용했지만, 그 과정은 매우 더뎠다.

예를 들어 월마트는 비가 오거나 날씨가 나쁜 날에 손전등 등 응급 용품 판매가 는다는 것을 발견하고는 꽤 합리적인 것 같아 날씨가 나빠질 듯하면 그러한 물건을 문 앞 진열대에 배치했다. 또한 날씨가 나쁠 때는 도넛이나 케이크 등 일부 간편식이 아침 식사로 많이 팔린다는 사실을 발견해 손전등 등 응급 용품과 함께 간편식도 내놓았다.

어떤 사람들은 이러한 상관성 역시 빅데이터의 응용이라고 보는데 규칙성이 천천히 관찰된 점을 고려할 때 사실은 전통적 의미의 데이터 활용에 가깝다. 실제로 월마트는 1980년대에 이미 미국과 세계 여러 나라에 퍼져 있었지만 2000년대에 들어서야 판매 데이터를 활용해 물품 배치를 바꿨다.

반면 새로운 세대의 백화점은 다른 방식을 사용한다. 처음부터 곧장 데이터를 이용해 판매를 늘리는 것이다. 월마트가 20여 년 전 미국 증권거래위원회에 제출한 재무보고서를 보면 주요 경쟁상대로 타깃이나 코스트코를 꼽았지만, 요즘은 최대 경쟁상대를 인터넷 백화점인 아마존으로 설정한다. 아마존의 장점은 저렴한 가격이 아니다. 사실 미국은 중국과 달리 오프라인 매장 가격이 온라인과 별 차이가 없다. 아마존의 강점은 고객에게 맞춤형으로 상품을 추천한다는 점이며 이러한 매출이 전체의 3분의 1을 차지한다. 그렇다면 아마존이 할 수 있는 일을 월마트는 왜 못 할까? 이는 빅데이터의 시효성 등과 관련이 있다.

아마존은 제품 추천에서 엄청난 성공을 거둬 현재 전체 매출의 3분의 1이 추천 제품으로 발생한다. 월마트 대비 아마존의 강점은 세 가지로 요약할 수 있다. 첫째, 아마존에서 거래 데이터는 즉시 완벽하게 기록되며 언제나 사용 및 분석을 할 수 있다. 그래서 저렴한 아침거리와 응급 용품 같은 매치는 몇 년이 아니라 몇 시간이면 충분히 찾아낼 수 있다. 반면 월마트 등 전통적인 기업은 거래 데이터를 갖고 있어도 산발적으로 보관하거나 제3자[10]에게 맡기기 때문에 사용하기 불편하다. 둘째, 아마존은 고객의 정보를 포괄적으로 가지고 있다. 가령 A가 지난주에 디지털카메라를 구매했는데 이전에 장난감을 구매한 적이 있고 같은 주소의 B가 며칠 전 영아용 목욕제를 샀다면, A와 B는 가족이며 태어난 지 얼마 되지 않은 아기가 있어서 아기 사진을 찍기 위해 A가 디지털카메라를 샀다고 연상한다. 어쩌면 그들은 온라인 사진 인화(그리고 축하카드)나 디지털 액자에 관심이 있을 수도 있다고 추정한다. 또 그들 주소와 미국의 주택정보사이트 질로 닷컴(zillow. com)을 연계할 경우 그들의 주택 가격을 쉽게 파악하는 것은 물론 소득까지도 추정할 수 있다. 이러한 여건을 월마트는 갖추지 못했다. 셋째, 아마존은 어떤 마케팅 전략이든 당장 실행에 옮길 수 있다. 언제든 상품을 묶고 아무 때나 가격을 조정해 판매할 수 있다. 반면 미국의 모든 오프라인 매장은 저녁에 문을 닫은 뒤에야 가격을 조정할 수 있기 때문에, 설령 데이터 발굴 속도가 아마존만큼 빨라진다 해도(물론 불가능하지만) 시장 반응에서 아마존 같은 전자상거래 회사를 따라잡을 수 없다.

아마존과 월마트를 비교하면서 빅데이터의 시효성과 개성화가 가져온 장점을 발견했을 것이다. 오늘날 대형 전자상거래 사이트에

---

10   미국에서는 대형 회사 상당수가 IT 업무를 전문 IT 서비스회사에 맡긴다.

는 단순한 열람으로는 선택하기 어려울 만큼 엄청난 수의 상품이 있다. 구매 목표가 명확한 고객이라면 검색해 선택할 수 있겠지만 대부분 쇼핑객은 특별한 목표 없이 사이트를 들락거린다. 바로 이때 맞춤형 추천이 빛을 발한다. 현재 아마존의 개성화된 추천은 개인의 기호를 반영할 뿐만 아니라 시효성까지 매우 뛰어나다. 당연한 말이지만 오늘날의 수준에 이르기까지 아마존은 꽤 오랜 시간 빅데이터를 축적해야 했다. 처음 상품을 추천할 때만 해도 데이터가 부족해 아마존은 큰 데이터 양이 필요하지 않은 비슷한 유형별 고객 추천방식을 채택했다. 하지만 고객군을 묶는 이 방식은 효과가 거의 없어서 결국 포기할 수밖에 없었다. 다행히 데이터가 축적되면서 아마존은 직접적이지만 매우 막대한 데이터가 필요한 방법, 즉 이른바 '상품 간 추천(Item to Item)' 방식을 채택할 수 있었다. 이때에야 아마존의 추천시스템은 정확성과 시효성을 갖추게 되었다. 사실 월마트 같은 할인점이 두 종류의 상품을 정확히 연결할 수 있다는 것은 그 자체로도 이미 대단한 일이고 큰 매출 신장으로도 이어졌지만, 아마존은 그 수준을 넘어 두 상품을 구체적으로 연결할 수 있다. 이 점에서 두 업체의 고객 유치가 어떻게 다른지 명확하게 드러난다. 2015년 7월 아마존의 시가총액이 월마트를 앞지르면서 새로운 시대의 도래를 알렸다. 빅데이터를 기반으로 한 전자상거래가 전통적 소매업을 추월할 것임을 의미하는 소식이었다. 소매업도 빅데이터를 이용할 수 없는 것은 아니다. 다만 개성화와 시효성 등에서 전자상거래 회사처럼 효과를 거두기는 힘들다.

미국의 온라인 동영상 서비스회사 넷플릭스(Netflix)는 아마존보다 더 많이 데이터에 의존한다. 넷플릭스는 제1차 닷컴버블 시기(1997년)에 설립돼 가장 먼저 상장한 최고참 회사라 할 수 있지만, 본격적인 성장은 빅데이터 시대에 들어선 몇 년 전부터 가능했다. 넷플릭스는 원래 인터넷의 강점을 이용해 기존의 영화 대여회사인 블록버스터(Blockbuster), 할리우드 비디오(Hollywood Video)와 경쟁할 생각이었다. 회원이 인터넷으로 영화를 고르면 DVD(디지털 다기능 광디스크)를 우편으로 발송하고 우편료가 지급된 봉투에 반송받는 시스템이었다. 하지만 회원은 한 번에 DVD 1~4장만 대여할 수 있고 넷플릭스는 DVD를 돌려받은 뒤에야 회원이 시청하려는 다음 DVD를 발송할수 있었다. 회비는 DVD 몇 장을 동시에 빌릴 수 있는가에 따라 한달에 8달러에서 18달러로 차등 적용되었는데, 우편물 배송 주기가보통 1주일임을 감안하면 편당 2~3달러 정도였다.

초기 10년간의 발전 속도는 전혀 빠르지 않았다. 회원 증가도 지지부진하고 활성도도 높지 않았기 때문이다. 넷플릭스의 초기 회원(나와 내 주변 사람들을 포함해)에게는 공통된 특징이 하나 있었다. 처음 몇달 동안 보고 싶은 영화를 모두 보고 나자 다음에는 무엇을 봐야 할지 모른다는 점이었다. 넷플릭스에서 영화를 추천해주기도 했지만개인의 수요를 다 이해할 수 없어서 대부분 인기 있거나 평점이 높은영화를 추천해주었다. 개인마다 취향이 크게 다르다보니 전혀 개성적이지 못한 추천은 효과가 없을 수밖에 없었다. 결국 원래 18달러에4편을 보던 회원은 8달러짜리로 바꾸고 매달 8달러만 지급하던 회원은 아예 탈퇴했다. 나중에 넷플릭스는 우편 발송을 광대역 인터넷으로 바꿈으로써 졸저 『흐름의 정점』에 묘사된 '수요에 따른 시청(on demand)'과 비슷한 방식으로 변모했다. 이론적으로는 우편 발송 시간이 없어졌으니 더 많은 영화를 시청할 것 같았는데 대부분 회원은 그렇지 않았다. 온라인 시청을 시작한 초창기에도 맞춤형 추천 문제를 해결하지 못했기 때문이다. 결국 대부분의 회원이 시큰둥해져 넷플릭스는 오랫동안 주목받지 못했다.

하지만 데이터가 축적되면서, 특히 회원 개인과 관련된 각종 층위의 데이터가 쌓이면서 넷플릭스는 점점 더 적합한 영화를 점점 더 정확하게 추천할 수 있게 되었다. 넷플릭스는 회원별로 어떤 스타일의 영화(장르, 주제, 감독, 배우 등)를 보는지뿐만 아니라 추천 효과가 좋은지의 여부(클릭해 시청하는지, 중간에 다른 프로그램으로 바꾸는지 등)까지 알 수 있었다. 과거 어떤 미디어 회사도 얻을 수 없었던 데이터였다. 오늘날 넷플릭스 회원의 시청 프로그램은 4분의 3 이상이 넷플릭스에서 추천받은 프로그램이다. 정확한 추천 덕분에 넷플릭스 회원이 많이 늘어났고 케이블 TV나 위성 TV의 유료 시청자도 기존 서비스를 중단(혹은 일부 패키지를 해지)한 뒤 넷플릭스로 갈아탔다. 2008년부터 급증하기 시작한 넷플릭스의 트래픽은 2014년이 되자 미국 피크타임 트래픽의 3분의 1 이상에 이르렀다.[11] 또한 넷플릭스는 중국을 제외한

11   http://gadgets.ndtv.com/internet/news/netflix-now-accounts-for-34-percent-of-us-internet-traffic-at-peak-times-524323.

전 세계 주요 국가에 온라인 영화 서비스를 제공하기 시작했다. 2016년 초 넷플릭스의 시가는 전통적인 텔레비전 네트워크, 머독의 다이렉트 TV를 추월했다.

아마존처럼 넷플릭스 역시 강력한 시효성을 가진 데이터로 회원 반응에 따라 빠르게 시장 전략을 조정할 수 있다. 이러한 융통성 역시 일주일 프로그램을 미리 정하던 과거 유선 텔레비전 네트워크에서는 찾아볼 수 없는 특징이다.

막강한 시효성과 개성적인 추천은 상품뿐만 아니라 임의의 정보 검색에서도 적용될 수 있다. 2005년까지 구글 내부에서는 가입자에게 관련 검색을 제공하지 말아야 한다는 주장이 대세였다. 사용자 스스로 찾고자 하는 키워드를 넣어야지, 검색엔진이 유도해주는 것은 바람직하지 않다고 여겼다. 사실 2005년에 우리는 이미 검색 키워드 간의 상관성을 통해 관련 검색 기술을 개발해냈다. 심지어 검색 바에서 사용자의 검색 습관 및 입력된 한두 글자에 근거해 완전한 키워드 조합을 자동으로 완성할 수 있었다. 하지만 이 서비스는 페이지와 브린이 좋아하지 않아 상용화가 늦춰지고 있었다. 결국 우리는 타자 속도가 느린 중국어와 일어, 한국어로 일단 시험해보자고 두 창립자를 설득하기에 이르렀고, 상관 검색을 시행한 결과 세 언어의 검색량은 순식간에 10% 향상되었다. 1년도 되지 않아 페이지는 영어와 다른 언어에도 적용하는 것에 동의했다. 중국어, 일어, 한국어와 마찬가지로 이 기술을 도입하자 영어 등 다른 언어의 트래픽 역시 확연히 증가했다. 2008년 페이지는 적극적으로 변해, 검색 결과 페이지 아래로 관련 검색을 제공하는 데 동의했을 뿐만 아니라 사용자가 입력한 일부 글자와 과거 데이터에 근거해 검색란에서 자동으로 키워드를 보여주고 싶어했다. 그러자 검색 키워드의 입력이 매우 빨라졌고 사용자의 구글 검색 밀착도도 한층 높아졌다. 시간이 더 흐른 뒤에는 데이터 양, 특히 가입자 개인에 대한 충분한 과거 데이터가 확보돼 키워드 완성을 완전히 개별화할 수 있었다. 그러니까 서로 다른 두 사용자가 키워드 절반을 입력했을 때 구글은 서로 다른 결과를 보여준다는 말이다. 2011년이 되자 구글은 막대한 양의 가입자 데이터를 축적한 것은 물론 가입자의 인터넷 사용 행위, 나아가 생활 습관(어디 살고 매일 무슨 일을 하는지 등)까지 파악하게 되었다. 이로 인해 한층 더 높은 차원의 '키워드 없는 검색'까지 가능해졌다. 즉 특정 시간의 과거 행위 및 현재 사용하는 구글 제품의 시나리오에 근거해 특정 가입자에게 자동으로 검색 키워드를 만들어주고(사용자가 보기에는 아무 키워드도 입력하지 않았지만) 인터넷에서 정보를 찾은 뒤 제공할 수 있게 되었다. 이러한 기술을 기반으로 하는 구글의 가장 중요한 제품은 안드로이드 휴대전화의 구글 나우(Google Now)다. 구글 나우는 가입자에게 이제부터 무엇을 해야 하는지 표시해줄 수 있으며, 이는 그 순간의 시간과 장소, 애플리케이션 시나리오, 가입자 본인의 습관을 기반으로 한다.

구글의 사례를 통해 기술의 진보가 사람의 사유 방식을 바꾸고 제품을 새롭게 변모시킨다는 것을 알 수 있다.

빅데이터 사업의 공통분모, 데이터 흐름

상술한 빅데이터 응용 사례들 속에는 보편적인 규칙이 존재하며, 이러한 규칙은 같은 데이터 흐름(Data Flow)을 통해 드러난다. 그러면 앞선 사례들 속 데이터가 어떻게 움직이는지 분석해보자.

첫째, 무질서해 보이는 대량의 데이터 포인트가 여러 곳에서(다양한 사람, 여러 회사, 심지어 각기 다른 추출 지점) 모이는데 데이터는 보통 독립된 상태로 생성되며 수집 전까지는 원시적이고 거칠며 무목적의 상태에 있다. 아마존 고객의 구매든, 넷플릭스 회원의 영화 관람이든, 구글 가입자의 인터넷 검색 및 기타 사용이든 모든 행위는 서비스 제공업체와 미리 소통하거나 상의하지 않기 때문에 서로 독립적이다. 이들 대량의 독립된 데이터는 한데 모여야만 웹페이지 검색과 결과 간의 상관성, 여러 제품 간의 상관성, 다양한 영화 간의 연계성 등 객관적이고 정확한 통계 결과로 도출될 수 있다. 이러한 과정에서 각종 데이터가 강줄기가 바다로 흘러들듯 한데 모이는 것이다.

둘째, 데이터가 생성 및 수집될 때는 특정한 목적이 없기 때문에 그것을 어떻게 사용할지는 특정한 적용 분야에 따라 결정해야 한다. 예를 들어 같은 소스에서 수집했더라도 구글이 웹페이지 검색 순위에 사용하는 데이터는 사용자에게 검색어를 제시해줄 때 사용하는 데이터와 다르다. 빅데이터의 다차원적 특성 덕분에 사용자는 자신의 필요에 따라 선별 및 여과, 처리할 수 있다. 또한 데이터를 수집할 때 목적성을 별로 부여하지 않아서 데이터에서 어떤 결과를 얻을 수

표7 빅데이터를 사업에 적용할 때 데이터가 흐르는 방향

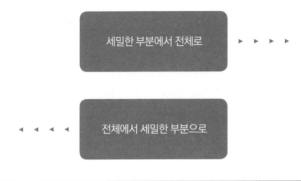

있을지 미리 알 수 없다. 끝까지 가봐야 결론을 알 수 있다는 뜻이다.

상술한 과정을 보면 데이터는 지엽적 부분에서 전체로 흘러간다. 반면 빅데이터로 얻은 규칙을 이용해 상업적 행위 혹은 기타 행위를 유도할 때는 표7처럼 전체에서 지엽적 부분으로 흘러가게 된다.

앞의 사례들은 하나같이 빅데이터에서 보편적인 규칙을 찾은 다음 그것을 구체적인 개인에 적용해 구체적인 조작에 영향을 주었다. 마약 재배자와 세금 탈루자를 검거한 사례를 보면, 경찰서와 세무국은 빅데이터에 근거해 전력 사용과 납세의 보편적인 패턴을 파악한 다음 주소별 정상 패턴을 정확히 계산했기 때문에 이상한 상황을 발견할 수 있었다. 이러한 적용 방식을 인터넷 회사도 똑같이 사용한다. 인터넷 회사는 사용자별로 각기 다른 서비스, 심지어 매번 다른 서비스를 제공할 수 있다. 예를 들어 전자상거래 회사의 경우 가입자가 프린터나 전동 칫솔을 훑어볼 때 상품 소개나 평가를 읽고 있으면

아직 구매 전이라고 판단해 상응하는 제품을 추천하는 것이 합리적이고, 구매한 뒤 다시 검색하거나 훑어보는 중이라면 프린터 카트리지나 전동 칫솔모 등 소모품을 추천하는 것이 내구재 자체를 추천하는 것보다 훨씬 합리적이다. 아마존에서 자주 물품을 구매하는 사람이라면 잘 알겠지만, 사람마다 웹페이지에서 보는 내용이 다를 뿐만 아니라 같은 사람이라도 오늘과 어제, 특히 구매 뒤의 내용이 각각 다르다. 이처럼 거래할 때마다, 심지어 그때그때 세심하게 내용이 바뀌는 서비스는 과거에는 상상조차 할 수 없었지만, 오늘날은 빅데이터 덕분에 얼마든지 가능하다. 이는 또한 앞으로의 비즈니스 추세를 대변한다고 말할 수 있다.

디테일의 제어

비즈니스 과정에서 빅데이터는 지엽적 부분에서 전체로, 전체에서 지엽적 부분으로 양방향 모두 흐를 수 있기 때문에 우리는 빅데이터를 이용해 사업의 전반적 향상은 물론 정교한 디테일까지 꾀할 수 있다. 이러한 상황은 인터넷 회사에서야 이제 신기한 일도 아니지만, 소위 말하는 전통 업종에서도 빅데이터를 통하면 마찬가지로 구현할 수 있다. 이와 관련된 사례를 살펴보자.

데이비드는 기술 발전의 흐름을 따라가며 특정 분야에서 사업 기회를 포착해내는 실리콘 밸리의 사업가였다. 내가 그를 만났을 때

그는 이미 회사 두 개를 설립한 경험이 있었다. 첫 번째 회사는 실적이 시원치 않아서 4년째 되던 해 문을 닫았지만, 두 번째 회사는 상당히 괜찮아 5년 뒤 대기업에 인수되었다. 덕분에 데이비드는 재정적으로 자유로웠다. 그는 이듬해 미국 100여 곳의 술집을 돌아다닌 뒤 어떻게 빅데이터와 모바일 인터넷을 이용해 그들의 업무 효율을 높일 수 있을지 고민하기 시작했다. 미국에서는 소기업(음식점 등 포함) 절반의 수명이 5년을 넘지 못하는데 술집도 예외가 아니었다. 데이비드는 술집의 경영 위기가 일반적으로 말하는 경영 미숙 때문도 있지만, 그보다는 바텐더가 약 23%의 술을 훔쳐 마시기 때문이라는 사실을 발견했다.

그렇다면 바텐더는 어떻게 거의 4분의 1에 육박하는 술을 훔쳐 마실 수 있었을까? 데이비드는 사실 간단하다고 설명했다. 대부분 사장이 자리를 비울 때 훔쳐 마시거나 잘 아는 사람이 오면 공짜로, 혹은 더 많이 주는 것이다.

가령 왕 씨가 바텐더로 있는 술집에 친구 이 씨가 왔는데 사장이 자리에 없으면 왕 씨는 이 씨에게 공짜로 술을 한 잔 따라주고, 사장이 있더라도 반 잔 따라주어야 할 술을 훨씬 많이 따라주는 식이다. 각각의 손실이 워낙 작기 때문에 알아차리기 쉽지 않아서 과거 술집 사장들은 눈을 부릅뜨고 지켜봐야 했다. 그러다 일이 생겨 자리를 비울 때는 불운한 손실을 받아들이는 수밖에 없었다.

식당을 운영해본 사람은 자신이 매장에서 지켜보느냐에 따라 매출이 크게 달라지는 경험을 해보았을 것이다. 그래서 요식업은 무척 힘들고 조금만 부주의해도 손실이 생긴다. 데이비드는 결국 술집 사장의 고충을 해결할 방법을 찾아냈다. 술집 진열대를 개조해 중량을 잴 수 있는 센서와 무선 주파수 인식(RFID)[12] 태그 리더기를 장착한 뒤 술병마다 RFID 태그를 붙인 것이다. 그러자 술병이 언제 움직이고 얼마나 줄었는지 모두 기록돼 각각의 거래와 대조할 수 있게 되었다. 더군다나 태블릿 PC로 거래 상황을 전부 살펴볼 수 있기 때문에 술집 사장은 자리를 비워도 장사 내용을 일일이 파악할 수 있었다.

데이비드가 제공한 서비스가 거기서 끝났다면 이 사례는 사물인터넷(Internet of Things, IoT)의 응용에 가깝지, 우리가 얘기하는 빅데이터와는 별로 관계가 없었을 것이다. 데이비드는 술집을 개조하면서 오랜 경영 데이터를 축적하는 의외의 소득을 거두었다. 그는 데이터를 기반으로 술집 주인에게 간단한 분석을 해주었다. 그가 제공한 서비스는 다음 세 가지로 요약할 수 있다.

첫째, 술집별로 지난 경영과 관련된 통계 데이터를 분석해 술집 주인이 경영 상태를 전면적으로 이해하도록 도와주었다. 과거에 술집 등 전통 업종의 업주들은 한 달 수입 규모와 몇몇 지출 내역만 알았지, 전반적 운영 상황을 잘 파악하지 못했다. 어떤 술이 잘 팔리고 안 팔리는지, 언제 잘 팔리는지 등이 전부 경험과 스스로의 관심 여부에 달려 있을 뿐, 분석과 전혀 관련이 없었다. 데이비드가 데이터

---

12   RFID(Radio Frequency Identification: 무선 주파수 인식)의 원리는 제5장에서 소개하겠다.

를 분석해주면서 술집 사장들은 처음으로 자신의 술집에 대해 정확히 이해할 수 있었다.

둘째, 각 술집의 이상 신호를 포착해 경고해주었다. 예를 들어 데이비드는 영업 상황이 평소와 크게 다른 날이면 술집 주인의 주의를 환기하며 원인을 찾도록 유도했다. 과거에는 어느 금요일 저녁 매상이 전후 몇 주보다 20% 떨어지는 등 기이한 상황이 발생해도 사장이 알아차리기 힘들었다. 대부분 정상적 변동이라고 여기며 넘어갔고, 사실 일일이 재고를 조사해 매출과 대조할 수도 없었다. 이러한 문제는 데이비드가 데이터 서비스를 제공한 이후 즉각 발견할 수 있었다.

셋째, 술집 데이터를 종합적으로 수집하고 분석해 업종 전체의 거시적 데이터를 제공했다. 가령 봄부터 여름까지 샌프란시스코 술집 매출이 전체적으로 상승하는데 특정 술집의 매출이 증가하지 않는다면 문제가 있다는 뜻이었다. 또 데이비드는 봄부터 여름까지는 맥주 판매가 와인보다 빨리 증가하지만, 독주 판매는 비슷하다는 등 주류별 판매 변화 추세도 알려줄 수 있었다. 이러한 정보는 술집 사장들이 운영 상황을 개선하는 데 도움이 되었다.

2013년 데이비드는 실리콘밸리의 벤처투자펀드 몇 곳에서 융자를 받아 빅데이터를 통한 전통 술집 개선에 총력을 기울이기 시작했다. 이렇듯 빅데이터는 비즈니스를 할 때 거시적 규칙은 물론 세밀한 부분까지 정확하게 파악해 수익을 올릴 수 있도록 도와준다. 미래에는 설령 시류와 예술을 표방하는 전통 기업일지라도 빅데이터를 이용해 상업적 경쟁력을 재정비해야 한다. 사실 상당수 유명 기업들이 이미 이러한 추세에 뛰어들었다.

이탈리아의 명품 브랜드 프라다(Prada)는 100여 년의 역사를 자랑하며 주로 의류, 가죽 가방, 가죽 신발 등을 생산한다. 보통 명품을 구매하는 과정은 일반 제품과 다르다. 소비자가 명품을 구매하는 동시에 구매 과정을 즐기고 싶어하기 때문이다. 이러한 느낌은 손님이 많지 않은 전문 매장에서만 줄 수 있어서 프라다는 사업을 확장할 때 전 세계에 전문 매장 250곳을 개설했다. 다른 많은 명품처럼 프라다도 매출의 절반 이상이 고급 백화점이나 인터넷 직구가 아니라 전문 매장에서 발생한다. 독특하게도 명품 매출은 소비 집단의 호응을 얻느냐와 관련 있지, 가격과 큰 관계가 없기 때문에 가격을 인하하는 마케팅 방식으로는 실적을 높이기 어렵다. 그다지 많지 않은 소비 집단의 호응을 얻을 수 있는가의 여부는 과거에는 디자이너의 경험과 전문 매장의 마케팅 수준에 달려 있었다.

그러나 경험과 마케팅 수준은 신뢰할 수 없을 때가 많았다. 혹은 신뢰할 수 없었다. 전문적으로 명품을 연구해 상을 받은 작가 토머스(Dana Thomas)의 『럭셔리: 그 유혹과 사치의 비밀(Deluxe: How Luxury Lost Its Luster)』에 따르면 명품 패션의 판매 지수는 전적으로 운과 관련 있었다. 외부에서 보면 거물급 패션 디자이너가 대단한 예술 수준과 노하우를 가진 듯 보이고 실제로 그들은 하나하나의 제품에 심혈을 기울이지만 시장 반응이 어떤지는 전혀 알지 못했다. 판매 실적도 마찬가지였다. 명품 업체들은 디자인과 전문 매장 배치에 온갖 노력을 다 쏟으면서도, 예를 들어 한 유명 회사는 베이징에서 전문 매장을 새로 열기 전에 1 대 1 크기의 모형을 세 개나 만들었지만, 정작 전문 매장의 디자인이나 매장 배치를 어떻게 해야 할지 사전에 확정하지 못할 때가 많았다. 더 황당한 것은 회사와 디자이너가 판매 결과를 보고 성공이나 실패의 원인을 파악할 수 없었다는 점이다. 예를 들어 어떤 의류가 잘 팔리지 않았을 때 그것이 디자인의 문제인지, 제작의 문제인지, 아니면 눈에 잘 띄는 곳에 배치하지 않았다는 등 전문 매장의 문제인지 알 수가 없었다. 그러니 당연히 경험과 교훈을 따질 것도 없이 모든 게 다 운이었다.

이러한 문제는 빅데이터 시대에 들어서 해결의 기미가 보였다. 프라다는 2001년부터 일찌감치 최신 IT 기술을 도입해 판매를 끌어올리기 시작했다. 우선 제품 라벨에 아주 작은 RFID 태그를 삽입했다. RFID는 전원이 필요 없는 칩으로, 전용 리더기의 무선 전파를 통해 내장된 정보를 볼 수 있다. RFID의 자세한 기술은 다음 장에서 살펴보겠다. 『프라다, 욕망의 과학』[13]에 따르면 판매원이 제품을 흔들기만 해도 RFID 리더기가 그 제품을 식별한 뒤 상세 정보를 알려준다고 한다. 무엇보다 이 태그는 고객이 관심을 보이는 해당 제품에 근거해 좋아할 만한 다른 제품을 연결할 수 있다. 이는 아마존의 제품 추천과 비슷하다. 프라다의 마케팅 부사장 댄 스타넥(Dan Stanek)은 일반적으로 고객과 매장 직원의 대화가 많을수록 구매 가능성이

---

13   John McCormick, *Prada: The Science of Desire*, http://www.baselinemag. com/c/a/ Projects-Customer-Service/Prada-The-Science-Of-Desire, 2002년 12월 16일.

커지기 때문에 관련 제품 추천은 매우 유용하다며, 이러한 스마트 태그가 나오기 전까지 매장 직원은 어떤 제품을 추천해야 할지 잘 알지 못했다고 말했다. 프라다의 시도는 작은 태그를 삽입해 제품을 추천하는 데서 끝나지 않고 전문 매장의 탈의실 개조로 이어졌다. 고객이 탈의실로 가져가 입어보는 옷을 전부 기록할 수 있도록 한 것이다. 이러한 데이터 덕분에 프라다의 데이터 분석가는 어떤 옷이 잘 팔리지 않을 경우 매장에서 주의를 끌지 못하기 때문인지(아예 입어보지도 않음), 아니면 입어본 뒤에 별로 좋아하지 않은 것인지 파악할 수 있게 되었다. 또한 이러한 정보를 근거로 회사에서는 디자인과 제작의 문제인지, 아니면 판매의 문제인지 알 수 있게 되었다.

프라다의 스마트 탈의실은 단순히 옷을 입어본 횟수와 시간 등 간단한 정보를 수집하는 기능만으로 그치지 않는다. 안에 설치된 모니터를 통해 고객은 옷을 입어보거나 스카프를 두르거나 가방을 든 자신의 모습을 여러 방향에서 볼 수 있고, 치수나 색깔이 다른 비슷한 유형의 옷을 입은 모습까지 볼 수 있다. 덕분에 손님은 옷을 잔뜩 들고 탈의실에 가지 않아도 얼마든지 다양한 코디를 시도해볼 수 있다. 예전에는 매장에 색깔이나 치수가 없어서 손님이 그냥 나가는 경우가 많았지만, 이제는 탈의실 모니터를 통해 입어보지 않은 옷을 입었을 때의 효과까지 대충 알 수 있다. 심지어 프라다 매장은 손님이 원할 경우 다른 매장에서 옷을 가져다줄 수도 있다.

빅데이터를 이용한 덕분에 2001년 약 15억 달러였던 프라다의 매출은 2013년 40여억 달러로 늘어났다. 이 성장률은 전 세계 경제 성장률을 한참 웃도는 것은 물론 패션 산업 전체 수준보다도 높다.

보통 사람들 눈에 소비자를 대상으로 하는 사업, 즉 흔히 말하는 To C(2C) 거래는 데이터를 축적하기 매우 쉬울 뿐만 아니라 각각의 거래까지 정교하게 챙기는 빅데이터의 특성을 활용해 비즈니스 수준을 크게 향상할 수 있을 것처럼 보인다. 반면 기업 고객을 대상으로 하는 사업, 즉 To B(2B) 거래의 경우는 그동안 독립적으로 진행된 데다 시장에 오랜 시간 포석을 깐 이후에야(마케팅) 계약을 딸 수 있었기 때문에 빅데이터가 큰 도움이 되지 못할 듯 느껴질 수 있다. 하지만 사실은 그렇지 않다. 기업 고객을 상대로 하는 사업에서도 빅데이터는 전면적인 도움을 줄 수 있다.

풍력발전 설비를 생산하는 중국 기업 진펑(金風)은 2015년에 이미 세계 풍력발전기 시장에서 점유율 2위를 기록하며 상당히 좋은 실적을 거두고 있었다. 하지만 진펑 역시 중국의 제조업체들이 해외에서 마주치는 난관, 시장 점유율도 높고 매출 규모도 작지 않은데 이윤은 많지 않은 상황에 부딪혔다. 그러한 난관의 근본적인 원인은 설계부터 판매까지의 과정에서 대부분의 중국 기업은 제조 분야만 장악할 뿐이고 나머지 예닐곱 과정의 수익은 외국회사에 돌아간다는 데에 있었다. 물론 진펑처럼 지식재산권과 기술을 많이 갖춘 회사는 설계 단계의 이익도 취할 수 있지만 시장을 장악하기란 불가능했다. 진펑의 마케팅 능력이 충분하지 않아서가 아니라 기업을 대상으로 설비를 판매했기 때문이다.

과거에는 기업 차원의 설비 거래 시 주도권이 구매자에게 있었다. 다시 말해 구매자가 필요할 때만 주문했다. 그런데 세계 무역거래는 대부분 판매자와 제조자가 같지 않다. 예를 들어 브라질의 어느 체인마트에서 1억 달러짜리 컴퓨터와 통신설비를 새로 설치하려면 마트는 관련 하청업자(중개상)에게 전체 공정을 맡긴다. 이렇게 하면 편리하게 설비를 운영하고 유지할 수 있다. 이들 중개상은 제조업체와 고객 간에 다리를 놓아주는 셈이다. 다른 한편으로 보면 주관적혹은 객관적으로 거래자 쌍방의 관계를 끊는다고 할 수도 있다. 예전에는 거래자 쌍방이 물건 대금을 주고받으면 기본적으로 관계가 끊어졌다. 그 뒤에 구매자가 다시 구매하겠다며 제조업체에 입찰하라고 알리기 전까지 판매자는 구매자가 어떻게 설비를 사용하는지, 새로 필요한 물건은 없는지 전혀 알지 못했다. 물론 적극적인 판매자는시장 분석을 시도할 수도 있겠지만 정확하게 분석하기란 거의 불가능했다. 심지어 보잉과 에어버스처럼 전 세계 시장을 완전히 독점한회사마저도 시장 예측이 틀리기 일쑤였다. 보잉사가 미국 증권거래위원회에 제출한 연간 재무보고서를 읽어보면 1, 2년 뒤의 시장 예측정확도가 60% 정도밖에 안 됐다는 것을 발견할 수 있다.

구체적으로 진펑을 살펴보자. 예전에 진펑은 풍력발전기를 꽤많이 팔았지만 그것이 어디에서 어떻게 사용되는지, 잠재력 있는 지역은 어디고 포화상태에 이른 곳은 어디인지 거의 알지 못했다. 해외고객에 대해서는 더더욱 아는 바가 없었고 제품의 A/S 역시 거의 신경 쓰지 않았다. 하지만 빅데이터 시대에 들어와 진펑 경영진은 데이터의 중요성을 인식하고 경영 이념을 바꾸기 시작하더니 실리콘밸리를 찾아가 노하우를 배웠다. 이후 진평은 인터넷으로 발전기의 각종 데이터(지역, 발전량, 운영 상황)를 수집해 빅데이터 분석을 진행했다. 그러자 전 세계 풍력발전의 분포 상황과 지역별 풍력 이용 상황 등 거시적 정보를 전면적으로 파악할 수 있어서 맞춤형 마케팅이 가능해졌다. 또한 각 발전기 작동의 세세한 부분까지 파악할 수 있기 때문에 발전기에 문제가 생기면 즉시 발견하고 해결할 수 있을 뿐만 아니라 향후 개선을 위한 근거 자료로 활용할 수 있었다. 이로써 회사의 경영 전략은 시장 예측, 가격 전쟁 등에 의지하던 전통적 마케팅에서 고품질 서비스업체로의 도약으로 수정되었고 실적 역시 눈에 띄게 향상되었다. 진평은 이후에 사업 모델까지 바꾸는데 이에 대해서는 나중에 다시 이야기하겠다.

진평 같은 중국 기업은 매우 많다. 나는 전통 업종의 기업가들에게 강의하던 중 중앙 냉·온방 시설, 산업 냉각기 등 여러 업종의 중국 기업이 제조와 설치를 끝낸 뒤 해외 고객과 연락하는 일이 거의 없다는 사실을 알았다. 그러니 고객 서비스를 통해 전 세계 시장을 파악하는 일은 말할 필요도 없을 것이다. 진평의 시도는 많은 회사에서 참고할 만한 본보기라 할 수 있다.

무차별 대입법의 재인식, 완전성의 결과

비즈니스에서 빅데이터는 전반적 흐름과 구체적 사안을 두루 파악하도록 도울 뿐만 아니라 제품 개발과 문제 해결의 방식까지 바꾸어 놓았다. 이러한 방법론의 변화는 상당 부분 빅데이터의 완전성 덕분이다.

우리는 보통 무차별 대입법이란 좋은 일 처리 방법이 아니라고 생각한다. 대부분의 상황이 모든 경우를 무차별 대입할 수 없고, 설령 각종 상황을 무차별로 대입할 수 있더라도 우둔한 방법으로 취급해 무차별 대입법을 사용하면 무시당하기 일쑤다. 데카르트와 뉴턴 등의 방법론은 하나같이 보편적인 규칙을 찾은 다음 자료로 검증할 것을 강조한다. 그래서 보편적인 규칙이 일단 발견되면 언제까지나 문제 해결에 유용하다고 여긴다. 과거에는 보편적으로 적용되는 규칙에 예외가 발생할 경우 상응하는 보완 규칙을 찾아내 적용했다. 하지만 아무리 새로운 규칙을 찾아내 어쩌다 발생하는 의외의 상황을 처리해도 예외는 또 발생하기 마련이라, 갈수록 업무 방식의 효율성이 떨어졌다. 만일 우리가 찾아낸 규칙이 어쩌다 발생한 특수한 사례에만 해당하면 이러한 방법은 사실 무차별 대입법과 별 차이가 없다. 그렇다면 무차별 대입법이라는 이 우둔한 방법을 새롭게 인식해야 하지 않을까. 어쩌면 빅데이터 시대에는 무차별 대입이 생각만큼 우둔한 방법이 아닐 수도 있다.

다음 사례는 내가 구글에서 실제로 겪은 일이다. 이 사례를 보면 우리의 연구 및 개발 방법이 변하는 것을 확인할 수 있다. 이러한 변화는 우리가 확보한 엄청난 양의 데이터와 강력한 계산 능력을 기반으로 한다.

웹페이지 검색에서 키워드 색인을 이용하겠다는 발상은 전혀 어려운 일이 아니었다. 그런데 유럽 언어는 시제, 태, 성별(양성과 음성)[14]의 제약을 받아 같은 뜻이라고 해도 앞뒤 문맥에 따라 철자가 달라질 수 있어서 키워드 연결이 정확해야 했다. 예를 들어 검색 시 단수 명사를 사용하면 복수명사와 관련된 내용은 못 찾을 수도 있었다. 물론 그렇다고 기술자들이 곤란해질 정도는 아니었다. 모두 의미가 동일한 단어를 한 유형으로 묶고 유형에 따라 검색하는 방식을 쉽게 상상할 수 있을 것이다. 유형별로 분류하는 가장 간단한 방법은 어간(stem, 때로는 어근이라고도 함) 활용이다. 예를 들어 '계산하다'의 영어 동사는 compute, 변형으로 computed와 computing, computes 등이 있고 명사는 computation, 형용사는 computed이며 컴퓨터는 computer, computers……인데 전부 하나의 어간 comput에 대응시킬 수 있다. comput로 찾는 게 각각의 단독 파생어(compute, computer, computation)보다 훨씬 합리적으로 보인다. 이러한 방법은 40여 년 전쯤 문헌을 검색하던 시절에 고안된 듯한데 이상하게도 2003년까지 실제 제품에서 사용되지는 않았다. 인터넷과 웹페이지 검색이 시작된 뒤 이러한 방법으로 검색 품질을 개선하려는 시도가 끊이지 않았지만 장점만큼 문제점도 많았다.

예를 들어 컴퓨터 제품을 검색할 때 단수명사 computer와 복수

---

14   스페인어 등 라틴어계 언어는 성별에 따라 명사, 정관사, 심지어 동사까지 달라져 영어보다 훨씬 복잡하다.

명사 computers는 동격이지만 컴퓨터 과학 computer science를 말할 때는 복수 computers로 computer를 대체할 수 없었다. 앞쪽 상황에서는 어근을 사용하는 게 합리적이지만 뒤쪽 상황에서는 관련 없는 결과들이 나오기 쉬웠다. 그래서 학술계와 산업계 모두 여러 해 동안 시도하다가 이내 상술한 방법을 포기했다.

언제 어간으로 검색하고 언제 키워드 원형을 충실히 반영해 검색해야 할지 과연 판단할 수 있을까? 언어 수준이 높은 사람이라면 실제로 가능하겠지만 컴퓨터는 거의 불가능하다. 어떤 상황에서 비슷한말을 상호 교체할 수 있고 할 수 없는지는 규칙 몇 개로 묘사할 수도 없고 확률 모형으로 간단히 추측할 수 있는 일도 아니기 때문이다. 대부분의 경우 사례별로 처리해야 한다(case by case). 즉 수시로 구체적 상황에 맞게 구체적으로 분석해야 한다.

그렇다면 이러한 구체적 상황은 얼마나 될까? 기본적으로 말하자면 사용자 억만 명이 생각할 수 있는 각각의 검색 키워드 조합이 모두 일종의 상황이 된다. 빅데이터 시대 전까지는 한 가지 방법으로 이렇게 많은 상황을 일일이 고려하는 것을 상상조차 할 수 없었지만, 빅데이터 시대에는 각각의(흔히 나타나는) 상황을 열거하고 맞춤형으로 처리하는 것이 가능해졌다.

2003년 구글에서 슐레진저 박사와 나를 포함한 네 사람은 이전에 많은 사람이 실패했음을 알면서도 다시 한 번 어간 검색에 뛰어들었다. 이전 사람들과 달리 각 키워드 조합을 전문적으로 처리할 방법을 찾았기 때문이다. 예를 들어 우리는 어떤 상황에서 동사

compute와 computes, computed, computing을 쓰는지, 심지어 명사 computer나 비슷한말 calculate, estimate까지 언제 혼합해 쓰고 언제 반드시 분리해야 하는지 파악했다. 다시 말해 어떤 검색에서든 최선의 조합 방식을 찾을 수 있었다. 2003년 1년 동안 구글 검색 품질이 향상된 절반의 공은 이 방법에 있다. 우리가 어떻게 했는지 이야기하면 기술 함량이 전혀 없는 듯 보일지도 모르겠다. 우선 몇 년 동안 사용자가 검색했던 키워드 조합을 모두 정리한 뒤, 2003년 미국 독립기념일 4일간의 휴가 때 구글의 5대 데이터센터 중 한 곳을 정지시키고 각 키워드 조합에 특수한 처리를 했다. 사실은 일종의 무차별 대입법이었다. 구글의 강점인 충분한 데이터와 계산 능력을 믿고 '우둔한 방법'으로 모든 검색을 미리 테스트한 것이다. 대부분 회사는 불가능한 작업이었다. 만약 한 번도 본 적이 없는 새로운 키워드가 나오면 어떡하느냐고 물을 수도 있는데 방법은 매우 간단하다. 처음 나올 경우 사용자는 운이 없다고 생각하며 검색엔진이 옛날 검색방식으로 보여주는 결과를 받아들이는 수밖에 없다. 하지만 동시에 컴퓨터는 오프라인에서 이 키워드를 처리하기 때문에 나중에 다른 사람이 같은 키워드를 검색할 때는 거기에 적합한 특정 방식으로 검색할 수 있다.

이 사례는 빅데이터 사유가 우리의 업무 방식을 바꾸어놓았음을 보여준다. 과거에는 우둔한 방법으로 여겨졌던 무차별 대입법이 쓸 만한 방법으로 변했기 때문이다. 그런데 그보다 우리를 더 놀라게 만든 것은 무차별 대입법이 특수한 상황에 대한 특수한 처리를 쉽게 만들었다는 점이었다. 그것은 어디에 응용하든 모두 들어맞아야 하는 과거의 기계적 사유로는 불가능한 일이었다.

그 일을 통해 우리는 빅데이터의 완전성도 한층 실감할 수 있었다. 예전에는 통계학자들이 좋은 표본추출법을 찾아 한정적인 표본 속에서 최대한 전체를 포괄할 수 있는 규칙을 찾으려 했다. 하지만 빅데이터 시대에는 그런 노력이 필요하지 않다. 표본 집단이 전체와 같아질 수 있기 때문이다. 또한 이 사례는 빅데이터의 시효성도 드러내준다. 과거에는 없었던 새로운 상황에 대해 구글 서버는 즉각적으로 반응해 두 번째부터 새로운 데이터를 사용자에게 제공할 수 있다. 이것 역시 빅데이터 시대 이전에는 불가능했던 일이다.

구글 검색 사례가 IT와 관련 없는 독자들에게 직접 다가오지 않는다면 빅데이터 사유로 문제를 해결한 최적의 사례는 구글 자율주행자동차일 것이다.

구글의 자율주행자동차는 아주 똑똑한 로봇이라고 할 수 있다. 사람처럼 자동차를 통제하고 길을 인식하며 각종 임의적이고 돌발적인 상황을 재빨리 판단할 수 있기 때문이다. 심지어 주행의 안전성만 따진다면 자율주행자동차가 인간보다 뛰어나다. 무인자동차를 만들자는 생각에서 출발해 눈이 번쩍 뜨이게 한 시제차를 개발하기까지 구글은 4년여밖에 걸리지 않았다. 그 짧은 시간 때문에 전 세계가 깜짝 놀랐으며 그 충격은 딥블루가 카스파로프를 이겼을 때 못지않았다. 모든 전문가가 매우 어렵다고 여겼던 자율주행자동차 분야에서 구글은 가장 낙관적인 전문가의 가장 대담한 상상마저 완전히 뛰어넘는 진보 수준을 보여주었다.

구글에 앞서 전 세계 학술계는 이미 수십여 년 동안 자율주행자동차를 연구하고 있었다. 1990년대 초 칭화(淸華)대학교에 다녔던 직원이나 학생이라면 본관 앞 수십 미터의 아치형 길에서 늘 누군가가 자율주행자동차를 테스트하던 광경을 기억할 것이다. 나와 친구들 기억에 그 자동차는 시속 1~2킬로미터밖에 안 되는 속도로, 아무런 방해가 없음에도 100미터를 채 주행하지 못했다. 확실히 실용성과 너무 동떨어져서, 당연한 일이지만 나중에 칭화대학 역시 포기했다.

세계 다른 대학과 연구소 역시 그다지 진전을 보지 못했다. 2004년 미국 방위고등연구계획국(Defense Advanced Research Projects Agency, DARPA)은 세계 최초로 자율주행자동차 대회를 개최했다. 당시 연구팀들 모두 수준이 높지 않아서 실제 도로에서 경주를 진행하지 못하고 150마일[15]의 폐쇄된 도로를 선택했는데 얼마 뒤 그렇게 긴 도로가 전혀 필요 없었다는 사실이 드러났다. 우승을 차지한 자동차마저 몇 시간 동안 8마일을 움직인 뒤 고장으로 멈춰 섰다. 다른 참가 자동차들은 진작에 고장 나거나 충돌로 부서졌다.

공교롭게도 같은 해에 경제학자 레비(Frank Levy)와 머난(Richard Murnane)이 『노동의 새로운 유형(New Division of Labor)』을 출판하며 한동안 기술 진보의 위협에서 벗어날 직업을 열거했는데 놀랍게도 화

---

15   1마일=1.609344km.

물차 기사가 그 안에 들어 있었다. 레비와 머난은 집필할 때 DARPA 자동차 경주 결과를 몰랐기 때문에 당시 과학기술 수준에 관한 자신의 이해만을 근거로 삼았다. 이들이 제시한 수많은 이유 가운데 중요한 하나를 보면, 컴퓨터는 시행 전에 좋은 규칙을 정해 확정적 문제를 잘 풀 수 있는데 운전에는 불확정적 요소가 많아서 규칙으로 해결할 수 없으며 즉각적으로 현명한 판단을 내려야 한다는 것이었다. 이들 두 경제학자는 불확정성 문제의 처리 능력이 인간에게만 있을 뿐 기계에는 없다고 여겼다.

하지만 DARPA 자동차 경주가 시작된 지 고작 6년 뒤인 2010년, 구글이 개발한 자율주행자동차는 복잡한 시내부터 고속도로까지 온갖 도로에서 14만 마일을 사고 한 번 없이[16] 주행해냈다. 이 짧은 시간 동안 어떻게 그것이 가능했을까? 구글은 이 분야의 세계 최고 전문가, 즉 몇 년 전에 자율주행자동차 경주에서 우승한 카네기멜런대학 팀을 초빙했을 뿐만 아니라 광선 레이더(Ladar)부터 고속 카메라, 적외선 센서까지 당시 최고의 정보수집기술을 도입했다. 하지만 무엇보다 근본적인 원인은 기타 연구기관과 다른 연구 방법, 로봇의 문제처럼 보이는 자율주행자동차를 빅데이터의 문제로 바꾸어 접근했기 때문이다.

일단 구글의 자율주행자동차 프로그램은 이미 성숙해진 거리뷰

---

16 사고가 한 번 있었지만 자율주행차가 다른 차에 받혔다.

프로그램의 연장선에 있다. 구글의 자율주행자동차에 관한 각종 보도를 보면 이 차가 구글에서 '훑고 지나간 지역'만 갈 수 있다는 사실을 경시하곤 한다. 구글은 어떤 지역을 지날 때 주변 표적들의 외관 크기와 색깔, 각 도로의 폭과 제한속도, 시간대별 교통상황, 인파 밀집도 등 정보를 완벽하게 수집한 뒤 향후 사용을 위해 미리 처리해 둔다. 그래서 자율주행자동차는 어디에 가든 주변 환경을 잘 알고 신속하게 데이터를 꺼내 참고할 수 있다. 반면 과거에 다른 연구소에서 개발됐던 자율주행자동차는 사람의 사유 방식을 써서 매번 도착할 때야 목표물을 인식할 수 있었다. 그러다보니 아무리 빠른 컴퓨터를 탑재했더라도 철저한 계산을 할 여유가 없기 때문에 정확히 판단할 수 없었다.

또한 구글 자율주행자동차는 10여 개의 센서로 매 초당 수십 번씩 각종 상황을 스캔한다. 이는 '상하 전후 좌우를 보고 팔방의 소리에 귀 기울인다'는 사람의 경지를 뛰어넘는 수준이지만 대량의 데이터를 짧은 시간 내에 처리해야 해서 계산 압박이 매우 크다. 구글의 자율주행자동차는 모바일 인터넷과 막강한 데이터센터의 연결을 통해, 차체에는 간단한 서버 한 대만 있을 뿐이지만 전체 데이터 양과 계산 능력에서 과거 다른 회사와 대학의 자율주행자동차에 탑재됐던 컴퓨터를 한참 뛰어넘을 수 있다.

그뿐만이 아니다. 사람은 주변 상황에 따라 그때그때 판단하다가 막다른 골목에 들어가 되돌려 나오기도 하지만, 최고 수준의 세계 지도 데이터를 보유한 덕분에 구글의 자율주행자동차는 대부분 사전에 운행 노선을 짜고 지역별 도로 및 교통 상황에 맞는 운행 패턴을 정확히 파악해 불필요한 번거로움을 피할 수 있다. 물론 미리 가본 적이 없는(거리뷰가 없는) 지역에 도착하면 자율주행자동차는 아무런 대책도 찾을 수 없다.

2016년 초, 200여 마일을 안전하게 주행한 구글의 무인자동차가 처음으로 교통사고의 책임 주체가 되었다. 사고 원인은 자동차의 판단에 문제가 있었다기보다 데이터 부족이라고 할 만했다. 사고를 낸 차량은 도로에서 5킬로그램짜리 모래주머니를 발견했다. 홍수를 대비해 가정집 마당의 도랑 옆에 두는 모래주머니였다. 보통 운전자라면 그냥 밟고 지나갔겠지만, 구글의 자율주행자동차는 본 적이 없는 물건이라 차선을 바꾸려 했다. 하지만 운전대가 없다보니 승객 역시 방향을 제어할 수 없어 결국 작은 사고로 이어지고 말았다.

이 이야기를 한 이유는 자율주행자동차를 설계할 때 사람의 통제가 가능하도록 해야 하는가나 과연 안전한가의 여부(사실 자율주행자동차가 사람보다 훨씬 안전하게 운전한다)를 논하기 위해서가 아니라 빅데이터를 이용해 얻은 지능의 전형적인 사례를 보여주기 위해서다. 오늘날 많은 스마트 제품과 서비스는 데이터가 없으면 지능도 없다고 할 수 있다.

구글은 대학이나 다른 연구소들에 없는 데이터라는 강점을 갖고 있다. 도요타, 폭스바겐, 제너럴모터스 등 세계적인 자동차회사들은 구글처럼 많은 데이터를 보유하지 못해서 수십 년 전에 자율주행자동차 연구를 시작했음에도 금세 구글에 추월당했다. 또한 인간보다 훨씬 빠른 컴퓨터의 '노하우' 학습 속도, 말하자면 빅데이터의 다차원성 덕분에 구글의 자율주행자동차는 빠르게 진보할 수 있었다. 이는 결코 구글의 과학연구 능력이 수많은 대학, 연구소, 회사의 총합보다 뛰어나다는 의미가 아니다. 빅데이터의 위력 및 빅데이터 사유가 그만큼 매우 중요하다는 뜻이다.

역사적으로 증명된 빅데이터의 효능

특정 기술이 사회 전체의 변혁을 가져온 일은 역사에서 이미 찾아볼 수 있으며 그럴 때는 보통 다음의 패턴이 생겼다.

신기술 + 기존 산업 = 새로운 산업

의식적으로 혹은 무의식적으로 이러한 규칙을 받아들인 기업가는 언제나 새로운 시대에도 흐름의 정상에 섰다.

근대 들어 사회 전체를 변화시킨 첫 번째 기술은 증기기관을 핵심으로 한 동력이다. 와트가 만능 증기기관을 발명한 뒤 1,000여 년의 역사를 가진 수많은 업종이 증기기관을 받아들여 순식간에 새로운 산업으로 거듭났다.

도자기는 증기기관이 등장하기 전에 이미 1,000여 년의 역사[17]를 가지고 있었으며 늘 공급이 수요를 따라가지 못했다. 하지만 와트와 볼턴의 만월회 동료인 웨지우드가 증기기관을 도자기 생산에 도입한 이후, 한때 하얀 황금이라 불렸던 도자기는 전 세계적으로 공급 과잉 상태가 되었다. 도자기의 용도 또한 그릇과 장식품에서 여러 업종으로 확대되었다. 영국 발라스톤(Barlaston)의 웨지우드 박물관에는 초기 증기기관 및 증기기관으로 제조했던 도자기의 각종 디자인 도안이 보관되어 있다. 웨지우드사는 지난 역사를 회고하며 늘 새로운 기술을 도입했노라고 밝혔다.

도자기보다 역사가 훨씬 긴 방직업은 수천 년 동안 가내 수공업으로 이어져 내려왔다. 영국에서는 증기기관이 등장하기 전부터 방직업이 매우 발달했고 수력에너지로 구동하던 각종 방직기는 19세기 전까지 첨단 과학기술 제품에 속했다. 생산 효율 역시 동양의 순수한 수공 방직기보다 훨씬 뛰어났다. 하지만 영국의 직물이 전 세계로 대거 유통될 정도는 아니었다. 그러다 증기기관이 도입된 뒤 상황이 완전히 달라져 영국은 동양 시장을 개척해야만 제품을 전부 소비할 수 있게 되었다. 결국 서양 포목이 중국과 인도에서 팔리게 된 이후 수천 년의 전통을 가진 현지 가내 방직업은 단 100년 만에 사라지고 말았다. 이때부터 전 세계 방직업에 새로운 정의가 내려지고 산업화를

---

17   도자기의 탄생 시기에 대한 전문가들의 견해는 한 말 삼국시대부터 당 오대 시기까지 다양하다. 하지만 도자기가 중국의 주요 산업이 된 것은 북송 때부터다.

추구하는 나라마다 방직공장을 세우기 시작해 순식간에 방직업은 공업화 과정의 새로운 산업이 되었다.

운수업의 역사는 거의 인류 문명사와 비슷할 정도로 길어 메소포타미아의 수메르 문명에서부터 찾아볼 수 있다. 당시에는 수로 운송이 육로 운송보다 훨씬 효율적이라 전체 운송 물량의 대부분을 수상 운송이 차지했고 중국은 이를 위해 거대한 운하를 만들기도 했다. 수메르 문명 이후 범선은 주요 운송수단이 되었고 18세기에는 스페인, 네덜란드 등이 적극적으로 항해에 참여하면서 거대한 범선 제작 기술이 최고조에 이르렀다. 당시 범선은 가장 믿을 만하고 가장 빠른 장거리 운항 도구였기 때문에 당연하게도 최첨단 제품이라 할 만했다. 하지만 증기기관이 화륜선에 적용된 이후 범선은 역사의 무대에서 퇴출당했다. 마찬가지로 육로 운수에서도 기차가 마차를 대체하며 승객 및 화물 운송의 주요 도구가 되었다. 완전히 새로운 운수업이 탄생한 것이다.

증기기관은 건축공사에서도 거대한 영향력을 발휘해 세계 대규모 도시 및 항구 건설이 이 시기에 시작되었다. 항구 건설은 나중에 영국이 공산품을 전 세계로 퍼뜨리는 데 도움을 주었다.

영국인이 증기기관을 이용해 산업을 개조하기 시작했을 때만 해도 GDP는 전통적 경제 대국인 중국에 한참 못 미쳤다. 하지만 증기기관을 광범위하게 사용하는 동시에 영국은 다음의 관점에 따라 많은 산업을 새롭게 정의했다.

기존 산업 + 증기기관 = 새로운 산업

이러한 관점 덕분에 영국은 오래된 문명을 과감히 떨쳐버릴 수 있었다. 중국은 양무운동 이후 증기기관을 사용하고 새로운 기술을 배우기 시작했지만, 사유 방식만큼은 당시 가장 선진적이던 기계적 사유를 널리 받아들이는 대신 '중국학을 기본으로 서양학을 이용한다'는 낙후된 생각을 고집했다.

여기서 짚고 넘어가야 할 부분은 당시 영국의 모든 공장에서 증기기관을 제조하지는 않았다는 점이다. 증기기관은 극소수 공장에서만 제조되었을 뿐, 대부분은 증기기관을 사용해 원래의 산업을 개조했다.

19세기 말에 와서는 전기가 세상을 뒤바꿔놓았다. 전기가 활성화된 방식은 증기기관과 비슷한 점도 있지만 다른 점도 있다. 일단 전기도 증기기관처럼 그 자체만으로 돌파구를 마련해 사회의 전면적 변혁을 이끌었다. 하지만 증기기관과 달리 전기는 증기에너지를 대체할 동력원이 되었을 뿐만 아니라 새로운 생산과 생활방식을 끌어내 새로워 보이는 수많은 산업을 촉진했다. 거시적인 관점에서 보면 전기를 사용하면서 인구밀도가 높은 대도시가 출현했다. 승강기의 등장으로 건물이 높아지고 대중교통(궤도전차와 무궤도전차, 지하철 등)의 출현으로 도시가 확장될 수 있었다. 서양의 여러 대도시는 모두 19세기 말에서 20세기 초에 형성되었다.

전기가 세계에 미친 거대한 영향은 각종 전자기기의 발명에서도 찾아볼 수 있으며 이는 새로운 산업으로 이어졌다. 예를 들어, 전보와 전화를 핵심으로 하는 통신업은 이 시기에 기반을 닦아 오늘날 세계 최대의 산업으로 성장했다. 축음기, 영화 이후에는 라디오가 발명돼 대중오락산업이 형성되었다. 전등, 전동기, 전기난로 등 전기에너지를 이용하는 전자기기의 역할은 말할 필요도 없을 것이다. 전기는 경제뿐만 아니라 국가의 정치 형태, 생활방식, 사회구조까지 바꾸어놓았다. 또한 전기가 가진 플러스 마이너스 극성 등 특수한 성질을 이용하면 물질의 화학변화를 일으킬 수 있어 화합물을 또 다른 화합물이나 홑원소 물질로 바꾸기도 했다.

이처럼 전기는 수많은 신산업의 출현과 혁명을 동반했다. 특히 금속 공업의 경우는 완전히 바뀌었다.[18]

이밖에 전기는 화학 산업의 촉매제 역할도 했다. 19세기 화학은 비약적으로 발전했지만 대부분의 성과가 실험실에서만 이루어졌을 뿐, 대규모로 화공제품을 생산할 수준까지는 이르지 못했다. 하지만 전기를 사용하면서 화학은 실험실을 나와 산업화의 길로 접어들 수

---

18 금속 공업은 인류 역사상 가장 오래된 산업의 하나이지만 전기가 등장하기 전에는 몇 종의 금속(금, 은, 동, 철, 주석, 납 등)과 합금(청동)만 생산할 수 있었고 정밀도도 매우 떨어졌다. 프랑스 황제 나폴레옹 3세는 화려한 것을 좋아해 연회를 자주 열었는데 연회 때 손님들에게는 은 식기를 내주고 자신은 알루미늄 식기를 썼다. 당시에는 알루미늄 제련이 무척 어려웠기 때문에 가격이 황금보다 높았다. 전기가 등장해 알루미늄 전해 방식이 발명되면서 알루미늄 가격은 오늘날 표현으로 배춧값 수준까지 떨어졌다. 그리고 바로 그 이유로 알루미늄은 여러 산업에서 광범위하게 사용될 수 있었다. 구리는 인류가 최초로 사용한 금속이지만 과거 수천 년 동안 거친구리(조동)만 사용되었다. 거친구리로 도선을 만들면 전기 저항도 크고 절단되기도 쉬웠다. 정밀한 구리 역시 전기분해가 가능해진 뒤에야 얻을 수 있었다. 다른 금속과 합금은 더더욱 전기와 불가분의 관계를 맺으며, 이러한 합금이 있어서 훗날 우주항공산업이 등장할 수 있었다.

있었다. 화학비료부터 농약까지, 인조 섬유에서 각종 생활용품까지, 건축재 및 마감재부터 페인트 도료까지, 전기가 없다면 오늘날 우리가 사용하는 대부분 화공제품은 제조할 수 없다. 전기는 오늘날 산업 가치로 3조 달러에 육박하는 화학공업 산업을 탄생시켰다.

하지만 상술한 신산업의 역사를 되짚어보면 신산업 대부분이 전기의 등장 이전에도 존재했음을 알 수 있다. 건축업, 교통운수업, 대중오락산업, 금속업 등 모두 전기가 등장한 뒤 질적으로 변했을 뿐이다. 그런데 산업혁명 때 증기기관을 사용하는 공장에서 증기기관을 직접 제조할 필요가 없었던 것처럼, 19세기 내내 전기를 사용하고 전기 덕을 본 회사는 수천수만에 달했지만, 미국에서 전력을 공급한 회사는 제너럴일렉트릭과 웨스팅하우스일렉트릭 두 곳뿐이었다. 마찬가지로 당시 2대 공업국이었던 독일에서도 전력 발전은 지멘스와 아에게(AEG) 두 곳만 취급했다. 이 시기는 전기가 '제2차 산업혁명'을 일으켰으므로 다음과 같이 정리할 수 있다.

기존 산업 + 전기 = 신산업

제2차 세계대전 이후 정보기술이 새로운 산업혁명을 일으켰다. 정보혁명은 사실 두 가지 방면에서 이루어졌다. 우선 정보의 생산, 전달, 처리와 관련된 산업(텔레비전, 대중 매체, 통신, 위성 등)과 신호 처리와 관련된 산업(군사상 레이더, 지질상 원격 탐지 등)을 탄생시켰는데 모두 상당한 규모였다. 다른 하나는 기존의 수많은 산업이 컴퓨터를 사용해 본질적 변화를 겪은 뒤 완전히 새로운 산업으로 거듭난 경우다. 과거 50여 년 동안 컴퓨터의 영향을 받지 않은 산업을 찾기란 거의 불가능하다. 이제 금융업과 농업처럼 정보기술과 별 관련이 없어 보이는 산업을 통해 정보혁명이 세계 경제와 사회에 어떤 영향을 미쳤는지 살펴보겠다.

은행업은 매우 오래된 업종이지만 과거 수백 년 동안 본질적으로 변하지 않았다. 예금 및 인출, 대출을 위해서는 반드시 은행에 가야 해서 은행 규모는 영업지점이 얼마나 되는가에 좌우되었다. 유럽 르네상스 시기 은행업의 선구자였던 메디치 가문부터 후대 유대인 은행가의 대표 로트실트 가문, 미국 은행업의 대표이자 록펠러가 지원한 시티은행 모두 마찬가지였다. 그들은 몇 대에 걸쳐서야(그들이 접촉할 수 있는) 세계 각지로 나아갔지만, 그런데도 그들이 인식하는 세계의 99% 사람들은 여전히 그들의 금융서비스를 이용할 수 없었다. 타 은행과 거래하려면 비용도 많이 들고 번거로웠기 때문에 사람들은 여행 갈 때 현금이나 여행자수표를 휴대하지 않을 수 없었다.

은행업과 관련된 기타 금융 분야도 마찬가지였다. 예를 들어 1971년 나스닥이 생기기 전까지는 주식을 거래하려면 반드시 거래소에 가거나 중개인(broker)에게 전화를 걸어야만 했다. 무엇보다 진짜 종이로 된 주식을 거래했다. 거래 때의 호가는 수백 년 전 경매할 때처럼 가격을 흥정하는 식으로 진행되었다. 2000년까지도 미국 뉴욕증권거래소에는 경매 때의 흔적이 남아 있어서 거래자 쌍방이 1달러, 2분의 1달러, 4분의 1달러, 16분의 1달러를 기본수로 가격을 흥정했다. 이러한 호가 방식은 매매가의 차이가 커서 과거 골드만삭스와 모건스탠리 등 증권사의 주요 수입은 거래수수료에서 발생했으며 회당 거래수수료는 100달러 이상이었다.

하지만 컴퓨터가 사용되면서 이들 업종은 완전히 바뀌었다. 컴퓨터 네트워크의 발전과 현금자동입출금기(ATM)의 사용으로 은행 영업지점은 어렵지 않게 세계로 뻗어나갔다. 1970년대부터 산업 국가들은 속속 다른 지역에서, 심지어 다른 나라에서 여러 은행 간 입출금이 가능하도록 조정했다. 예금주는 규모가 조금 있는 은행에서 계좌만 개설하면 세계(아프리카 제외) 대부분 지역에서 예금을 사용할 수 있게 되었다. 이로 인해 은행은 아무 어려움 없이 세계로 업무를 확장해 나갔다. 1987년 설립된 중국 자오상(招商)은행은 고작 10년 만에 전국적인 은행이 되었고 20년이 지나서는 아프리카를 제외한 세계 각 대륙에 지점이나 사무소를 개설했다. 시티은행 등 오래된 은행과 비교할 때 놀랄 만한 발전 속도이며 이는 전적으로 정보혁명의 덕분이었다. 오늘날 사람들은 전 세계은행이 연결되지 않을 때 얼마나 불편할지 상상조차 못 하니, 전산화된 은행업과 과거 수백 년 동안의 은행업은 완전히 다르다고 말할 수 있다.

마찬가지로 증권 거래 역시 근본적인 변화가 발생했다. 1971년 미국 전국증권업협회는 자동거래시스템을 출시했다. 정식 영어 명칭은 National Association of Securities Dealers Automated Quotations, 약칭은 NASDAQ, 우리가 흔히 말하는 나스닥이었다. 나스닥은 뉴욕증권거래소와 달리 거래소까지 나갈 필요 없이 네트워크와 전화로 거래할 수 있고, 호가 방식도 오늘날처럼 정확한 1센트 방식이었다. 나스닥에서는 거래가 완전히 전산으로 이루어졌기 때문에 종이 주식은 더는 사용되지 않았다.[19] 나스닥의 호가 방식은 확실히 뉴욕증권거래소보다 편해, 한동안 두 가지가 공존했지만 결국 뉴욕증권거래소가 100년 된 전통 방식을 버리고 나스닥 방식으로 돌아섰다. 나스닥이 개장한 뒤 일반 주주들은 할인중개상(피델리티, 뱅가드 등 증권사)을 통해 직접 거래에 나섰고 회당 수수료는 5~10달러밖에 되지 않았다. 그러자 한층 더 나아가 미국 딜러 시장의 구도가 바뀌었다. 한편으로는 찰스 슈왑(Charles Schwab) 같은 할인중개상이 크게 활성화되고, 다른 한편으로는 골드만삭스와 모건스탠리 등 고가의 중개상이 주식 거래에서 재테크로 업무를 전향했다.

증권업과 IT 산업을 비교하면 재미있는 현상을 발견할 수 있다. 나스닥이 개장하기 전까지 딜러는 대형 설비를 생산하는 IT 회사와 비슷했다. IT 회사가 제품 하나를 팔 때마다 많은 돈을 벌 수 있었던 것처럼 그들도 거래할 때마다 큰 이윤을 얻었다. 하지만 나중에 저가의 딜러가 가격 경쟁력을 내걸며 고가의 딜러 업무를 빼앗자 고가의 딜러는 재테크라는 금융서비스로 옮겨갔다. 아시아의 컴퓨터 제조사가 낮은 가격으로 IBM과 휴렛팩커드(HP)를 IT 서비스로 내몬 것처럼 말이다. 이러한 추세에서 정보혁명 이후에 각종 서비스가 갈수록 중

---

19   지금도 투자자가 상장회사에 종이 주식을 요구할 수 있지만 그렇게 하는 사람은 없다.

요해졌음을 알 수 있다.

　컴퓨터와 별 관계없어 보이는 산업으로 농업도 꼽을 수 있다. 수천 년의 역사 속에서 농업은 변화가 매우 더뎠다. 하지만 이러한 상황은 지난 30년 동안 뿌리부터 완전히 바뀌었다. 가령 농민들은 이제는 과거처럼 직접 종자를 기르지 않고 종자회사에서 사온다. 그리고 종자 배양을 지원하는 것은 엄청난 양의 정보기술이다. 세계 최대의 종자 공급업체 중 하나인 몬산토 역시 이 덕분에 화공기업에서 농업생물기업으로 변신할 수 있었다. 몬산토는 한 해 매출이 143억 달러인데 이윤은 자그마치 82억 달러에 이른다. 이에 비해 미국의 한 해 농업 수입은 1,200억 달러밖에 되지 않는다.[20] 이러한 농업 패턴을 19세기 말 미국의 전력 사용 패턴에 비유하면, 몬산토 등 회사는 제너럴일렉트릭과 웨스팅하우스일렉트릭의 역할을 하고 대부분 농민은 19세기 말 전력을 사용하던 회사에 해당한다. 농민과 농장주는 몬산토가 생긴 뒤 다시는 종자 때문에 고민할 필요가 없어졌다. 1세기 전 전력이 생긴 뒤 공장주들이 더는 동력 때문에 고민할 필요가 없었던 것처럼 말이다. 농산품 시장에서 기존의 종자를 선택한 농민들은 몬산토 종자를 쓰는 농민과 경쟁이 되지 않았다. 이렇게 가장 오래된 산업인 농업도 컴퓨터 시대에 들어서 완벽하게 변모했다.

　1965년 무어 박사는 무어의 법칙을 제시하며 컴퓨터 프로세서

20　http://www.bloomberg.com/news/articles/2013-08-27/u-s-farm-income-for-2013-seen-at-record-120-6-billion.

와 메모리 기능이 각각 2,000만 배와 10억 배 향상되면 가격이 끊임 없이 하락해 다양한 산업 및 생활 곳곳에서 사용될 것이라고 했다. 40년 전 컴퓨터가 없을 때는 중국의 국민경제가 외부 영향을 거의 받 지 않았지만, 오늘날은 완전히 달라졌다. 컴퓨터의 부재는 상상조차 할 수 없으며 단 하루만 멈춰도 중국 도시는 완전히 마비될 것이다. 일단 자가용이든 대중교통이든 모두 컴퓨터로 작동하기 때문에 나가 서 다니는 자체가 힘들다. 설령 걸어가거나 자전거를 타도 빌딩 출입 문 역시 컴퓨터로 통제되기 때문에 회사에 들어갈 수 없다. 문을 부 수고 들어가면 승강기 역시 컴퓨터로 움직이니 십여 층, 혹은 수십 층을 걸어서 올라가야 한다. 사무실에 들어서면 더더욱 컴퓨터가 절 실하다. 컴퓨터가 없으면 모든 통신시스템이 마비돼 외부와 연락할 수 없다. 따라서 오늘날 우리 삶은 완전히 컴퓨터에 의지하고 있다 해도 전혀 과장이 아니다.

지난 50여 년 동안 세계의 진보를 이끈 가장 근본적인 동력은 무 어의 법칙 응용, 혹은 디지털화로 요약할 수 있다. 오늘날 대부분 산 업은 제2차 세계대전 이후부터 이미 존재했지만 어떤 산업이든 무어 의 법칙과 결합하면 새로운 산업이 되었다. 따라서 시대적 경제 특징 을 다음과 같이 정리할 수 있다.

기존 산업 + 무어의 법칙 = 새로운 산업

앞선 두 차례의 산업혁명과 마찬가지로, 정보혁명의 대표 제품인 컴퓨터 프로세서를 모든 회사에서 생산할 필요는 없다. 심지어 회사마다 소프트웨어를 직접 개발할 필요도 없다. 오늘날 대부분 회사에서 사용하는 프로세서는 인텔 x86시리즈(AMD 겸용제품까지)와 영국 ARM사가 설계한 RISC(명령 세트를 축소한) 프로세서 두 시리즈뿐이다. 그래서 컴퓨터는 일종의 자원이라고 볼 수 있으며 대부분 회사는 이 자원을 사용하면 된다.

우리가 과거를 돌아보는 이유는 미래를 전망하기 위해서다. 따라서 앞으로 빅데이터가 일으킬 지능혁명 역시 앞선 몇 가지 기술혁명과 비슷한 방식으로 전개될 것이며, 이는 다음의 두 가지 간단한 공식으로 요약할 수 있다.

기존 산업 + 빅데이터 = 새로운 산업
기존 산업 + 기계지능 = 새로운 산업

사업 모델을 바꾼 기술

역대 기술혁명은 새로운 산업을 탄생시켰을 뿐만 아니라 필연적으로 사업 모델의 변화를 촉발하고 나아가 사회생활 방식의 변화를 끌어냈다.

산업혁명 이후 세계 물품 생산은 공급 부족에서 점차 공급 과잉의 상태로 바뀌었다. 도자기 업체가 수 세기 동안 누렸던 좋은 시절도 증기기관이 도자기 제조에 도입된 뒤 다시는 돌아오지 않았다. 도자기 판매를 늘리기 위해 영국의 도자기 상인 웨지우드는 훗날 명품 전문매장의 전신이 되는 도자기 전시매장을 런던에 개설했다. 그밖에도 방직물 가격이 하락하고 의류 등 제품에 기계 생산이 도입되면서 가격이 큰 폭으로 떨어지자 집에서 직접 옷을 만들어 입던 사람이 완제품을 구매하였다. 다른 산업도 도자기, 의류 산업과 비슷한 상황을 겪었다. 1851년 영국 런던 변두리에서 개최된 제1회 세계박람회는 사실 영국이 풍부한 공산품을 세계에 선보이는 자리에 불과하였다. 이후 세계박람회는 점차 상품 시대의 전통으로 자리 잡고는 오늘날까지 이어지고 있다.

제2차 산업혁명 중 전기의 사용은 또 한 차례 사업 모델을 바꾸어놓았다. 현대의 대중매체와 통신업은 전기 보급의 직접적 산물이다. 통신과 대중매체라는 수단이 생기자 제조업체와 고객 간에 원활한 정보 교류 채널이 생기고, 제품의 마케팅은 구전이나 매장 전시 같은 피동적 형식에서 광고를 통한 주도적 홍보로 바뀌었다. 글로벌 브랜드도 이 시기 처음 탄생해 점차 세계 시장을 독점해나갔다. 어떤 제품이든 쉽게 구매할 수 있게 되면서 공장에서는 부품 등 제품 전체를 만들 필요가 없어져 산업 사슬이 형성되었으며 필연적으로 산업 표준화가 정착되었다. 당연히 현지의, 지방 특색의 브랜드와 제품은 대거 사라졌다. 동시에 공급 과잉도 한층 심화하자 산업 국가들은 소비에 의존해 경제 성장을 이끌어야 해서 사회 전체의 소비 가치관도 변하기 시작했다.

정보시대에는 사업 모델의 변화가 훨씬 더 뚜렷해졌다. 특히 산업사슬이 제품 하나에서 IT 산업 전체로 확장되고, 서비스업이 매우 중요해졌다는 두 가지 측면에서 두드러졌다.

우선 IT의 산업 사슬 형성을 살펴보자. 앞에서 무어의 법칙이 가져다준 장점을 높이 평가했는데 여기에는 문제점도 하나 있었다. 많은 전자제품, 특히 컴퓨터와 관련된 제품(개인용 컴퓨터, DVD기, 텔레비전, 휴대전화 등) 가격이 지속해서 떨어진 것이다. 소비자에게는 희소식이지만 생산업체에게는 재난 통보가 아닐 수 없었다. 일단 이렇게 명확한 통화 수축이 시작되면 소비자는 신제품 구매에 다급할 이유가 없어지기 때문이다. 이는 소비에 의존한 경제 성장 구도와도 어긋났다. 근본적인 모순을 해결하기 위해서는 IT 산업 전체를 하나의 거대한 산업 사슬로 통합해야 했다. 이 산업 사슬은 '앤디와 빌의 법칙'이라고 요약된다.

앤디와 빌의 법칙은 원래 "앤디가 준 것을 빌이 가져가버린다(What Andy gives, Bill takes away)"라는 말이다. 앤디는 개인용 컴퓨터가 최고조에 이르렀을 때 인텔의 CEO였던 앤디 그로브이고 빌은 그 유명한 빌 게이츠, 당시 마이크로소프트(MS)의 CEO다. 이 말은 컴퓨터 분야에서 소프트웨어 기능의 향상과 발전이 하드웨어 성능의 업그레이드를 끊임없이 갉아먹는다는 뜻이다. 과거 개인용 컴퓨터나 스마트폰의 발전 과정을 겪은 사람이라면 누구나 느껴보았을 것이다. 오늘날의 PC는 1981년 IBM에서 출시한 PC보다 약 2만 배 빨라졌지만 우리는 그렇게 빨라졌다는 느낌을 받지 못한다. MS 운영체제에서 사용하는 연산 및 저장 자원이 30년 전보다 훨씬 많아져서 하드웨어 성능의 향상치를 전부 먹어치운 듯 느껴지기 때문이다.

앤디와 빌의 법칙은 빌이 대변하는 소프트웨어사가 소비자와 대치하는 듯 보인다. 하지만 소프트웨어사가 새로운 기능을 제공하지 않거나 기존 기능을 끊임없이 개선하지 않는다면 컴퓨터 산업 전체의 발전 동력이 힘을 잃게 될 것이다. 앤디와 빌의 법칙은 컴퓨터 산업의 생태계 전반을 반영한다. 마이크로소프트를 비롯한 소프트웨어 개발업체가 하드웨어 향상의 모든 혜택을 잡아먹기 때문에 소비자는 어쩔 수 없이 기기를 업그레이드하게 되고 그 속에서 휴렛팩커드나 델, 레노버 등 회사가 이익을 얻는다. 그리고 이들 완제품 PC 제조업체는 다시 인텔 같은 반도체회사에 새로운 칩을 주문하는 동시에 시게이트(Seagate) 등 주변장치 제조업체에서 새로운 장비를 사들인다. 이러한 과정에서 각 업체 수익은 시기별로 상응하는 만큼 올라가고 주가 역시 상승한다. 하드웨어와 반도체, 주변장치 회사들은 이윤을 연구 개발에 재투자하고 무어의 법칙이 예견한 속도대로 하드웨어 성능을 향상해, 마이크로소프트의 다음번 소프트웨어 업그레이드와 하드웨어 성능 점유를 대비해 만반의 준비를 한다.

상술한 산업 사슬에서 주동적인 쪽은 눈에 보이고 손에 잡히는 공산품 생산업체가 아니라 소프트웨어와 서비스를 제공하는 쪽임을 알 수 있다. 바로 이런 이유로 마이크로소프트는 PC 시대에 가장 성공한 회사가 되었고, 한때 컴퓨터 생산에 주력했던 IBM은 결연히 구조 조정을 감행해 주요 업무를 컴퓨터 제조에서 소프트웨어 및 기술

서비스 제공으로 바꾸었다. 1990년대 IBM의 전설적 CEO 거스너는 무어의 법칙이 IT 업종 구도에 미칠 엄청난 변화를 예리하게 간파하고 지금까지도 수익을 창출해주는 비즈니스 모델, IT 서비스에 눈길을 돌렸다. 서비스에 대한 인류의 수요는 늘 존재했고 과학기술이 발달하면서 점점 더 커졌기 때문에 이윤이 보장된 셈이었다. 실제로 20년 전 거스너가 주도한 IBM의 구조 조정은 올바른 선택이어서, IBM과 동시대를 풍미했던 다른 컴퓨터 회사들은 상당수가 문을 닫거나 합병됐다.

무어의 법칙, 앤디와 빌의 법칙이 스마트폰 시대에도 여전히 유효하다는 점은 굳이 설명할 필요가 없을 듯하다.

역대 기술혁명 속 사업 모델의 변천 과정을 살펴보면 다음의 세 가지 결론을 얻을 수 있다.

첫째, 기술혁명은 사업 모델의 변화를 가져왔다. 특히 새로운 사업 모델을 탄생시켰다.

둘째, 갈수록 생산이 늘어 수요에 의존한 경제 성장 방식은 돌이킬 수 없는 모델이 되었다. 또한 단순 제조업은 갈수록 이윤이 줄어들어 출로를 찾기 힘들어졌지만, 서비스에 대한 수요는 계속 늘어났다. IT 시대의 주도권은 설비를 제조하던 IBM, DEC, 에릭슨, 노키아, 휴렛팩커드 등에서 점차 소프트웨어와 서비스를 제공하는 마이크로소프트, 오라클, 구글 등으로 넘어갔다.

셋째, 사업 모델의 변화는 계승성을 지닌 동시에 창의성도 지녔다. 제1차 산업혁명 결과 마케팅을 해야만 제품을 팔 수 있게 되었고 제2차 산업혁명으로 광고업이 대두하면서 마케팅 방식이 전시에서 광고로 바뀌었는데 둘 사이에는 밀접한 관련이 있었다. 창의성 측면을 보면 제2차 산업혁명의 결과로 산업 사슬이 출현했다. 이러한 산업 사슬이 정보시대에 이르러 발달한 것은 계승성이며 서비스업이 중요해진 것은 창의성이라 할 수 있다.

빅데이터 시대에도 IT 소프트웨어와 서비스업은 여전히 IT 분야 최고 업종이며 이러한 추세는 더욱 확연해질 전망이다. 서비스 제공이 제품 판매처럼 한 번에 많은 수익을 창출할 수는 없지만 결국에는 오래도록 이어지며 많은 이윤을 가져다줄 것이다.

빅데이터를 활용한 새로운 산업

2015년 '인터넷+'란 어휘가 큰 화제였다. 하지만 내가 느끼기로는 '+인터넷'이 훨씬 적합한 표현 같다. 마찬가지로 빅데이터도 과거의 '+증기기관', '+전기'처럼 '+빅데이터'로 개괄할 수 있다.

우리가 앞에서 살펴보았던 회사 진펑은 2015년 새로운 진전을 거두었다. 진펑은 나와 여러 차례 빅데이터 시대의 사업 모델에 관해 토론한 뒤 IBM을 따라 사업 모델을 뿌리부터 바꾸기로 결정했다. 주요 업무를 풍력발전기 제조에서 발전설비의 운영 및 서비스로 바꾼 것이다. 물론 아무 회사나 서비스를 제공하고 싶다고 해서 제대로 처리하며 이익을 거둘 수 있는 것은 아니다. 진펑은 구조 조정을 감행할 저력이 충분했다. 거시적으로는 세계 풍력에너지 시장을 이해하고 미시적으로는 풍력발전기 운영의 세부 사항을 파악한데다 빅데이터로 발전기에 나타날 수 있는 문제점을 분석했기 때문에 일반적인 기술회사보다 훨씬 효과적으로 발전기를 관리할 수 있었다. 발전기 생산과 관련해 진펑은 연구만 맡고 설비 제조는 다른 회사에 넘겼다. 그런 식으로 풍력발전 부분에서 IBM의 서비스 모델을 성공적으로 복제해냈다. 대다수 아시아 제조업체는 세계 시장 내 점유율이 낮지 않지만 보통 이윤을 줄여 가격을 낮추는 식으로 경쟁해 결국 업종 전체의 이윤을 소멸시키곤 한다. 어쩌면 이러한 회사들에 진펑의 구조 조정 방식은 귀감이 될 수 있을지도 모르겠다. 물론 빅데이터 같은 여건이 없다면 구조 조정은 매우 어려울 것이다.

상당수 가전제품 생산업체도 진펑과 비슷한 상황이었다. 가전제품이 고가든 저가든 생산업체는 일회성 수익만 거둘 수 있고, 아시아 제조업체끼리 가격을 낮추는 바람에 이윤도 기대하기 힘들었다. 그래서 수익 문제를 해결하기 위해 신기술에 민감한 회사들은 빅데이터와 모바일 인터넷으로 사업 모델의 전환을 모색했다.

미국 전자제품 분야의 오랜 선두주자인 GE는 과거 냉장고와 기타 대형 가전제품에서 줄곧 높은 이익을 거두었다. 하지만 아시아 제조업체의 비슷한 제품이 미국 시장으로 밀려들면서 가전 부문의 수익률이 떨어지기 시작했다. 2008년 금융위기 이전까지 GE는 가전제품 구매고객에게 대출해주는 방식으로 이윤을 유지했다. 매년 평균 12.99%의 이자 덕분에 GE는 1회성 매매를 장기적인 사업으로 전환할 수 있었다. 하지만 2008~2009년 금융위기가 발발해 사람들이 빚을 갚을 수 없게 되자 GE 가전 부문은 심각한 손실을 보았다. 대출 방식이 더는 불가능해진 GE는 가전 부문의 수익을 유지할 다른 방법을 모색하다가 모바일 인터넷과 빅데이터를 떠올렸다.

GE는 냉장고와 다른 대형 가전제품에 와이파이(Wi-Fi)를 장착해 냉장고의 정수기 필터 등 소모성 부품을 교체하라고 표시해주었다. 필터는 보통 6개월마다 교체해야 하지만 대부분 소비자는 냉장고에 표시등이 떠도 잘 교체하지 않았다. GE는 와이파이로 냉장고와 인터넷을 연결한 뒤 휴대전화 앱(응용프로그램)을 통해 즉각적으로 교체 시기를 알려주었다. 그러자 필터를 교체하는 비율이 매우 높아졌다. 여기서 중요한 점은 소비자가 필터를 구매할 때 휴대전화 앱(APP)에서 클릭만 하면 GE가 택배로 발송했다는 것이다. GE는 이렇게 해서 중간 단계를 많이 줄일 수 있었다.

또한 GE 입장에서는 필터 두 개(1년 동안 사용할 수 있으며 대략 100달러) 이윤이 냉장고 한 대의 이윤과 비슷했다.

당연히 GE는 와이파이로 필터 수명에 관한 정보만 얻는 것으로 그치지 않았다. 소비자의 가전제품 사용 상황을 전면적으로 파악하고 수천 수백 명의 소비자로부터 빅데이터를 수집했다. 이러한 데이터를 분석해 소비자를 확실히 파악한 GE는 그들이 이어서 무엇을 필요로 할지 알아 맞춤형으로 후속 제품을 광고할 수 있었다. 이는 빅데이터가 아니라 모바일 인터넷을 사용한 것이라고 말하는 사람이 있을지도 모르겠다. 솔직히 이러한 과정에서 모바일 인터넷은 필수적이다. 모바일 인터넷이 없으면 GE 같은 회사는 데이터를 수집할 수 없다. 하지만 모바일 인터넷만 있고 빅데이터 분석이 없다면 소비자의 구체적 상황을 이해할 수 없고, 그런 상황에서 GE가 마케팅을 강행하면 역효과만 날 수 있다. 빅데이터를 확보한 제조업체가 사유 방식을 '+빅데이터'로 바꾸면 그 산업은 전면적인 업그레이드가 가능해진다. 그러한 제조업체가 각각의 소비자와 하나하나의 제품, 한 차례 한 차례의 거래를 파악하고 통제할 경우 수많은 중간 단계를 건너뛰어 고객과 직접 거래할 수 있다. 빅데이터를 충분히 활용할 때 가전제품 판매는 일회성 거래로 끝나지 않는다. 빅데이터 사유를 확보하기 전과 확보한 이후 냉장고의 역할을 비교해보면 가정에서 저장고에 불과했던 대형 전자제품이 순식간에 고객과 판매자의 연결 루트로 변했음을 발견할 수 있다.

사실 GE의 방식은 오늘날 전통적 가전회사들도 많이 채택할 수 있다. 하지만 대부분 기업이 아직 빅데이터 사유를 갖추지 못했기 때문에 실제로 채택한 경우는 거의 없다. 2013년 중국 산업계에서 언론을 뜨겁게 달군 사건이 하나 벌어졌다. 이른바 '레이쥔(雷軍)과 둥밍주(董明珠)의 논쟁'이라고 불리는 사건이었다. 2013년 12월 12일 '올해의 중국 경제인'에 선정된 샤오미(小米) 휴대전화의 창립자 레이쥔과 거리(格力)전자의 CEO 둥밍주가 전국 텔레비전 시청자 앞에서 10억 위안을 걸고 내기를 했다. 레이쥔이 당시 연 매출 100억 위안도 안 되는 샤오미로 연 매출 1,000억을 넘은 거리전자를 5년 이내에 추월할 수 있다고 말했기 때문이다. 외부에서는 그들 관점에 동의하든 안

하든 일단 도를 넘는 내기에 부정적 시선이 많았지만, 대부분 사람은 흥미진진한 마음으로 조용히 결과를 기다렸다. 표면적으로는 두 기업 회장이 오기를 부리는 것처럼 보였다. 레이쥔은 자기 회사의 비약적 성장에 자신만만해져 가전산업 선배에게 불손하고, 둥밍주는 겉모습만 중시하는 레이쥔의 모습을 못마땅해하며 자신이 보유한 핵심기술과 오랫동안 만들어온 시장에 강한 믿음을 보이는 듯했다. 하지만 그 엄청난 내기는 사실 서로 다른 기업 이념이 충돌해서 불거진 것이었다.

샤오미는 휴대전화 제조업체로 주요 매출이 단순하게 휴대전화 판매에서 발생한다. 이렇게만 보면 샤오미는 중국의 주요 경쟁상대인 화웨이(華爲)나 레노버와 별 차이가 없어 보일 뿐만 아니라, 심지어 직접 휴대전화 프로세서를 생산하는 화웨이와 달리 주요 부품을 전부 퀄컴과 도시바 등에서 사오기 때문에 화웨이보다 훨씬 매출이 떨어져 보인다. 또한 스마트폰의 핵심인 운영시스템도 일부 UI 기능과 인터페이스를 개조했지만, 구글 안드로이드(Android)를 사용한다. 사람들 눈에 이러한 회사는 핵심기술이 없는 아시아 제조업체로만 보일 것이다. 그래서 대부분 샤오미가 가격 인하 위주의 저급 경쟁에서 벗어나지 못할 것이라고 여겼다. 실제로 2013년부터 샤오미는 시장 점유율을 높이기 위해 매우 낮은 가격으로 저가 휴대전화를 보급하기 시작했다. 과거 아시아 제조업체들의 일관된 방식을 전혀 벗어나지 못하는 듯했다. 그러니 여러 해 동안 지식재산권 확장과 기술 기반의 핵심 경쟁력 확보에 노력해온 거리전자가 모바일 인터넷의 벼락부자인 샤오미를 우습게 생각한 것은 당연한 일이었다.

하지만 단일한 제품만 취급하고 여전히 적자 상태였던 이 '가전' 기업은 2015년 7월 재융자를 받을 때 세계적으로 유명한 벤처투자 회사로부터 기업 가치를 450억 달러라고 인정받았다. 반면 휴대전화 출하량이 샤오미와 비슷하고 PC 점유율이 세계 1위에 몇 년 연속 수익을 기록한 레노버는 100억 달러로밖에 평가받지 못했다. 왜 이런 이상한 현상이 발생했을까? 두 가지 가능성밖에 없다. DST 등 벤처투자사의 의사 결정자들이 전부 멍청이라서 샤오미의 가치를 과대평가했거나, 장기적으로 샤오미가 레노버 등에 없는 가치를 가졌다고 판단한 것이다. 페이스북과 알리바바 등에 성공적으로 투자했던 DST니 분명 멍청이일 리 없었다. 샤오미의 가치를 좀 높게 평가했을 수는 있어도 얼토당토않은 평가일 수는 없었다. 그렇다면 샤오미는 레노버 등의 회사가 갖지 못한 가치를 가졌다는 뜻이다. 그 가치는 빅데이터에서 드러났다.

샤오미는 처음부터 인터넷 회사의 방식으로 휴대전화 사업을 벌였다. 본질적으로 말해 휴대전화는 가입자 확보를 위한 수단일 뿐이어서 샤오미는 가입자를 확보한 뒤 다른 방식으로 수익을 창출하려했다. 이 점이 휴대전화를 판 뒤 거래를 끝내는 화웨이, 레노버와 다르다. 사실 처음 스마트폰의 특성을 이용해 모바일 커뮤니티를 개발한 회사도 텐센트가 아니라 샤오미다. 가입자 수가 훨씬 못 미쳐 결국 샤오미의 미랴오(米聊)가 텐센트의 위챗에 밀린 것뿐이다. 일정 수의 가입자를 확보한 뒤 샤오미 역시 엄청난 가입자 데이터를 손에 넣었지만, 어떻게 지속적이고 효과적으로 각각의 가입자로부터 수익을 창출할 수 있을지는 샤오미가 계속해서 풀어나가야 할 숙제다. 현재 샤오미는 휴대전화로 웨어러블 기기를 포함한 다양한 부속품을 성공적으로 팔고 있지만, 여전히 충분한 이윤을 거두지는 못하고 있다. 가입자를 한층 더 사로잡기 위해 샤오미는 텔레비전, 공기정화기 등 다른 제품라인도 개발하기 시작했다. 따라서 어떻게 보면 샤오미는 가전제품 생산업체가 아니라 가전을 중심으로 하는 수직적 전자상거래업체라 할 수 있다. 다만 전통적인 전자상거래와 달리 샤오미는 처음부터 사용자의 행위 분석과 데이터의 역할을 중시하기 때문에, 수직적 영역에서 전통적 전자상거래업체보다 훨씬 효과적일 수 있다. 샤오미가 그렇게 할 수 있을지는 기술 수준과 집행력에 달려 있다. 벤처투자사는 인터넷회사라는 정체성 때문에 샤오미를 그렇게 높이 평가했다. 반면 레노버 같은 회사는 제조업체로 보았기 때문에 기업 가치를 높이 평가하지 않았다. 레노버 같은 제조업체가 인터넷회사로 전환할 수 없는 이유는 그들 고유의 유전자 때문이다.

샤오미와 거리전자 가운데 어느 회사가 더 전망 있는가를 두고 논쟁이 벌어졌을 때 둥밍주는 레이쥔에게 생산 공장 없이도 판매할 수 있느냐고 물었다. 확실히 둥밍주는 정형화된 사고방식에 따라 샤오미를 제조업체로 여겼던 게 틀림없다. 제조업체의 경우 제품의 핵심기술, 지식재산권이 당연히 중요하므로 둥밍주는 20여 년 동안 확고하게 기술력을 쌓은 만큼 샤오미에게 추월당할 리 없다고 여겼다. 하지만 앞에서 분석한 것처럼 샤오미는 애당초 자신의 정체성을 제조업체에 두지 않았다. 휴대전화 판매는 하드웨어의 이윤을 얻기 위해서가 아니라 가입자를 확보하기 위한 수단이었다. 그런 다음 각각의 가입자로부터 장기적 수익을 창출하려 했다. 따라서 레이쥔과 둥밍주의 논쟁은 사실상 빅데이터 시대와 무어 시대의 다른 사유 방식이 충돌한 것이라고 말할 수 있다. 샤오미가 5년 이내에(2013~2018) 거리전자를 추월할 수 있는가에 대해서는 개인적으로 레이쥔의 말이 과했다고 생각한다. 장기적으로 보면 샤오미가 중대한 실책을 범하지 않는 이상 거리전자를 분명 넘어서겠지만 그 시기가 2018년이 될 것 같지는 않다.

사실 거리전자는 전통적 가전회사의 대표적 유형이다. 이러한 회사는 과거 20여 년 동안 끊임없이 발명과 혁신을 꾀했지만, 외부에서 볼 때는 오히려 창조력이 부족해 보인다. 소니, 도시바, 삼성 등 미국 특허권을 획득한 10대 기업을 포함해 그들은 세계 특허권을 다수 확보하고 있음에도 세계 경제 속 지위를 계속 상실해가고 있다. 거대한 인터넷의 흐름 속에서 이들 회사의 상당수가 이미 뒤처지기 시작했고 심지어 소니처럼 고전을 면치 못하는 곳도 있다. 빅데이터 시대 앞에서, 그들은 이미 거실과 침실을 점거한 이상 엄청난 성과를 거두어야 마땅하다. 하지만 사유 방식이 여전히 하드웨어와 제품 판매에 집착하는 무어 시대에 머물러 있다면 절호의 전환 기회를 놓치고 상당수가 도태를 면치 못할 것이다. 거리전자의 핵심 제품인 에어컨을 예로 들어보자. 에어컨을 한번 사면 약 10년, 심지어 더 오래 사용할 수 있는데 구매 및 설치가 휴대전화처럼 쉽지 않아(가격은 별 차이 없으면서) 에어컨을 자주 바꾸는 사람은 별로 없다. 또 산업화한 나라에서는 어느 해 날씨가 극단적으로 덥지 않은 이상 에어컨 판매 증가에 한계가 있다. 중국은 도시화 과정이 끝나지 않았기 때문에 시장이 포화상태에 가깝다는 것을 잠시 느끼지 못할 뿐이다. 냉장고, 세탁기 등 다른 가전제품도 마찬가지다. 가전산업은 성장도 느린데다 세계 어디서나 이윤이 적기 때문에 가전기업의 투자수익률도 높지 않다.

어떻게 하면 가전업체들이 안정적으로 이윤을 얻을 수 있을까? 빅데이터 시대 전까지는 매우 어려운 문제였다. 경영대학원에서 이미 오래전에 면도기 대신 면도날을 파는 사업 모델을 질레트에게 알려주긴 했지만, 이러한 방식을 과거 가전제품 영역에 도입하기란 매우 힘들었다. 가전제품을 팔고 나면 소비자와 판매자는 관계가 끊어져 판매자는 누구에게 서비스를 제공해야 할지 알 수 없었다. 알았다 해도 후속 부가가치서비스(만약 할 수 있다면) 역시 면도날을 바꾸는 것처럼 쉽지도 않고 소비자의 수요 또한 워낙 변화무쌍해, 소비자 상황을 제대로 알지 못한 채 서비스를 억지로 진행하면 반감만 살 수 있었다. 무엇보다 과거에는 생산자와 판매자가 같지 않아서 중간 판매자가 일부러 생산자와 소비자의 연계를 끊기도 했다. 자신들이 후속 부가가치서비스를 제공할 수도 있기 때문이었다. 가령 미국의 사무용품 판매체인점 스테이플(Staple)이나 오피스디포(Office Depot)는 복사기, 레이저프린터의 각종 OEM(주문자 상표 부착 생산) 소모품을 비축해두었다가 사무용 전자제품을 사러 오는 고객에게 제공했다. 가전제품을 판매하는 베스트바이와 프라이스(Fry's)도 마찬가지였다. 그래서 대부분의 가전회사는 가전제품 자체에서만 이익을 거둘 수 있을 뿐, 제품이 구체적으로 어떤 소비자에게 팔리는지 아예 알 수 없었다. 그러니 소비자의 개별적 상황과 소비 생활은 더더욱 말할 필요도 없다.

하지만 빅데이터 시대에는 가전 생산업체도 제품 추적 기술(뒤에서 자세히 이야기하겠다)을 통해 자신들의 제품이 각각 어떠한 경로로 소비자 집에 들어가고 누가 사용하는지 모두 알 수 있다. 모든 대형 가전은 그 자체로 사용자 데이터를 수집하는 기기가 되어 가전회사는 사용자가 어디에 살고 매일 그 가전제품을 사용하는지, 다른 가전제품은 무엇을 사용하는지, 심지어 언제 집에 돌아와 언제 식사를 하는지 등 수많은 일상생활을 완전히 파악할 수 있다. 거시적 각도에서 보면 판매자는 제품이 특정 소비자에게 어떤 루트로 팔렸는지 파악해 판매 네트워크를 정비할 수 있고, 미시적으로는 개별 고객의 일상을 파악하고 앞으로 무엇이 필요할지 예측할 수 있다. 그러면 생산업체는 중간 판매상에게 절대 휘둘리지 않고 소비자와 직접 관계를 맺을 수 있다. 또한 생산업체는 더 많은 이윤을 남기고 고객은 정보의 비대칭성이 없어져 가격 혜택을 받을 수 있으며, 생산자와 고객 간에 오랜 비즈니스 관계도 형성될 수 있다. 이럴 때 생산업체의 핵심 경쟁력은 제품 자체가 아니다. 서비스가 훨씬 더 중요해진다. 앞으로 제품의 서비스 수준은 생산업체가 서비스를 중시하는 정도(예를 들어 서비스 태도)와 관련 기술에도 좌우되지만, 그보다는 지능화의 영향을 훨씬 더 많이 받을 것이다. 미래에는 생산업체들이 데이터와 지능화 측면에서 경쟁하게 된다.

당연히 거리전자 같은 전통 기업은 빅데이터로 구조 조정을 할지 말지 반드시 선택해야 한다. 증기기관 시대, 전기 시대부터 50여 년 전 시작된 정보시대에 이르기까지 기존의 산업에 신기술을 접목하면 새로운 산업이 되고, 그렇지 않으면 도태된다는 규칙은 언제나 유효했다. 오늘날의 빅데이터와 스마트시대에도 이 규칙은 여전히 유효할 것이다.

새로운 시대 흐름에 동참하려는 회사가 빅데이터 부서를 설립해야 하는가, IT 회사로 전환해야 하는가 같은 문제는 간단하게 '그렇다'나 '아니다'로 대답할 수 없다.

회사마다 각기 다른 선택을 할 수 있다. 하지만 구성원 중에 반드시 빅데이터 전문가가 있어야 한다는 점과 대부분 회사가 직접 빅데이터와 기계지능 개발기업이 될 필요는 없다는 두 가지 사항은 어떤 상황에서든 공통으로 적용될 수 있다.

과거 기술혁명의 거대한 흐름이 몰아칠 때 모든 회사가 신기술 자체를 개발하거나 관련 제품을 연구할 필요는 없었다. 물론 사회에 기술을 제공한 GE나 인텔 같은 회사는 흐름의 정상에서 각 시대를 대표하는 위대한 기업이 되었다. 오늘날의 빅데이터와 스마트시대에는 모든 회사가 데이터 사용 및 기계지능의 이점을 누릴 수 있겠지만 그렇다고 전부 데이터 과학자나 기계지능 전문가를 초빙해야 한다는 뜻은 아니다. 그보다는 제삼자의 서비스를 유료로 이용하는 것이 훨씬 현실적이다. 미래에는 물이나 전기 같은 자원을 공급하듯 전문 회사에서 빅데이터와 기계지능이라는 도구를 사회에 제공할 것이다.

📢 Insight

산업혁명이 시작된 뒤 몇 차례 주요 기술혁명이 있을 때마다 비슷한 규칙이 적용되었다. 우선 대부분의 기존 산업에 신기술이 더해지면 새로운 산업으로 거듭났다. 다시 말해 기존 산업은 새로운 형태로 바뀌어야 했다. 또한, 모든 회사가 신기술이나 제품 자체를 제조한 것은 아니며 그보다는 신기술을 이용해 기존 산업을 개조하는 경우가 더 많았다. 빅데이터를 핵심으로 하는 지능혁명 역시 예외가 아니라 위의 두 가지 특징은 이번에도 계속될 것이다. 기술혁명 때마다 새로운 사유 방식과 사업 모델이 탄생하고, 기업은 사유 방식에서 새로운 시대를 따라가야만 미래 비즈니스에서 확고한 위치를 점할 수 있다.

5

빅데이터와
지능혁명의 기술 문제

데이터의 대용량, 다차원,
완전성 같은 특징 때문에
빅데이터는 수집부터 저장, 처리, 응용까지
과거 데이터와 완전히 다르다.
따라서 빅데이터를 제대로 활용하려면
과거와 다른 기술과 공정이 필요하다.

지금까지 모든 기술혁명은 생산력 발전의 필요뿐만 아니라 기술적 준비가 뒷받침될 때 가능했다. 필요한 기술이 성숙해진 뒤에야 기술혁명이 이루어졌다는 뜻이다. 역사적으로 레오나르도 다 빈치와 니콜라 테슬라 등 '시공을 초월'해 후대에야 사용될 만한 물건을 설계할 수 있는 사람들이 적지 않았지만, 시장 및 보조 기술의 미흡으로 그들의 생각은 공상에 그칠 수밖에 없었다.

빅데이터를 핵심으로 하는 지능혁명 역시 마찬가지다. 오늘날, 이 시점에서 빅데이터에 불이 붙은 이유는 사업적 응용 가능성이 확인된데다 관련 기술들이 무르익었기 때문이다. 하지만 앞으로 계속 발전 및 보급되려면 여전히 많은 기술 문제를 해결해야 한다. 이번 장에서는 빅데이터 생산의 기술적 기반을 분석한 뒤 현재 직면한 기술 문제를 논의하고자 한다.

기술의 전환점

과학기술은 같은 속도로 발전하는 게 아니다. 중대한 과학기술의 돌파구가 마련되기까지는 늘 오랜 시간의 숙성이 필요하다. 그사이의 기술 진보는 아주 느린 양적 축적에 가까워 이를 상대적 휴지 상태라고 부르는 사람도 있다. 모든 발전이 평형을 이루기 때문이다. 하지만 이러한 양적 축적이 일정 수준에 이르게 되면 과학기술은 단시간 내에 어떤 포인트에서 폭발하고 그 뒤로 새로운 과학기술이 다각적으로 뿜어져 나온다. 이것이 바로 전환점이다. 역사적으로 중요한 전환점을 찾아보기란 어려운 일이 아니다. 예를 들어, 1666년 뉴턴이 미적분과 3대 역학 법칙, 만유인력 법칙을 제시하고 광학 분석을 끝낸 이후 세계는 과학 근대사회에 진입했기 때문에 1666년을 과학사의 전환점으로 본다. 또 1905년 아인슈타인이 분자설을 완성하고 광전효과를 발견해 특수상대성이론을 제시한 이후 과학의 현대사회가 시작되고 이후 물리학 분야들이 전면적으로 발전하였다. 1965년에는 무어 박사가 무어의 법칙을 제시하고 산업계에 대규모 집적 회로가 등장하면서 반세기 동안 지속한 정보산업이 고속 성장하기 시작했다. 이러한 전환점에 도달하면 기존의 균형이 빠르게 깨지고 인류는 새로운 시대로 진입하게 된다.

기계지능의 개념은 이미 60여 년 전에 등장했지만 진정한 돌파구가 마련된 시기는 빅데이터가 확보된 오늘날이다. 사실 빅데이터 자체도 과학기술 산업에서 주목받은 지 10년밖에 되지 않는다. 그런데도 단 몇 년 사이에 분수처럼 폭발했을 뿐만 아니라 기계지능의 수준을 본질적으로 높여주었다. 따라서 지능 기술의 전환점은 10년 전부터 향후 20년까지의 시간대가 될 가능성이 크다. 한두 세기가 지난 뒤 후세들은 오늘날 우리가 대항해 시대와 산업혁명 시기를 이야기하듯 지금 우리 시대를 떠올리면서 인류 문명사에 큰 획을 그은 시대였다고 감탄할지도 모른다.

그렇다면 빅데이터의 전환점이 왜 지금일까? 지난 10년 동안 가장 확연한 특징으로 전 세계 데이터 양의 폭발적 증가를 들 수 있다. 표8은 2011년 시스코시스템스가 자체 데이터와 가트너(Gartner), IDC(International Data Corporation)의 데이터를 근거로 전 세계 인터넷과 하드웨어 발전, 기업 데이터 양 증가를 예측한 그래프다. 2009년

표8 폭발적으로 증가한 데이터 양

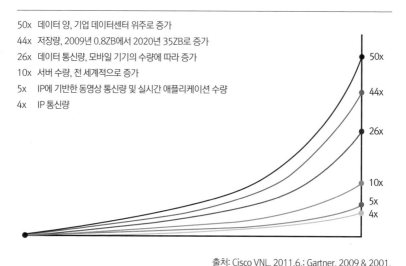

50x 데이터 양, 기업 데이터센터 위주로 증가
44x 저장량, 2009년 0.8ZB에서 2020년 35ZB로 증가
26x 데이터 통신량, 모바일 기기의 수량에 따라 증가
10x 서버 수량, 전 세계적으로 증가
5x IP에 기반한 동영상 통신량 및 실시간 애플리케이션 수량
4x IP 통신량

출처: Cisco VNL, 2011.6.; Gartner, 2009 & 2001.

에 시작해 2015년에 끝나므로 2009~2011년까지는 데이터를 결산하고 그 이후는 예측했다고 볼 수 있다. 여기에서 기업 데이터는 6년 사이 50배 증가했다. 이에 비하면 컴퓨터 하드웨어(기억 장치와 서버), 인터넷 자체(전통적 인터넷, 모바일 인터넷, 동영상)는 지수급으로 증가했음에도 상당히 느린 것처럼 보인다.

전 세계 기업들이 매년 10% 미만의 성장률을 보이는 상황에서 이러한 데이터 양의 급증은 언뜻 상식을 벗어나는 현상처럼 보인다. 이는 데이터와 관련된 모든 준비 여건이 이 시점에 성숙해진 때문이라고 개괄할 수 있다. 이제 데이터의 생성과 저장, 전송, 처리라는 네 가지 각도에서 빅데이터 형성의 기술 여건을 분석해보겠다.

데이터 생성

빅데이터의 첫 번째 공급원은 컴퓨터 자체다. 전 세계의 디지털화에 따라 전기를 사용하는 거의 모든 설비가 '컴퓨터'를 가지게 되었고, 이러한 컴퓨터 혹은 설비에 내장된 프로세서, 센서, 제어기에서는 항상 기록일지(Log) 같은 데이터가 발생한다. 과거에는 대부분 데이터가 기록되지 않았다. 전화 교환기를 예로 들자면 소량의 설비 운행 상태만 기록될 뿐, 전화 건 시간이나 상대방 전화번호, 통화 시간 등 통화가 오간 제어 정보는 기록되지 않았다. 하지만 이러한 데이터의 가치를 인식한 뒤 컴퓨터 통제 아래 프로그램 제어 교환기를 통해 상세 자료를 모두 기록하게 되었고 결국 수많은 전신 관련 데이터가 생성되었다. 또한 기업 단위의 IT 시스템과 소프트웨어가 점점 복잡해

지면서 설계자는 이상이 발생할 때 어디가 문제인지 찾기 쉽도록 더 많은 세부 자료를 기록하지 않을 수 없게 되었다. 구글에서는 기술자가 프로그래밍할 때, 나중에 오류를 찾거나 프로그램을 정비하거나 데이터를 분석하기 쉽도록 코드 몇 줄마다 로그 메시지를 삽입한다.

빅데이터의 두 번째 공급원은 센서다. 센서 기술이 발달하면서 데이터 수집이 매우 쉬워졌다. 앞 장에서 다뤘던 RFID(무선 주파수 인식)도 일종의 데이터 수집 도구이고, 오늘날 어디서나 찾아볼 수 있는 CCTV도 데이터를 수집하는 센서와 비슷한 역할을 한다.

우선 RFID가 어떻게 작동하는지 살펴보자. RFID 장치에는 정보를 저장할 수 있는 칩이 있고 칩 바깥쪽으로 리더기에서 나오는 무선 전파를 수신하는 回(회)자형 안테나(코일)가 있다. 안테나 코일이 무선 신호를 받으면 전자 감응 원리에 따라 미세한 전류가 발생해 칩이 작동되고 안쪽의 정보를 내보내면서 리더기가 읽게 된다. 이러한 RFID는 소매가가 4센트에 불과할 정도로 매우 저렴하다. 특정 물품에 장착하면 자동으로 그 물품을 식별하고 추적할 수 있고, 소형 제작이 가능해 심지어 생체에까지 삽입해 추적할 수 있다.

RFID의 용도는 매우 광범위하다. 상품에 부착하면 해당 상품이 RFID 리더기를 통과할 때 상품의 경로를 파악할 수 있다. 그렇다면 미래 마트에서는 계산대에서 사람이 구매 물품을 스캔해 결제를 진행할 필요가 없다. 물건을 담은 카트를 밀고 RFID 리더기가 장착된 통로를 지나가면 구매한 상품이 하나씩 계산된 다음 명세서가 모바일 인터넷으로 구매자 휴대전화에 보내지고 구매자는 승인한 뒤 휴대전화로 곧장 결제하면 된다. 이럴 경우 상점에는 질서 확립을 위한 보안요원 몇 명만 있으면 된다.

소매점 결제뿐만 아니라 RFID는 제품의 위조 방지, 화물의 이동 경로 추적 등 다양한 분야에서 사용될 수 있다. RFID가 있으면 물품의 생산부터 소비까지 모든 과정을 추적할 수 있고 여기에서 대량의 데이터가 발생한다.

RFID와 비슷한 센서는 매우 많다. 예를 들어 웨어러블 장치의 핵심 센서로 가속도를 감지하는 칩이 있는데 이 칩은 가속도 적분으로 속도를 계산해 사람의 각종 신체 활동을 추적할 수 있다. 또한 만물 인터넷에 필수적인 대량의 여러 센서도 각양각색의 데이터를 끊임없이 제공한다.

데이터의 세 번째 공급원은 과거에 존재했던 아날로그 형태의 정보를 디지털화한 것으로 이 과정은 2000년 전후에 시작되었다. 아날로그 데이터에는 음성, 사진, 설계도면, 영상, 문서, 고대 희귀 도서, 의학 영상물 등이 포함되며 이러한 정보는 과거에 다양한 형식으로 저장되었고 축적 기간도 매우 길어 데이터 양이 방대하다. 존스홉킨스대 생물공학과 주임인 맥베이(Elliot McVeigh) 교수는 2010년 미국 병례 문서 규모가 인터넷상(비중복)의 웹페이지보다 10배는 많다고 밝혔다. 물론 지난 몇 년 동안 인터넷 콘텐츠가 빠르게 증가해서 지금의 병례 데이터가 여전히 인터넷에서보다 많은지 단언할 수는 없지만, 최소한 그 규모가 매우 크다는 것은 확실하다.

상술한 데이터들은 개인이 아니라 주로 기업에서 생성된다. 한편 인터넷 시대에 들어선 뒤 네트워크 사용자가 만들어내는 데이터 (UCC)가 매우 빠른 속도로 증가하고 있다. 사용자가 생산하는 데이터라면 우리 모두 제조자이므로 전혀 낯설지 않을 것이다. 나는 『흐름의 정점』에서 인터넷 2.0의 본질을 인터넷의 플랫폼이라 정의하고 그곳의 글자, 사진, 영상 및 각종 기타 정보는 사용자에서 나온다고 밝혔다. 이미지 공유 사이트인 핀터레스트(Pinterest)에는 매일 7,000만 장씩 이미지가 업로드되며[1] 총 300억 장이 올라와 있다. 구글 산하의 동영상사이트 유튜브(YouTube)의 데이터도 놀랄 만할 수준으로 분당 300시간의 영상물이 업로드된다. 인터넷 사용자가 SNS에서 매일 이야기를 주고받으면서 발생하는 콘텐츠는 훨씬 더 많다.

표9는 시스코시스템스가 지난 5년 동안 각종 데이터의 증가 상황을 추측한 그래프인데 센서를 통한 데이터와 사용자가 생성한 데이터가 가장 빠른 증가율을 보인다. 총체적으로 말해 데이터 양은 가히 놀랄 만한 수준으로 증가했다. 그러다보니 많은 사람이 빅데이터 추종자들의 과장 아니냐며 "과거에는 이렇게 많은 데이터를 체감하지 못했는데 어떻게 하룻밤 사이에 쏟아져 나올 수 있느냐?"고 의문을 표한다. 사실 많은 데이터가 사람들이 의식하지 못하는 사이에 수집된다. 센서만 해도 CCTV와 웨어러블 장치, 휴대전화 GPS(세계 위치 파악 시스템), 각종 색과 빛, 열, 운동을 수집하는 센서 등에서 데이터

---

1   2015년 업로드 속도.

표9 유형별 데이터 증가

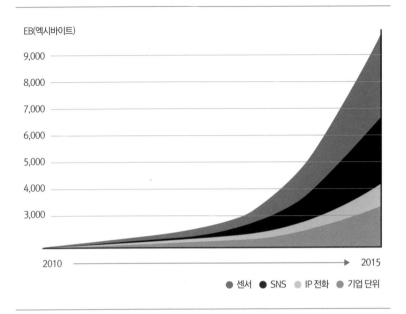

EB(엑시바이트)

9,000

8,000

7,000

6,000

5,000

4,000

3,000

2010 ──────────────────────► 2015

● 센서　● SNS　● IP 전화　● 기업 단위

가 수집된다. 매일 휴대전화를 들고 다니다보니 애플사는 애플 휴대
전화 사용자의 외출 경로를 명확하게 기록할 수 있다. 이러한 데이터
총량은 사람들이 상상하는 것보다 훨씬 많다. 예를 들어 베이징과 상
하이 같은 1,000만 인구의 대도시에는 CCTV가 10만 대를 넘고 각각
이 7일 내내 24시간 온종일 작동한다. 따라서 각 도시에서 생성되는
영상녹음 시간은 분당 1,700시간 이상이며 이는 유튜브의 6배에 달
하는 수치다. 과거에는 이렇게 많은 영상기록을 저장할 수 없어서 저
장하지 않거나 하루 이틀 지난 뒤 삭제했지만, 오늘날은 교통 위반
번호판 식별 등 CCTV가 도시 관리에서 중요해졌기 때문에 대량의

데이터를 저장하고 있다. 이런 이유로, 저장되는 데이터 총량이 하룻밤 새 지하에서 솟아 나온 것처럼 갑자기 증가한 것이다. 여기에서 빅데이터 활성화의 두 번째 필요조건이 저장 기술의 발전임을 알 수 있다.

데이터 저장

무어의 법칙으로 각종 저장장치의 용량은 배가하는데 가격은 급속도로 하락하면서 원래는 버릴 수밖에 없던 데이터를 저장해 사용할 수 있게 되었다. 예를 들어 구글이 지메일(Gmail) 서비스를 제공하기 전까지는 기업 사용자에게 주어지는 이메일 용량이 제한적이라 직원들은 이메일을 자주 삭제해야 했다. 하지만 구글에서 무제한 이메일 서비스를 제공한 이후 다른 이메일 제공업체도 고객 유치를 위해 같은 방식을 채택하자 기업 내 개인 이메일 용량은 10년도 되지 않아 수백 메가바이트에서 수백 기가바이트로 1,000배나 증가했다. 그런데 이메일 데이터는 사실 기업 데이터에서 매우 작은 부분을 차지할 뿐이고 소프트웨어와 서비스에서 대량의 중간데이터가 남는다. 각종 인터넷 기업이 제공하는 서비스는 보통 상세한 로그 데이터를 남긴다.

예를 들어 정식 전자상거래 회사는 어느 회사든 상세 거래명세를 기록하고, 검색엔진은 각각의 검색 때 어디에서 검색해왔는지, 몇 월 며칠 몇 시 몇 분에 발생했는지, 검색 키워드는 무엇이며, 사용자는 어떤 결과(혹은 광고)를 클릭했는지, 각각의 결과를 몇 분 동안 읽었는지 등등 매우 상세한 정보를 기록해둔다. 이러한 정보는 제품 개선에 매우 유용하다.

하지만 저장 용량만으로는 여전히 불충분하다. 데이터 양이 급증하면 데이터 조사 및 사용 시간이 상당히 길어지므로 저장장치의 읽고 쓰는 속도도 용량의 증가에 따라 대폭 향상되어야 한다. 초기 대용량 저장장치는 순차적으로 데이터를 처리하는 자기테이프여서 빅데이터 사용이 불가능했고 사람들은 데이터 저장에 흥미 자체가 별로 없었다. 20년 전 하드디스크가 자기테이프를 대체해 대용량 저장장치로 사용되면서 데이터 접근 시간이 약 1,000분의 1로 줄어들었다. 그러자 데이터의 일괄 처리는 이제는 아무 문제가 되지 않았고 데이터의 수집과 저장도 중시되기 시작했다. 하지만 임의 저장과 데이터 접근은 여전히 시간이 걸렸고 하드드라이브 속도는 기계 운동에 좌우되었기 때문에 큰 폭으로 향상되기 어려웠다. 그래서 데이터 사용에는 여전히 제약이 많았다. 대략 7~8년 전 반도체의 SSD(Solid State Drives) 용량이 증가하고 가격이 내려간 뒤에야 편리하게 데이터를 사용할 수 있게 되었다. 비로소 저장 기술 측면에서 빅데이터를 사용할 시기가 무르익은 것이다.

대량의 데이터를 생성하고 저장할 수 있게 된 뒤에도 해결해야 할 문제가 있었다. 데이터를 수집한 곳에서 어떻게 저장장치로 보낼 수 있을지의 문제였다. 한 마디로 데이터 전송 기술의 혁신이 필요했다.

전송 기술

데이터의 공급처와 수집처가 다르기 때문에 초기 인터넷 발전 단계에서는 수많은 장치를 개인 신상에서든, 각각의 물건에서든 인터넷으로 연결한다는 생각을 할 수 없었다. 당시 인터넷이 해결해야 하는 우선 과제는 기존의 컴퓨터를 연결하는 것이었다. 이런 통신 환경에서는 대량의 데이터가 생성되더라도 한데 모을 수 없기 때문에 빅데이터의 문제는 생각할 수 없었다.

상황은 모바일 인터넷 시대에 들어서면서 근본적으로 바뀌었다. 10년 전 데이터 전송률이 100KB/s에도 못 미쳤던 제2세대 이동통신 시스템 GSM(Global System for Mobile communication)과 비교할 때, 오늘날 제4세대 LTE(Long Term Evolution)의 유효 데이터 전송률은 수십에서 수백 배 증가한 2~10MB/s에 이른다. 또한 주요 도시의 와이파이 보급률이 상당히 높으며 블루투스 역시 다양한 장치에 기본적으로 장착돼 데이터가 생성되면 신속하게 서버로 전송할 수 있다.

정보 처리

서버에 전송된 방대한 데이터를 제대로 사용할 수 있는가는 강력한 데이터 처리 능력을 보유했는가에 달려 있다. 따라서 정보를 처리하는 속도 역시 빅데이터의 선결 기술 조건이다. 컴퓨터 프로세서 속도가 무어의 법칙에 따라 18개월마다 2배씩 증가해도 프로세서 성능 향상만으로는 훨씬 빠르게 증가하는 데이터 양에 대응할 수 없다. 데이터 양이 너무 많아 단일 기기로 처리할 수 없을 뿐만 아니라 데이터 양이 1만 배 증가할 때 계산량은 직선형으로 증가하지 않고 대부분 수십만 배에서 1억 배 늘어난다.[2] 슈퍼컴퓨터는 몇 대만으로도 이 방대한 데이터를 처리할 수 있지만, 가격이 1억 달러에 이르기 때문에 일반 회사나 기관이 사용하기는 매우 힘들다.

따라서 빅데이터 응용을 위한 전제 조건은 하나의 거대한 계산 업무를 여러 대의 값싼 서버에서 병렬 계산할 수 있어야 한다는 것이다. 단일한 차원의 데이터 처리는 어려운 일이 아니지만, 빅데이터는 다차원이라는 특성이 있어서 병렬화하기 어려울 때가 많다. 상응하는 소프트웨어가 뒷받침되지 않으면 복잡하고 거대한 하나의 문제를 수많은 작은 문제로 쪼개서 여러 대의 서버에서 병렬 계산하기란 매우 힘들다. 또한 병렬 계산을 위해서는 교환기와 네트워크 속도가 매우 빨라야 한다. 그렇지 않으면 네트워크 때문에 서버의 프로세서 사용효율이 크게 떨어질 수 있다. 사실 시중에서 구매할 수 있는 교환기는 아무리 빨라도 전송 장애 없이 대규모 병렬 계산을 할 수 없을 가능성이 크다. 그래서 구글은 서버 간의 통신 속도를 높이기 위해 자체적으로 빠른 교환기를 설계했다.

상술한 계산 문제는 2002년 이후에야 구글 등 회사에서 속속 해결되었고 클라우드컴퓨팅도 이 시기에 활성화되기 시작했다. 인터넷, 저렴한 서버, 비교적 성숙한 병렬 계산 도구를 통해 대규모 병렬 계산이 실현되면서 비로소 빅데이터 처리도 가능해졌다.

2　계산량은 알고리즘의 복잡성에 좌우된다. 정렬 같은 계산에서는 데이터 양이 N배 증가할 경우 계산 시간은 NLogN배 증가하고 행렬 경우에는 N^2 배 증가한다.

이러한 기술 여건이 10년 전부터 서서히 자리를 잡았기 때문에 빅데이터가 일순간에 폭발하듯 터져 나올 수 있었다. 하지만 빅데이터 응용은 여전히 초보 단계에 놓여 있으며 기계지능 방면은 이제 겨우 걸음마를 시작한 수준이다. 앞으로 빅데이터와 기계지능을 발전시키려면 한층 더 높은 차원의 기술적 돌파구가 필요하다.

빅데이터는 컴퓨터공학, 전기공학, 통신, 응용수학, 인지과학 발전에 대한 종합적 고찰이라 할 수 있다. 이제부터는 난관에 부딪힌 핵심 기술을 몇 가지 짚어보려 한다. 이러한 기술 난제들은 아직 최선의 해결 방법을 찾지 못한 경우도 있고 심지어 최선책이란 게 아예 없기도 하지만, 빅데이터의 보편적 응용을 보장하려면 반드시 해결되어야 한다.

데이터 수집: 간단해 보이는 난제

정보론의 관점에 따르면 불확정성을 제거하기 위해서는 정보가 필요하기 때문에, 정보의 수집은 매우 중요한 문제다. 빅데이터와 전통적 데이터는 통계 방법상 데이터 수집에서 큰 차이를 보인다.

우선 전통적 데이터는 목적을 정한 다음 데이터를 수집하기 시작한다. 예를 들어 천왕성을 발견한 뒤 운동궤적이 뉴턴의 역학법칙에 부합하지 않자 사람들은 천왕성 바깥에 궤도를 방해하는 매우 큰 행성이 있으리라 예측했다. 이러한 가설에 따라 천문학자들은 위치가 바뀌는 미지의 별이 있는지 살펴보기 위해 다량의 천체 사진을 찍었고 결국 해왕성을 찾아냈다. 반면 빅데이터 시대에는 데이터를 수집할 때 미리 목표를 설정하지 않고, 수집 가능한 데이터를 모두 모은 다음 분석해서 어떤 결론이든 그것을 결론으로 삼는다. 데이터를 수집할 때 전제나 가설이 없어서 사람들은 빅데이터를 분석하면서 비로소 예상 밖의 성과를 얻고 컴퓨터가 매우 똑똑해졌다고 느끼게 된다.

데이터 획득 측면에서 빅데이터와 전통적 데이터의 통계방법을 살펴보면 또 다른 점을 발견할 수 있다. 과거에는 소량의 표본을 추출해 소위 대표성을 지닌 데이터를 설정하고 이를 표본 데이터라 불렀다. 통계학 원리에 따르면 표본에 대표성이 있을 때만 소량의 표본 데이터를 분석해도 규칙성을 구현할 수 있다. 지난 몇 세기 동안 과학자들은 이러한 방식을 채택했기 때문에 제한적 데이터에서 확보한 규칙성에 보편적 의미를 부여하고 난 뒤, 곧 다른 과학자가 반대 사례를 찾아내 국지적 범위에서 기존 이론을 뒤집는 일이 종종 발생했다. 인간의 인지가 제한적이라는 이유도 있지만, 표본 데이터가 너무 적어서 대표성을 확보하지 못하기 때문이기도 했다. 과거 아리스토텔레스는 "남자의 치아가 여자보다 많다"는 매우 황당해 보이는 결론을 내린 적이 있다. 어떤 사람들은 상상해서 그렇다고 여기지만, 사물의 이치를 연구하는 선구자로서 아리스토텔레스는 결코 근거 없는 말을 하는 사람이 아니었다. 어쩌면 몇몇 남자와 여자의 치아를 세어보았는데 공교롭게도 남자들은 사랑니가 있고 여자들은 없어서 그런 결론을 도출했는지도 모른다. 이처럼 대표성을 가졌다고 생각한 데이터가 사실은 그다지 대표적이지 않을 수도 있다.

물론 어떤 독자들은 아리스토텔레스에 대한 내 분석이 추측이라며, 인간이 대표성 있는 데이터를 얻을 수 없다는 해석은 어불성설이라고 반박할 수도 있다. 하지만 실제 상황이 그렇다. 대표성 있는 데이터를 충분히 확보하기란 우리가 상상하는 것보다 훨씬 어렵다. 텔레비전 시청률 통계로 돌아가서, 시청률이 비교적 높은 프로그램의 경우 일반적으로 통계 결과가 정확하지만, 시청률이 낮은 프로그램은 통계 결과와 실제 상황이 보통 두세 배씩 차이가 난다. 구글에서도 비슷한 현상이 발견됐다. 한동안 우리는 1%의 트래픽을 골라서 사용자가 특정 키워드를 검색할 때 클릭하는 검색 결과를 예측했는데 일상적인 검색의 경우 정확도가 매우 높았다. 하지만 비일상적인 키워드 조합이나 롱테일 검색의 경우 검색 결과의 확률 분포는 실제 상황과 보통 2~3배 차이가 나고 간혹 10배나 차이 날 때도 있었다.

어쩌면 뭘 그렇게까지 진지하냐면서 하루에 몇 번 검색하지도 않는 키워드인데 클릭 데이터의 정확도가 두세 배 차이가 나면 어떠냐고 물을 수도 있다. 또 전통적 통계방식으로 얻은 대부분 결과 역시 오차가 3~5% 정도면 괜찮다고 할지도 모른다. 하지만 비즈니스 측면에서 세세한 부분에 대해 정확히 이해하는가는 매우 중요한 문제다. 검색 품질에서 구글과 빙(Bing)의 작은 차이가 바로 이러한 섬세함에서 드러난다.

만약 통계에서 3~5%의 오차가 계속 발생하면 다차원적으로 접근할 때 믿을 만한 통계 결과를 얻을 수 없다.

빅데이터는 언제나 전체를 표본 집단으로 설정하기 때문에 표본 추출의 어려움은 없다. 하지만 전체를 수집하는 것은 결코 만만한 일이 아니다. 이제는 과거의 표본 추출 방식을 쓸 수 없기 때문이다. 예를 들어 텔레비전 시청률을 알고 싶다고 해보자. 빅데이터 사유로 접근해 개인별 시청 상황을 전부 파악하려면 과거와 같은 설문조사 방식으로는 불가능하다. 사실 데이터(전체)를 수집하는 가장 좋은 방법은 텔레비전의 셋톱박스를 이용해 시청 상황을 기록하는 것이다. 물론 스마트 TV 역시 가능하다. 이러한 정보를 얻는다면 프로그램별 시청률은 물론 삽입된 광고 효과까지 알 수 있고, 조금 더 분석할 경우 시청자별 특징까지도 파악할 수 있다. 이처럼 목적성 없고 전면적인 데이터 수집은 장점이 아주 많아 보인다.

위의 생각은 확실히 좋은 접근법이지만 셋톱박스와 텔레비전으로 시청자 데이터를 파악하는 것은 생산업체와 유선방송사업자만 가능할 뿐이며, 이들은 데이터를 쉽게 공유하지 않는다. 이것이 바로 빅데이터를 이용하고자 하는 사람과 회사가 직면한 어려움이다. 따라서 데이터의 수집은 간단해 보이지만 사실은 어려운 문제라 할 수 있다.

그렇다면 똑똑한 회사들은 데이터 수집의 난제를 어떻게 해결할까? 가장 흔한 방법은 조금 돌아서, 간접적으로 데이터를 얻은 다음 데이터의 상관성을 이용해 알고 싶은 정보를 도출하는 것이다. 하지만 이 역시 결코 쉽지 않다.

데이터를 중시하는 기업으로서 구글은 각 가정의 구체적인 상황을 파악하고자 다양한 시도를 많이 했는데 대부분 실패하고 말았다. 2010년 구글은 셋톱박스 모델의 구글 TV를 직접 출시했다. 데이터를 확보해 텔레비전 광고시장에 진입하기 위한 준비 작업이었다.

하지만 판매가 부진해 나중에는 분기마다 반품되는 셋톱박스가 판매 대수보다 많았다. 결국 해당 제품을 완전히 포기했지만, 그렇다고 데이터 수집에 대한 생각까지 버리지는 않았다. 2014년 구글은 32억 달러를 들여 직원 130명, 가입자 200만 명의 적자에 허덕이던 네스트(nest)를 인수했다. 네스트의 주요 제품은 자기학습과 와이파이 기능이 장착된 스마트에어컨 제어기였다. 이 기기는 생활습관에 따라 에어컨을 조절해 약 20%의 전기 소모를 줄일 수 있었다. 경제효율만 따지면 언제 투자금을 회수할 수 있을지, 과연 회수할 수 있을지 알 수 없는 투자였다. 구글이 거액을 들여 네스트를 인수한 가장 큰 목적은 몇 시에 집에 돌아와 몇 시에 텔레비전을 보고 몇 시에 식사하고 저녁에는 어디에 있으며 몇 시에 잠이 드는지 등등 각 가정의 데이터를 얻기 위해서였다. 네스트를 인수한 지 얼마 되지 않아 구글은 5억 5,500만 달러를 들여 가정용 CCTV 업체인 드롭캠(Dropcam)까지 인수해 더 많은 주거 데이터를 확보할 수 있게 되었다.

현실 세계에서는 이해할 수 없는 현상이 벌어지고 있었다. 한편에서는 마이크로소프트, 애플, 구글 같은 IT 업체들이 각 가정의 소비 잠재력을 개발하기 위해 온갖 방법을 동원하며 가정의 거실 데이터를 장악하려 했다. 게임기를 이용하기도 하고 셋톱박스 같은 기기(구글의 과거 셋톱박스와 이후 크롬캐스트(Chromecast), 애플의 애플 TV)를 통해 서비스를 제공하는 동시에 은연중에 사용자의 데이터를 수집했다. 그런데 다른 한편에서는 이러한 데이터를 확보하고도 시청률이나 잠재적 광고 시청자만 계산할 뿐, 이렇다 할 다른 일은 벌이지 않는 회사가 있었다. 어떤 회사는 예리하게 데이터의 가치를 포착하지만 어떤 회사는 금 그릇을 들고 동냥하는 꼴이었다. 여기에서 유형이 다른 회사 간의 방법론적 차이를 확인할 수 있다.

데이터 수집은 의식하지 못하는 사이에 완성된다는 것을 다시 한 번 강조할 필요가 있을 듯하다. 앞에서 언급한 중국 중앙방송국 시청률 조사는 그에 대한 좋은 반례라 할 수 있다. 데이터 수집 때는 '대담한 가설과 소심한 증명'의 사유 방식을 절대 피해야 한다. 미리 결론을 세운 다음 데이터를 찾아 증명하려 하면 대부분 유리한 증거를 찾고, 데이터가 뒷받침된 듯 보이는 이러한 결론은 실제 상황과 크게 다를 수 있기 때문이다. 경제학자 마광원(馬光遠) 선생은 편견이 들어간 '대담한 가설과 소심한 증명'의 위험성에 대해 다음의 사례를 들어 설명했다.

2008년 여름 중국 경제는 핫머니의 유입을 잠재적 위험성으로 인식하고 있었다. 신문을 들추기만 하면 핫머니 유입을 막는 방안이 매일 눈에 띌 정도였다. 그런데 경제학자 마광원은 무심코 은행 전화 접수원과 통화하다가 언론 보도와 정반대로 고객들이 돈을 환전해 간다는 말을 들었다. 실제로 조사해보니 수화기 반대편 일선 직원의 정보가 정확하고 언론이 완전히 틀렸다. 언론은 정부 입장을 반영하고 정부는 데이터를 근거로 했으므로 지어낸 상상이라고 할 수는 없었다. 하지만 중국 경제구조는 완전히 시장화되지 않아서 상당수 정책이 정부 고위층의 설계 결과였다. 그러다보니 정부의 관점을 지지하는 데이터를 찾는 것은 결코 어려운 일이 아니었다. 결국 데이터가 밑받침된 듯 보였지만, 그러한 데이터에는 이미 대표성이 없었다.

빅데이터라는 개념이 계속 회자하고 데이터의 가치가 갈수록 높아지자, 가입자 데이터를 적나라하게 수집해 판매하려는 회사와 개인도 등장했다.[3] 그런데 의식적으로 수집한 데이터는 수집 과정에서 가입자의 경계심, 당혹감, 반감을 일으킬 수 있기 때문에 그다지 큰 의미가 없다. 정보 안전에 민감한 사람은 데이터 수집 센서를 차단해 데이터 수집을 불완전하게 만들 수 있고, 또 어떤 사람들은 부자연스럽게 행동할 수 있다. 이렇게 변형된 데이터는 통계적 의미도 없을 뿐만 아니라 빅데이터로서의 완전성도 상실한다. 그래서 정말 출중한 회사들은 마이크로소프트, 애플, 구글처럼 우회적 방법을 사용한다. 물론 데이터 수집을 위해 아주 멀리 우회해야 할 때도 있다.

구글은 휴대전화에 기초한 음성 인식 시스템 구글 보이스(Google Voice)를 출시하기 위해 대량의 음성 데이터가 필요했다. 과거에는 음성 인식 업체와 실험실에서 인력을 동원해 데이터를 입력했고, 미국 표준의 전화 음성 데이터베이스 스위치보드(Switchboard)도 바로 이런

---

3   예를 들어 회사나 APP 개발에 종사하다가 데이터를 직접 팔거나 회사를 넘김.

식으로 구성되었다. 이러한 표본 추출 방식으로 생기는 결함은 앞에서 이미 소개했으므로 여기서는 생략하겠다. 구글은 완전히 다른 방법을 시도했다. 데이터 수집을 위해 놀이 비슷한 전화 음성 인식 시스템 Google-411[4] (나중에 출시된 정식 제품 구글 보이스보다 인식률이 훨씬 낮다)를 먼저 출시한 것이다. 많은 사람이 시험과 놀이의 목적으로 전화를 걸었고 전혀 의식하지 못한 상태에서 대량의 전화 녹음을 구글에 제공했다.

개방적인 영역이기 때문에 데이터 수집에는 유일하거나 최고의 방법이 존재하지 않는다. 하지만 좋은 방법이라면 데이터의 전면성 (완전성)과 불변성을 보장할 수 있어야 한다.

데이터 저장 및 표시의 어려움

무어의 법칙으로 저장 비용이 대폭 하락했지만, 빅데이터 등장 이후 데이터 양의 증가 속도는 무어의 법칙에 따른 증가 속도를 뛰어넘는 듯하다. 우선 우리가 앞에서 살펴본 여러 상황처럼 원래 저장하지 않던 데이터 상당수가 저장되고 있다. 또한 일부 제품에서 생성되는 데이터도 상상 이상으로 많다. 예를 들어 구글 안경이 나오면 평생 눈

---

4   미국의 전화번호 안내서비스 번호는 411이다.

에 보이는 모든 것을 기록할 수 있을 텐데 그럴 경우 우리는 세계, 심지어 자신의 인생에 대해 완전히 다르게 받아들일 것이다. 하지만 이러한 동영상(음성 포함) 데이터를 저장하는 일은 절대 쉽지 않다. 거리뷰 지도를 위한 구글 차량이 하루에 생성하는 원시 데이터만 해도 한 대당 1TB로 가히 어마어마하다. 각 데이터당 복사본을 3개 만들 경우 1년이면 1PB[5]가 된다. 현재 최대 용량인 10TB짜리 하드디스크 100개가 필요하다는 뜻이다(물론 데이터 처리 뒤에는 그 정도로 크지는 않다).

표8에서 데이터 양의 증가 속도는 저장장치의 발전 속도를 뛰어넘을 뿐만 아니라 갈수록 둘 사이의 격차가 벌어진다는 것을 알 수 있다. 단순히 설비 생산과 구매를 늘려서는 데이터 저장 문제를 해결할 수 없다는 뜻이다. 따라서 끊임없이 생성되는 데이터를 저장할 수 있는 기술적 해결 방안을 모색해야 한다.

현재 저장장치의 절약 기술은 두 가지 방면에서 시도되고 있다. 첫 번째는 같은 정보 저장에 드는 공간을 줄이는 기술이다. 이는 단순히 데이터를 압축한다는 뜻이 아니다. 정보론의 각도에서 말하자면 데이터 중복을 없애는 것인데, 제거할 때 해당 데이터의 읽기 및 쓰기 처리 방식을 바꾼다. 가령 이메일의 경우 같은 첨부파일을 전체 편지함에서 하나만 남기면 공간을 크게 줄일 수 있다. 물론 이런 방식은 이메일 파일 관리시스템의 변화를 초래할 수밖에 없다. 또 이미

---

5   1PB=1,024TB.

지를 격자에서 벡터로 바꿔 저장해도 공간을 크게 줄일 수 있으며 이 때도 이미지의 읽고 쓰는 방식을 바꾸어야 한다.

　두 번째는 데이터 보안과 관련된 기술이다. 여기서 말하는 데이터 보안은 데이터의 도난 방지가 아니라 유실과 손상 방지를 의미한다. 과거에는 데이터 유실을 막는 가장 간단한 방법이 여러 개의 복사본을 만들어 다양한 곳에 보관하는 것이었다. 가령 예전에 AT&T(미국 전화 전신회사)는 업무 데이터의 완전한 복사본 세 개를 만들어 미국 내 각기 다른 세 지역에 보관했다. 그런데 빅데이터는 클라우드를 기반으로 하고 양이 많으며 세계 각지에 다량의 복사본을 저장하기 불가능해 데이터의 안전성을 보장하기 위한 특수한 방식이 필요했다. 구글의 파일시스템 GFS[6]는 처음부터 빅데이터를 쉽게 저장하려는 목적으로 설계되었다. 초기 GFS는 데이터센터에서 파일 하나당 복사본 3개를 만든 뒤 지리적으로 멀리 떨어진 3개의 데이터센터에서 동시에 보관해 총 9개의 복사본을 보유했다. 데이터는 안전했지만, 확실히 경제적이지 못했다. 그러다가 3+1의 형태로 저장하기 시작했다. 3개는 같은 내용이고 마지막 하나는 검사와 복구를 위한 판본이라 내용이 달랐다. 그러자 복사본을 4개만 만들면 돼 저장공간이 크게 줄어들었다.

　정보 저장과 관련된 기술은 저장량을 어떻게 줄일까에 그치지

6　확장 가능한 분산식 파일시스템으로, 대형의 분산식 대용량 데이터에 접근하는 애플리케이션.

말고, 정보를 어떻게 저장해야 편리하게 사용할 수 있을지의 연구로 확대돼야 한다. 빅데이터 이전에는 파일시스템과 데이터 저장형식을 만들 때 소규모, 소차원의 구조화에 주안점을 두었다. 빅데이터 시대에 와서는 데이터 양과 차원 모두 급증했을 뿐만 아니라 빅데이터가 고정된 형식에 얽매이지 않다보니, 데이터 특성별로 형식을 최적화하는 과거의 파일시스템이 빅데이터에도 효율적이라고 할 수는 없다. 따라서 유효하면서 간편한 범용의 데이터 표시 방식과 저장 방식을 새로 만들어야 한다.

빅데이터의 저장이 과거 데이터와 어떻게 다른지 사례를 통해 살펴보겠다. 빅데이터는 양이 워낙 많기 때문에 임의 접근이 매우 어려워서, 이를 해결하려면 인덱스를 구축해야 한다. 과거에는 데이터 양이 많지 않아 인덱스가 필요하지 않았다. 그리고 일부 데이터들, 가령 기기 시스템에서 생성되는 로그와 인터넷 웹페이지 데이터 같은 경우 인덱스 구축은 그다지 어려운 일이 아니다. 로그는 양이 많아도 기록할 때마다 필드가 명확해 표시(기술)와 검색, 임의 접근에 큰 문제가 없다. 웹페이지 데이터는 다소 번잡해 보이지만 하이퍼텍스트로 구성되어 웹페이지에서 다음 웹페이지를 찾을 수 있고, 텍스트 단위 크기가 매우 작아서(단어다) 키워드로 쉽게 인덱스를 만들 수 있다. 하지만 리치 미디어 데이터가 대거 등장하면 임의 접근이 어려워진다. 예를 들어 동영상에서 특정 화면을 찾는 것은 매우 복잡한 일이다. 설령 동영상 각각의 메인프레임(main frame)을 찾았다 해도 그 화면들을 기준으로 모든 동영상 인덱스를 구축하기란 거의 불가능하기 때문이다. 데이터 양이 방대해진 뒤, 특히 단위 크기가 한층 커진 뒤로 이는 난해한 기술 문제가 되었다. 가령 엄청난 의료 데이터에 임의로 접근하는 것은 결코 만만한 일이 아니다. 기본 단위가 툭하면 수백 조, 1,000여 조에 이르러 현재 기술로는 검색할 수 없다. 검색하지 않으면 임의로 접근할 수 없고, 그렇다면 방대한 데이터에서 필요한 자료를 찾을 때 시간이 너무 오래 걸리니 매우 비실용적이다. 의료뿐만 아니라 반도체나 비행기 설계 및 제조 등 여러 업종도 데이터 양이 방대하고 복잡하다.

빅데이터가 직면한 또 다른 기술 난제는 '데이터 형식을 어떻게 표준화해야 공유하기 편할까?'다. 과거에는 회사마다 고유한 데이터 형식을 사용해 자체적으로만 그 데이터를 사용했다. 하지만 빅데이터 시대에 들어서면서 사람들은 데이터 간의 상관성, 특히 빅데이터의 다차원적 특성을 통해 사물끼리의 관련성을 찾고 싶어한다.

앞쪽 바이두 지식의 예를 떠올려보자. 만약 조금 더 나아가 사용자 모두의 식습관을 수집하고 웨어러블 기기를 통해 생활습관을 파악한 뒤 의료 자료, 심지어 유전자 데이터까지 연결한다면 서로 다른 사람들의 각기 다른 생활습관 아래서 각종 질병의 발생 가능성을 연구해낼 수 있다. 또한 그들에게 질병을 예방할 수 있도록 식습관 개선을 제안할 수도 있다. 그런데 이상적으로 보이는 이 상황을 현실화하려면 데이터 표시와 검색, 임의 접근 등의 문제를 해결해야 한다. 분명 세계 각양각색의 빅데이터를 하나의 통일된 형식으로 기술할 수는 없겠지만, 데이터를 서로 교환하고 사용하기 위해서는 일부 표준화된 형식이 필요하다. 빅데이터 분야에 제일 먼저 진입한 구글은 프로토콜 버퍼(Protocol Buffer)라는 데이터 형식을 만들어냈다. 프로토콜 버퍼는 데이터를 저장하는 주요 형식이자 구글에서 개발한 각종 소프트웨어가 데이터를 통신할 때 쓰는 표준 인터페이스이기도 하다. 이미 구글은 세계 누구나 데이터를 공유할 수 있도록 프로토콜 버퍼를 오픈소스화했다.

　빅데이터의 응용 방법과 시나리오는 과거의 데이터 사용과 완전히 다르다. 상술한 것처럼 빅데이터는 데이터 저장과 표시 방면에서, 또 데이터 처리에서 도전적인 과제를 안겨주었으며 이러한 과제는 단순히 프로세서를 향상한다고 해결할 수 있는 문제가 아니다.

병렬 연산과 실시간 처리

빅데이터는 규모가 크고 차원이 다양하기 때문에 처리할 때 엄청난 양의 연산이 필요하다. 그러다보니 사용 효율이 병렬 컴퓨터 수준에 좌우된다. 앞에서 언급했던 구글의 프로그램 모델 맵리듀스(MapReduce)와 야후의 하둡(Hadoop) 같은 도구는 한 뭉치의 거대한 컴퓨팅 작업을 작은 단위로 나누어 여러 병렬 서버에서 연산할 수 있게 도와준다. 이는 확실히 빅데이터 처리에 도움을 주지만 컴퓨팅의 병목 문제를 완전히 해결할 수는 없다. 보통 사람들은 프로세서를 10배로 늘려 병렬 처리하면 그만큼 시간을 줄일 수 있다고 생각하는데 실제로는 불가능하다.

우선, 어떤 문제든 병렬로 처리할 수 없는 컴퓨팅 부분이 어느 정도씩 존재하며 그 비중이 클수록 병렬 처리 효율이 떨어진다. 보통 컴퓨터공학에서는 병렬화 가능 비율(Parallel Portion)로 한 작업에서 병렬 연산이 얼마나 가능하고 불가능한지를 가늠한다. 표10은 병렬화가 가능한 비율 아래서 병렬 연산 프로세서 개수와 실제 속도 향상(speed up)의 관계를 표시한 그래프다. 그래프를 보면 작업 시 병렬 처리가 가능한 비율이 높을수록 실제 속도가 향상되지만, 5%만 병렬 처리할 수 없어도 서버를 몇 대 사용하든 실제 속도 향상은 20배를 넘지 못한다는 사실을 알 수 있다.

병렬 연산의 효율에 영향을 미치는 또 하나의 요소는 조각별 계산량이 같지 않다는 점이다. 예를 들어 1,000,000×1,000,000의 거대한 행렬을 곱한다고 해보자. 확실히 서버 한 대로는 어려워 맵리듀스나 하둡을 사용해 1만 대의 서버에서 병렬 처리한다면, 보통 행 혹은 열에 따라 1만 개로 쪼개 100행(열)당 서버를 한 대씩 배분한다. 그런데 서버 한 대당 처리할 작업이 각각 100행(열)처럼 보여도 조각들의 계산량은 반드시 같은 게 아니라, 한 조각이 다른 조각의 두세 배 큰 경우가 다반사다. 이럴 경우 자기 몫의 연산을 끝낸 서버는 끝내지 못한 서버를 기다릴 수밖에 없기 때문에 병렬 연산의 효율이 크게 떨어진다. 최종 계산 속도는 마지막으로 끝나는 하위 작업에 의해 결정되며, 시스템 불안으로 하위 작업에서 오류가 발생해 다시 계산할 경우 병렬 연산 효율은 더욱 떨어진다. 따라서 병렬 연산 시간이 서버

표10 병렬화 가능 비율별 프로세서 개수와 속도 향상의 관계

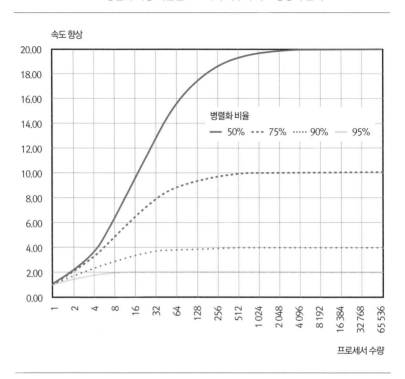

개수와 정비례한다고 보기는 매우 어렵다. 사실 사용하는 프로세서
가 많을수록 병렬 연산 효율이 떨어진다.

빅데이터 처리에서 해결해야 할 또 다른 과제는 실시간성의 확
보다. 보기에는 간단해도 빅데이터에서는 유난히 시간이 오래 걸리
는 작업이 있다. 예를 들어 과거에는 데이터 처리 소프트웨어 엑셀
(Excel)을 사용하면 수만 행의 데이터에서 1~2초 만에 최대치를 찾고
정렬할 때도 수십 초면 충분했다. 하지만 수천수만 행의 전자상거래

판매 로그에서는 인기상품을 찾거나 판매량별로 제품을 정렬할 때 천여 배 좋은 프로세서를 사용해도 몇 초 혹은 수십 초 내에 끝낼 수가 없다. 앞에서 언급했던 것처럼 모든 연산을 병렬화할 수 있는 게 아니라서도 그렇지만, 초기 빅데이터는 하드드라이브에 저장되었던 데다 맵리듀스나 하둡 같은 병렬 연산 도구는 일괄 처리를 지향하기 때문이다. 상술한 작업을 처리하는데 통상적으로 최소 수십여 분이 걸린다. 오프라인 데이터를 분석할 때야 큰 문제가 되지 않겠지만, 회사가 실시간으로 경영 상황을 파악하려 한다면 참기 힘든 대기 시간이 아닐 수 없다.

빅데이터의 실시간 처리 문제를 해결하려면 단순히 기기를 늘리는 차원이 아니라 근본적으로 시스템 설계와 알고리즘을 바꾸어야 한다. 사실 모든 빅데이터 문제를 실시간으로 처리하는 것은 불가능하지만, 로그 등 구조화나 반구조화 데이터 같은 특정 문제는 가능하다. 구글은 상술한 문제를 해결하기 위해 드레멜(Dremel)[7]이라는 도구를 개발한 뒤 전문적으로 로그, 데이터베이스 등 빅데이터의 실시간 접근 및 간단한 데이터 처리 문제를 해결했다. 전통적인 파일시스템이나 데이터베이스와 달리 드레멜의 파일은 하드드라이브가 아니라 램을 기반으로 하고 데이터 저장도 전통적 데이터베이스시스템과 다르다. 즉 드레멜은 데이터의 열(Column)을 지향하는 방식으로 저장

---

7   구글에서 드레멜의 원래 프로젝트명은 빅테이블(BigTable)이었다.

하지만 전통적 데이터베이스시스템은 행(row)을 우선하는 방식으로 저장한다. 드레멜 같은 특수 기술은 다차원 데이터를 특정 차원에 따라 쉽게 처리하고 데이터마이닝하기 위해 설계되었다. 물론 드레멜 같은 도구는 매우 많다. 드레멜을 예로 든 이유는 빅데이터의 실시간 처리를 위해서는 단순히 과거의 도구를 병렬화하는 게 아니라 새로운 도구를 많이 개발해야 한다는 사실을 설명하기 위해서다.

데이터 마이닝: 기계지능의 핵심

빅데이터를 사용하는 것은 모래 더미에서 금을 채취하는 것과 비슷하다. 처리되지 않은 원시 데이터는 어떠한 새로운 지식도 주지 않고, 빅데이터로 얻는 이익은 상당 부분 데이터를 사용(마이닝)하는 수준에 따라 달라지기 때문이다. 구글에서는 최소 40%의 기술자가 매일 데이터를 처리한 뒤 데이터를 통해 지식을 습득하고, 지식을 통해 컴퓨터의 지능을 한층 더 높인다.

　빅데이터는 수집할 때 아무런 목적성이 없기 때문에 처리할 때 난도가 상당히 높다. 빅데이터의 원시 데이터는 고정된 형식이 없는 데다 무질서해서, 우선 데이터를 거르고 정리부터 해야 사용할 수 있다. 해결하려는 문제와 무관한 차원을 제거하고 관련된 데이터 내용을 구조화해 정리하는 것이다. 데이터 선별 및 정리는 아주 쉬울 때도 있다. 가령 로그를 통해 게이머의 행동을 분석하고 싶다면 상응하는 차원만 남겨두고 무관한 정보를 걸러내면 그만이다. 하지만 이 첫 단계조차 쉽지 않을 때가 상당히 많다. 앞에서 언급했던 컴퓨터의 자동 문답만 해도, 문제의 답이 웹페이지에 존재하지만, 답안 내용은 서로 다른 웹페이지에 이리저리 떨어져 있기 일쑤다. 그래서 웹페이지의 구조 및 내용 분석이 빅데이터를 사용하기 위한 선결 조건이라 할 수 있다. 물론 제대로 된 자연 언어 이해기술이 없으면 이 첫 단계는 아예 불가능하다.

정보가 많을수록 시스템의 불확정성을 제거할 수 있다고 섀넌이 말했지만, 데이터에는 정보뿐만 아니라 어쩔 수 없이 잡음도 섞여 있기 마련이다. 이 문제는 빅데이터에서 특히 확연하게 드러난다. 데이터를 사용하는 사람이라면 늘 품질이 좋은 데이터와 그다지 좋지 않은 데이터를 모두 접할 것이다. 물론 단순히 품질이 좋고 나쁨만으로 데이터를 정확히 평가할 수는 없다. 정보 처리 분야에서는 SNR(Signal Noise Ratio: 신호 대비 잡음의 비율)로 신호의 품질을 표시한다. 데이터 속 SNR이 높으면 믿을 만하다는 뜻이고, 반대로 낮으면 잡음에 묻힌 정보가 있어서 이러한 데이터를 사용할 경우 좋은 결과를 얻을 수 없다는 뜻이다. 잡음이 많이 섞인 데이터의 SNR을 높이기 위해서는 데이터를 사용하기 전에 잡음을 낮추는 처리작업을 해야 하는데 그 과정에서 일부 데이터가 손실되기도 한다.

흔히들 이렇게 처리된 데이터를 곧장 사용한다고 생각하지만 이어서 기계학습이라는 핵심 단계를 거쳐야 한다. 기계학습은 결코 새로운 일이 아니다. 오늘날 광범위하게 사용되는 인공신경망 알고리즘, 최대 엔트로피 모델, 물류 회귀 등 기계학습 알고리즘은 40년 전에 이미 무르익었다. 다만 데이터 양이 부족해 기계학습을 끌어낼 응용 범위가 좁았고 응용수학, 통계학, 컴퓨터공학 사이에 긴 교차 영역이다보니 큰 관심을 받지 못했다. 2000년 이후 컴퓨터 속도가 빨라지고 데이터 양이 폭증하면서 기계학습은 다양한 분야에서 중대한 역할을 하기 시작했다. 2016년 구글이 기적의 알파고를 만들어냈을 때 사용한 훈련 알고리즘도 바로 인공신경망이다.

그렇다고 기계학습을 수십 년 전 논문에 따른 컴퓨터 프로그램이라고 여긴다면 지나치게 순진하다고 말할 수밖에 없다. 일단 규모를 갖출 경우 기계학습은 간단하게 실현할 수 있는 일이 아니기 때문이다. 불행히도 빅데이터의 기계학습은 규모가 매우 큰 난제다. 그렇다면 왜 데이터 양이 방대할 때 기계학습이 어려워지는지 이해하기 위해 기계학습의 원리부터 살펴보겠다.

기계학습은 끊임없는 반복과 진보의 과정, 기계학습 전문용어로 말하자면 '기대치 최대화(Expectation Maximization)'의 과정을 예외 없이 거친다. 또한 사전에 학습 목표를 세워야만 이러한 알고리즘이 부단하게 모델을 최적화해 점점 더 실제 상황에 근접해질 수 있다. 요컨대 기계학습의 훈련 알고리즘이 많이 반복될수록, 혹은 통속적으로 말해 깊이 학습할수록 수학 모형의 효과가 좋아진다. 이런 이유로 같은 데이터, 같은 알고리즘이라도 어떤 수준의 기계학습 방법을 채택하느냐에 따라 다른 결과를 얻을 수 있다.

그런데 기계학습의 알고리즘은 보통 '느린' 편이라서, 전문용어로는 계산 복잡도가 너무 높아서[8] 데이터 양이 증가하면 계산 시간도 급증한다. 과거에는 계산 능력이 제한적이고 병렬 연산 도구의 효율성이 떨어져 기계학습 때 보통 다음의 두 가지 중 하나를 선택해야 했다.

1. 데이터 양이 방대하지만 비교적 간단한 모형을 선택하고 반복 횟수를 적게 설정한다. 대량의 데이터로 피상적 기계학습을 진행하는 것이다.
2. 데이터 양이 적지만 복잡한 모형으로 여러 차례 반복해 정확한 모형 매개변수를 구한다.

일반적으로, 방대한 데이터와 적은 반복으로 도출된 '거친' 모형이 적은 양의 데이터와 딥러닝으로 정교하게 도출된 모형보다 효과가 더 좋았다.

대량의 데이터를 사용해 딥러닝을 진행하면 더 좋은 모형을 얻을 수 있지 않을까? 이론적으로는 가능하고 결과도 훨씬 좋아야 한다. 하지만 실제로는 매우 어렵다. 계산량이 방대할 경우 계산 시간이 길 뿐만 아니라 계산시스템에 램 공간이 많이 필요해서 컴퓨터 몇

---

8   대부분의 기계학습 알고리즘은 다항식 복잡도가 아니라서 알고리즘 전문가들은 특정한 상황 속에서 유사하게 만들거나 간소화한다. 하지만 간소화한 알고리즘이라도 고차원 다항식이면 데이터 양이 조금만 늘어나도 많이 복잡해진다.

대로는 처리할 수 없기 때문이다. 구글의 알파고는 이세돌과 대국할 때 수십 대의 서버만 사용했지만, 훈련 때는 만여 대의 서버가 필요했다. 만약 수만, 심지어 수십만 대 컴퓨터의 병렬 처리를 채택하면 과거 오래된 기계학습 알고리즘은 이러한 병렬 처리 시스템으로 옮겨올 수 없다. 과거의 기계학습 알고리즘을 새롭게 조작해야만 한다는 뜻이다.

2010년 구글은 구글 브레인(Google Brain)이라는 딥러닝 도구를 개발해냈다. 기계학습 이론에서 보면 과거의 인공신경망을 병렬화했을 뿐, 새로운 진척 같은 것은 없었다. 하지만 조작 방면에서는 큰 의미가 있었다. 우선, 과거의 인공신경망은 아주 큰 모형을 훈련할 수 없었다. 계산 시간을 아무리 들여도 모형 매개변수와 관련된 데이터를 근본적으로 램에 저장할 수 없기 때문에 불가능했다. 구글은 하나의 큰 모형에서 100만 매개변수를 동시에 훈련해야 하는 문제를 만여(심지어 그 이상) 대의 서버로 분산해 간소화함으로써 돌파구를 마련했다. 이렇게 해서 대형의 인공신경망 훈련이 가능해졌다. 물론 구글은 큰 모형의 병렬 훈련에서 효과가 빠른 훈련 알고리즘도 찾아내(발명한 게 아니라) 감내할 수 있는 시간 내에 대형의 수학 모형을 심층적으로 훈련할 수 있게 되었다. 구글은 몇 가지 지능형 문제에 딥러닝 기술을 사용해보았다. 음성 인식 매개변수를 딥러닝으로 새롭게 훈런했더니 오차율이 15%(상대치)[9] 떨어졌고 기계 번역에서도 뚜렷한 효과를 거두었다.

구글 브레인의 성공은 빅데이터 응용에서 기계학습이 얼마나 중요한지를 세계에 알렸을 뿐만 아니라 일종의 기계학습 병렬 알고리즘(인공신경망)을 구현함으로써 딥러닝이 만들어낸 기적을 증명했다. 구글이 인공신경망을 기계학습의 알고리즘으로 선택한 이유, 즉 인공신경망의 핵심 알고리즘이 수십 년간 거의 변하지 않았기 때문이라는 이유는 황당하게 들릴 수도 있지만, 곰곰이 생각해보면 아주 일리가 있다. 사람들은 직감적으로 계속 개선되어온 방법이 좋으며 그것을 선택해야 한다고 생각하는데 실제 운용에서는 그렇지 않다. 구글 브레인처럼 각종 문제(하나의 특정 문제가 아니라)를 해결하려는 빅데이터 기계학습 도구는 구현할 때 작업량이 엄청나다. 또 일단 구현하면 아주 긴 시간 동안 사용하려 하므로 알고리즘이 안정적이어야지 자주 바뀌면 안 된다. 여기에서 독자들은 수십 년 전의 알고리즘을 사용하면 기계학습 효과가 떨어지지 않느냐고 물을지도 모르겠다. 일부 특정한 문제라면 확실히 어떤 기계학습 알고리즘이 다른 것보다 좋을 수도 있지만, 총체적으로 말하자면 기계학습 알고리즘은 대부분 효과가 같다. 양적으로 차이가 있을 뿐 질적으로는 차이가 없으며, 양적 차이는 규모와 데이터 양으로 보완할 수 있다. 그래서 구

---

9   참고문헌 Quoc Le, 2012.

글의 방법은 좋은 절충안이라고 할 수 있다. 실제로 알파고도 똑같은 훈련 알고리즘을 선택했으며, 이는 구글이 자신들 알고리즘이 통용된다고 강조하는 이유이기도 하다.

당연하게도 기계학습 알고리즘은 워낙 많기 때문에 구글 혹은 어떤 대기업도 각각의 알고리즘을 전부 효율적으로 구현할 수 없다. 또한 보통 회사들 역시 난도가 높은 기계학습 소프트웨어를 직접 개발할 수 없다. 따라서 최선의 해결책은 기계학습을 전문적으로 다루는 회사가 빅데이터와 기계지능을 필요로 하는 회사에 서비스를 제공하는 것이다. 2014년 구글은 루빈의 주도 아래 5억 달러의 거액을 들여 100여 명밖에 안 되는 작은 기업 딥마인드(DeepMind)를 인수했다. 딥마인드는 자신들의 업무를 컴퓨터가 사유하도록 만드는 것이며 그 핵심기술은 범용의 기계학습 알고리즘이라고 대외에 홍보했다. 그리고 알파고는 딥마인드 팀이 자신들의 기계학습 알고리즘이 유효함을 증명하기 위해 개발한 지능프로그램이었다. 이후 구글은 기계학습과 인공지능 관련의 소기업을 다수 인수했다. 페이스북, 야후 등도 비슷한 인수합병 혹은 전략적 인재 유치에 나섰다는 점에서 현재 많은 IT 회사가 빅데이터 발굴과 처리에 전략적 포석을 깔고 있음을 알 수 있다.

기계학습법은 회사마다 직접 연구할 수 없으므로 결국은 전문 회사에서 대중에게 기계학습 서비스를 제공하게 될 것이다. 하지만 이럴 경우 데이터 보안과 사생활 보호에 대한 우려가 불거질 수 있다.

데이터 보안 기술

빅데이터 응용과 관련해 해결해야 할 문제에는 데이터 안전성 및 사생활에 대한 우려도 있다. 이번 챕터에서는 데이터의 보안에 대해 집중적으로 살펴보고 다음 챕터에서 사생활 보호에 관해 논하겠다.

데이터 보안에는 두 가지 의미가 있다. 첫째, 사용자의 데이터를 손상 및 유실되지 않도록 보장하는 것이다. 10년 전 클라우드컴퓨팅이 보급되기 시작했을 때 사람들은 데이터를 클라우드에 보관했다가는 유실될 수도 있다고 걱정했다. 10년이 흐르는 동안 인터넷 사용자들은 많든 적든 클라우드컴퓨팅을 사용하면서 데이터를 클라우드에 저장하는 게 얼마나 편리한지 체험했다. 그리고 클라우드에 저장한 자료를 찾지 못하는 상황은 지난 10년 동안 한 번도 없었고, 실제로 개인 컴퓨터나 휴대전화에 보관하는 것보다 훨씬 안전해 사람들은 더 이상 이 문제를 걱정하지 않게 되었다.

데이터 보안의 두 번째 의미는 데이터가 도난 혹은 도용되지 않도록 보장하는 것이다. 지난 10년 동안 범죄자 혹은 악의적 해커가 컴퓨터 시스템에 침투해 자료를 훔치는 사건이 끊이지를 않았다. 말할 필요도 없이 회사와 개인에게 막대한 불편을 끼쳤기 때문에, 사람들은 이제 자신의 데이터가 도난당해 큰 손실을 볼까봐 걱정하고 있다.

지금까지 온갖 방어책을 동원해 절대다수의 해커 및 데이터 도둑의 침입을 막아왔지만 안타깝게도 늘 어딘가에는 구멍이 생겼다.

과거에는 데이터를 대부분 분산 보관해, 시스템이 해커의 공격을 받아도 데이터 유실이 제한적이고 손실 역시 제한적이었다. 무엇보다 데이터 대부분이 단일한 차원 혹은 낮은 차원이라 손실이 비교적 직접적이며 가늠할 수 있었다. 2002년까지 미국 최대 은행의 하나인 뱅크오브아메리카는 컴퓨터의 메모리 부족으로 예금주 계좌를 주별로 저장했다. 말하자면 미국 서해안 캘리포니아의 뱅크오브아메리카에서 계좌를 개설한 뒤 동해안의 메릴랜드 지점으로 개인 정보를 옮기는 것은 거의 불가능한 일이었다. 은행 처지에서 보면 당연히 운영이 불편했지만 고객 정보가 작살날 일도 없었다.

그러나 빅데이터 시대에는 데이터 양이 엄청나기 때문에 데이터가 일단 유실되면 손실 또한 막대해진다. 예를 들어 2013년 미국 유통체인업체 타깃은 데이터 유실로 1억 6,000만 달러의 막대한 손실을 보았고[10] 2014년 소니는 1억 달러,[11] 그보다 먼저 미국 할인체인업체 티제이맥스(TJ Maxx)는 2억 달러의 손실을 보았다. 이러한 정보 도난 때 고객 정보는 전부 유출되었다.

의료 기록 도난은 상거래 데이터 유실보다 손실이 훨씬 더 심각하다. 캘리포니아의 정보보안업체 몇 곳이 내놓은 참고자료에 따르면 미국 암시장에서는 의료 기록 판매가가 개인 상거래 데이터보다

---

10 http://techcrunch.com/2015/02/25/target-says-credit-card-data-breach-cost-it-162m-in-2013-14.

11 http://www.businessinsider.com/sonys-hacking-scandal-could-cost-the- company-100-million-2014-12.

50배 정도 높다고 한다. 미국에서는 해마다 의료 정보가 적잖이 도난당하며 심지어 개별 의료기기까지 해커의 공격을 받아서 해커로부터 협박당한 전체 의료시스템 몸값이 수십억 달러에 이른다. 대부분 환자만 모를 뿐이다.

말할 것도 없이 업계 인사들은 데이터의 집중 보관으로 인한 손실보다 해커가 다차원 데이터를 얻는 것에 더 불안해한다. 이론적으로 말하자면 해커 역시 데이터 과학자처럼 빅데이터를 분석할 수 있기 때문에 기밀 누설에 따른 손실이 가늠하기 어려울 정도로 커질 수 있다. 앞에서 합법적인 데이터 사용자가 빅데이터를 분석하다 예상 밖의 성과를 얻기도 한다고 말했듯이, 불법적으로 침입한 해커 역시 똑같은 성과를 얻을 수 있다.

경험이 풍부한 IT 시스템 관리자와 설계사들은 여러 가지 민감한 데이터를 동시에 잃어버리지 않으려면 정보를 최대한 다른 곳에 보관해야 한다고 말한다. 하지만 막상 실행하기란 만만치 않다. 어떤 안전조치든 작업할 때 불편하면 대부분 준수하지 않기 때문이다. 실제로 많은 회사의 작업자들이 편의를 위해, 분산 저장한 데이터를 습관적으로 같은 곳에 복사해 한꺼번에 처리함으로써 정보 보안을 위해 고안된 조치를 유명무실하게 만든다. 사람들은 편리성과 안전성 가운데 천성적으로 편리성을 먼저 추구한다.

빅데이터 시대의 컴퓨터 시스템은 설계 때부터 과거와 비교할 수 없게 강한 보안체계를 갖추지만 100퍼센트 해커의 침입을 막지는 못한다. 그런데 대부분 방어벽이 충분히 선진적이지 못해서가 아니라 인위적인 실수 때문이다. 예를 들어 앞에서 언급했던 타깃의 해커 사건은 사실 방화벽에서 경고했음에도 경보 빈도가 너무 잦아 귀찮다는 이유로 작업자가 경보시스템을 차단했기 때문에 큰 화로 이어졌다. 사람들의 안전 의식은 때때로 생각보다 훨씬 낮으며 나도 황당한 일을 목격했다.

몇 년 전 나는 어머니를 모시고 캐나다로 여행을 갔다가 미국으로 돌아왔다. 두 나라 협의에 따라 미국은 캐나다 공항에 세관을 설치해, 비행기에 오르기 전에 미국 세관을 먼저 통과하게 된다. 그런데 세관 컴퓨터 설비가 캐나다에 있어서인지, 혹은 다른 이유 때문인지 어쨌든 세관 창구 컴퓨터에 어머니의 정보가 나오지 않았다. 세관 직원은 하는 수 없이 어머니를 옆쪽 사무실로 데려가 입국절차를 처리하려 했다. 그곳의 컴퓨터는 미국 외교부와 곧장 연결돼 완전한 데이터베이스에 접근할 수 있기 때문이었다.

영어가 어눌한 어머니를 위해 나는 허가를 받아 함께 방으로 들어갔다. 컴퓨터의 외교부 데이터베이스 접속이 워낙 민감한 사안이라 그런지, 직원이 몇 분 동안 조작하지 않자 자동으로 로그아웃됐다. 직원은 그럴 때마다 다시 비밀번호를 입력해 로그인해야 했다. 질문이 몇 분 안에 끝날 수 없으니 세관 직원은 여러 차례 비밀번호를 입력할 수밖에 없었다. 당연히 이렇게 민감한 계정은 각종 유형의 글자와 부호를 동시에 조합하라는 등 비밀번호 설정이 매우 복잡하다. 직원은 기억하기 힘든 비밀번호를 종이에 적어 탁자에 올려둔 상태였고 옆에 있던 나는 똑똑히 볼 수 있었다. 물론 나야 외교부 데이터베이스에 아무런 흥미가 없지만 내가 아니라 해커가 종이를 봤다면 엄청난 불상사가 벌어졌을지도 모른다.

틀림없이 나와 비슷한 일을 겪은 독자들이 있을 것이다. 사실 구글에 접수된 가입자 계정 도난 신고 중에는 가입자가 계정을 어딘가에 적어두었다가 도난당한 경우가 상당수를 차지한다. 이렇듯 도둑에게서 완전히 자유로울 수 없다면 더 좋은 방법으로 정보의 안전성을 보장해야 한다.

과학자와 기술자들은 파일 시스템과 조작 시스템 설계 개선을 가장 먼저 떠올렸다. 현재의 파일 시스템과 조작 시스템은 40년 전과 본질적으로 차이가 없는데, 40년 전에는 정보 보안과 관련된 문제가 없었기 때문에 데이터 안전성에 대해 별로 고민하지 않았다. 그러다 2001년 한 컴퓨터공학자가 IEEE(전기·전자기술자협회)의 정보 안전세미나에서 컴퓨터 시스템과 빌딩 설계에 큰 차이점이 있다고 지적했다. 그 뒤 컴퓨터 시스템 설계 때는 잠재적 안전 문제를 사전에 고려하지 않지만, 빌딩 설계 때는 각각의 단계에서 안전 문제를 따진다며 이것이 우리가 직면한 현실이라고 말했다. 결국 시스템에서부터 근본적으로 정보 보안에 관한 문제를 해결해야 한다는 뜻이며 그 필요성은 말할 필요가 없을 만큼 분명하다. 하지만 이는 하루 이틀 사이에 해결할 수 있는 문제가 아니다.

또 하나의 효과적인 방법은 바로 빅데이터 자체의 특성을 이용해 빅데이터의 정보를 보호하는 것이다. 통상적으로 특정 기관의 업무 흐름은 고정적이며 해당 작업자의 사용 습관도 학습할 수 있다.

가령 앞에서 언급했던 세관 직원이 외교부 정보 파일에 접근하는 과정은 보통 A지점에서 B지점으로, 다시 C지점, D지점⋯⋯처럼 순차적으로 이어진다. 하지만 외부 침입자가 비밀번호를 가지고 외교부 컴퓨터 시스템에 침입하면 외교부 내부의 업무 흐름을 이해하지 못하기 때문에 A지점에서 곧장 C지점으로 넘어간 뒤 E지점까지 건너뛰는 식으로 조작할 가능성이 크다. 따라서 빅데이터를 통해 이상한 조작을 발견하고 제지할 수 있다. 매사추세츠공대 컴퓨터 및 인공지능 연구소(MIT CSAIL)의 연구에 따르면 빅데이터(2,000만 가입자에서 생성된 36억 행의 시스템 로그) 분석을 통해 해커 공격을 막는 게 방어벽에 각종 규칙을 설치하는 전통적인 방법보다 5배 효과적이라고 한다.[12] 산업계에서는 이미 일부 정보보안업체가 이러한 방향으로 제품을 설계·개발하기 시작했다.

실리콘밸리의 트러스트룩(Trustlook)과 중국 모 통신업체의 정보보안서비스업체에서 바로 이런 방식을 사용하고 있다. 그들은 빅데이터 분석 및 기계학습을 통해 회사의 정상적인 업무 흐름을 파악한 다음 이상한 상황을 탐지 및 방지한다. 한 기업의 정상적인 업무 흐름은 물론, 데이터 양이 충분할 경우 허가된 사용자 전체의 작업 습관까지 학습할 수 있다. 따라서 습관적 행위에 부합하지 않는 경우는 불법 침입자일 가능성이 크기 때문에 차단하는 것이다. 일본의 한 발

---

12   https://it.slashdot.org/story/16/04/18/148252/mit-reveals-ai-platform-which-detects-85-percent-of-cyberattacks.

명가도 비슷한 생각을 자동차 도난 방지에 사용했다. 그는 운전자의 신체와 운전 정보를 탐지할 수 있는 모니터 시스템을 개발했다. 이 시스템은 평소 차량 운전자의 신체 정보와 앉는 자세, 동작에 따라 원래의 운전자인지 새로운 사람인지 판별할 수 있다. 만약 도둑이 열쇠를 훔쳐 차를 몰고 가려 하면 시스템은 평소와 다른 사람임을 인식해 비밀번호 입력을 요구하고, 비밀번호가 틀릴 경우 차량을 폐쇄해 움직일 수 없게 만든다. 이러한 도난 방지 방식은 정보 보안 방식과 같은 맥락이라고 할 수 있다.

사생활 보호: 장기적 빅데이터 사업을 위한 필수 조건

빅데이터는 다차원적이고 전면적이기 때문에 파편처럼 보이는 수많은 단편 정보 속에서 완전한 한 사람, 혹은 조직을 복원하고 그 사람의 세세한 생활상이나 조직 내부의 각종 정보를 파악해낼 수 있다. 그렇다보니 사생활 보호에 대한 우려를 불러일으키곤 한다. 타깃이 임신주기를 예측한 사례에서도 실제로 미성년 임산부의 사생활이 노출되었다. 다행히 타깃은 연 매출이 700억 달러를 넘는 오래된 상점으로 그간 쌓아온 신용을 무너뜨려가며 개인의 사생활을 폭로할 만큼 무모하지는 않았다.

왜 사생활을 보호해야 하는가에 대한 답은 어쩌면 '부처 눈에는 부처만 보이고 돼지 눈에는 돼지만 보인다'라는 말에서 찾을 수 있을 듯하다. 일반적으로 사람들은 자기 삶이 대중 앞에 적나라하게 드러나는 것을 불편해한다. 우리는 누구나 완벽하지 않기 때문에 많든 적든 떳떳하지 못한 부분이 있고, 그런 부분을 지인에게 들키면 살아가는 데 지장을 받을 수 있다.

과거 몇 차례에 걸친 기술혁명에서는 사생활 침해에 관한 문제가 거의 없었다. 당시 기술 발전은 사생활과 별 관련이 없었기 때문이다. 하지만 유감스럽게도 빅데이터 시대에는 기술 발전이 사생활 보호와 대치되기 시작했다. 앞에서 지능형 교통관리 기술을 소개할 때 장점을 주로 언급했지만, 다른 한편으로 관련 서비스를 제공하는 어떤 기업이 무제한, 무절제하게 사용자 데이터를 수집하면 개인 행적이 실제로 대중에게 폭로될 수 있어 매우 위험하다. 사실 사람들이 모르거나 신경 쓰지 않을 뿐이지, 이미 많은 회사에서 이러한 능력을 갖추고 있다.

2013년 테슬라 자동차를 모는 어떤 사람이 전기자동차를 완전히 충전해도 테슬라에서 선전한 것만큼 그렇게 멀리 가지 못한다고 불만을 토로했다. 그러자 테슬라는 곧장 해당 차주가 언론에서 말한 것과 달리 멀리 돌아가는 길을 이용한다고 밝혔다. 사건이 불거진 뒤 사람들의 관심은 이내 배터리의 항속 능력에서 사생활로 옮아갔다. 실리콘밸리의 산타클라라대 법학과 글랜시(Dorothy Glancy) 교수는 테슬라만 차주의 데이터를 수집하는 게 아니라고 밝혔다.[13] 사실 96% 의 신차가 테슬라처럼 차주의 행적을 추적하는 유사 기능을 보유하고 있으며 안전벨트의 착용 여부 등 우리 상상보다 훨씬 많은 데이터를 수집한다. 그리고 무엇보다 절대다수의 차주가 그 사실을 모를 뿐만 아니라 모니터링 기능을 차단조차 할 수 없다.

어쩌면 우리는 밖에 나가 CCTV에 찍히는 데 이미 익숙해졌고 상술한 데이터 수집 장치를 자가용에 장착하는 것에도 무감각해졌는지 모른다. 순진하게도 문을 닫고 집 안에 있으면 안에서 무슨 일이 있는지 아무도 모른다고 여기기도 한다. 하지만 실상은 그렇지 않다. 네스트 같은 스마트 가전사는 가족 구성원의 활동은 물론 방문객까지 알 수 있다. 만약 아내가 출장 갔다고 남편이 다른 여자를 데려와 밤을 보내면 앞으로는 숨기기 어려울 수 있다는 말이다. 물론 좋은 방면으로 생각하면 이렇게 세세한 데이터로 부패 척결을 도울 수도 있다. 암암리에 이루어지는 정경유착, 뇌물수수 등을 포착해 정치 부패 사건에 증거로 활용할 수 있다. 하지만 그럴 경우 우리 역시 사생활에 대해 아무 말도 할 수 없다.

일반적으로 대중은 사생활을 그다지 중시하지 않기 때문에 빅데이터로 인한 편리성에 환호하고 사생활에 미치는 위해를 홀시하는 경향이 크다. 물론 일부 독자는 대중, 특히 유럽이나 미국 사람들은

---

13 http://www.usatoday.com/story/money/cars/2013/03/24/car-spying-edr-data-privacy/1991751/.

사생활 보호를 매우 중시한다며 내 견해에 반대할 것이다. 하지만 실제로 살펴보면 유럽과 미국 사람들은 입으로만 사생활 보호를 주장할 뿐이다.

이를 증명하기 위해 케빈 켈리와 나는 각각 실리콘밸리에서 과연 SNS 사용자들이 사생활에 신경 쓰는지, 아니면 편리성을 더 추구하는지 조사를 벌였다. 우리의 조사 방법은 기본적으로 같았다. 세심하게 만들어진 설문지로 문화 배경이 각기 다른 남녀노소에게 표본조사를 진행한 것이다. 설문지는 세 부분으로 구성되었다. 첫 부분에서는 수많은 SNS 제품과 모바일 인터넷 제품을 열거하고 어떤 제품을 써봤는지 묻고 설명하게 했다. 이들 제품이 사용자의 사생활을 얼마나 폭로할 수 있는지 우리는 당연히 잘 알고 있었지만, 피조사자는 정확히 안다고 말할 수 없었다. 두 번째로 우리는 사생활을 포기해야 편리함을 누릴 수 있는 서비스를 열거하고 왜 그런 서비스를 사용하는지 살펴보았다. 마지막으로는 피조사자에게 움직이는 가늠자를 주고 사생활 보호와 편리함 사이에서 선택하라고 했다. 왼쪽 끝은 사생활을 완벽히 보호받는 대신 모바일 인터넷과 SNS가 주는 편리함을 완전히 포기하는 것이고, 오른쪽 끝은 사생활을 완전히 버리는 대신 각종 기술과 제품이 주는 광범위한 편의를 얻는 것이었다.

절대다수의 피조사자가 마지막 조사에서 가늠자를 50% 위치(표 11)에 두었다. 그러면 사생활과 편리함 사이에서 균형을 유지할 수 있다고 생각한 듯했다. 하지만 앞선 두 질문의 통계 결과에 따르면 사용자들은 사실상 사생활 대신 편리함을 선택했다. 다시 말해 가늠자

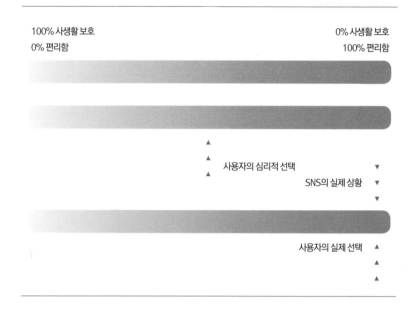

표11 사생활 보호에 관한 심리적 인식과 실제 행동의 차이

100% 사생활 보호
0% 편리함

0% 사생활 보호
100% 편리함

사용자의 심리적 선택

SNS의 실제 상황

사용자의 실제 선택

가 표11처럼 한참 우측에 있었다.

물론 우리는 실리콘밸리에 사는 제한된 수의 사람만 대상으로 했기 때문에 결과에 어느 정도 편차가 있을 수 있다. 하지만 피조사자들이 이처럼 비슷하게 사생활 보호가 아니라 편리함을 선택했다는 점은 사생활 문제를 경시하고 있음을 충분히 반영한다.

우리는 각종 애플리케이션과 SNS 제품의 사생활 보호와 편리성 제공에 대해서도 평가해보았다. 재미있게도 이들 제품은 실제 작동 시 사용자와 같은 선택을 보였다. 즉 편리성을 최대치에 두고 사생활을 등한시했다. 이게 우연일 수도 있지만, 어쩌면 SNS와 모바일 인터넷 애플리케이션 제공자가 사용자의 사생활 폭로 하한선을 계속 측정하면서 불만이 없으면 지속해서 수위를 높였을지도 모른다. 예를 들어, 손전등 앱에서 모바일 인터넷상의 모든 연고자 정보를 요구했다면 제공하는 기능과 전혀 무관한 정보를 요구한 셈이다. 당연하지만 이런 회사가 사생활을 염탐할 수 있는 이유는 사용자가 자신의 사생활을 아무 상관 없는 회사(혹은 개인)에 제공했기 때문이다.

빅데이터 시대의 사람들이 사생활 노출을 별로 개의치 않는 이유는 대략 세 가지로 요약할 수 있다. 첫째, 과거 기술혁명에서는 사생활 침해 문제가 없다보니 빅데이터가 지금 같은 방식으로 발전하면 결국 사생활을 크게 침해할 수 있다는 사실 자체를 인식하지 못한다. 둘째, 가입자 데이터가 그렇게 많은데 데이터 보유자와 조작자가 어떻게 내 사생활을 들추겠나 하는 요행 심리 때문이다. 이것은 사람들이 빅데이터에 기반한 기계지능을 이해하지 못해서 그렇다. 사람이 굳이 나설 필요 없이 컴퓨터는 자동으로, 매우 지능적으로 개인 정보를 파헤칠 수 있다. 셋째, 대부분 사람이 나쁜 짓을 하지 않는 이상 행적이 폭로될 걱정 없고 유명인사도 아닌데 남들이 무슨 비밀을 알겠냐며, 자신의 데이터를 보유한 회사가 사생활을 알더라도 어떤 이익을 침해할 수 없다고 생각한다. 사실 잘못돼도 한참 잘못된 생각이다. 가입자의 이익은 사생활이 폭로된 뒤 쉽게 침해당하기 때문이다. 이와 관련된 사례를 살펴보자.

중국 대형 전자상거래 사이트를 보면 어떤 사람은 늘 가짜 물건을 사는데 어떤 사람은 같은 가격으로 진짜 물건을 산다. 이는 전자가 후자보다 운이 나빠서가 아니라 판매상이 개인 데이터, 혹은 사생활을 잘 파악하고 있기 때문이다. 전자는 가짜를 받고도 항의하지 않는 호구고 후자는 꼬치꼬치 따지는 깐깐이임을 아는 판매상이 약자를 최대한 괴롭히는 방식으로 최대 이익을 추구하는 것이다. 빅데이터 이용에서 개인은 판매상보다 영원히 약자일 수밖에 없어서 비밀이 판매상에게 발각되면 이익을 제대로 누리기 어렵다.

미국의 여러 항공사에서는 사생활을 이용해 큰 수익을 남긴다. 비행기 표 가격을 물어오는 어떤 사람이 가까운 시일 내에 여행할 계획이고 과거에 가격을 별로 따지지 않았다는 사실을 확인하면, 항공사는 다른 사람보다 훨씬 높은 가격을 알려준다. 특히 두 도시 간 직항노선이 그 항공사에만 있을 때는 가격 차이가 훨씬 벌어진다. 항공사들은 심지어 미국의 유명한 대학에 소비자의 사생활을 이용해 수익을 내는 방법을 연구해달라고 의뢰하기까지 한다. 실제로 프로젝트를 수주한 모 명문대 팀은 소비자 행위를 분석해 항공사 매출을 10% 가까이 올려주었다. 10% 향상이라면 그리 많지 않게 들릴 수도 있는데 순이익률이 0.2%밖에 되지 않는 항공업에서 10%는 수십 배의 이윤 향상과 같다. 승객 입장에서는 일부 승객만 손실을 보기 때문에 전체 10%의 비행기 표 가격 상승은 그들이 가외로 10%보다 훨씬 많이 지출한다는 뜻이다. 따라서 사실상 50% 이상을 더 내는 것이다.

우리는 사생활 보호가 빅데이터의 장기적 발전에 매우 중요하다는 사실을 분명히 인식해야 한다. 사람들은 자신의 사생활이 결국 침해당한다는 사실을 알고도 계속해서 빅데이터의 발전을 용인할 리가 없다. 따라서 사생활 문제를 제대로 처리하지 않으면 빅데이터는 장기적으로 발전하기 힘들다. 현재 의료 같은 민감한 산업에서는 사생활 침해가 이미 이 분야의 빅데이터와 기계지능 발전에 걸림돌로 작용하고 있다. 미래에 빅데이터와 사생활이 어떻게 충돌하는지는 다음 장에서 자세히 살펴보고 여기서는 기술적으로 빅데이터의 편리함을 누리면서 사생활을 보호하는 게 가능한지에 대해 논하겠다.

왜 법률적 처벌로 사생활 침해를 해결하지 않고 기술적으로 사생활을 보호해야만 할까? 분명 법률적 사생활 보호는 필수적이지만 법률에만 의존해서는 문제를 해결할 수 없다. 첫째, 엿보는 등 사생활 침해의 상당수가 개인 행위라 발견 및 조사가 어렵다. 둘째, 법률 제정은 언제나 사건 발생보다 늦다. 특히 대륙법계 국가에서 그렇기 때문에 법률 외에 반드시 상응하는 기술로 개인의 사생활을 보호해야 한다. 하지만 말처럼 쉽지는 않다.

여기서 짚고 넘어가야 할 점은 사생활 보호가 단순히 개인 정보 일부를 차단하는 식의 간단한 작업이 아니라는 것이다. 과거에는 여러 차원의 데이터가 한데 연결되지 않았기 때문에 이러한 방법이 효과적이었다. 하지만 빅데이터 시대에는 데이터가 다차원적이고 전면적이기 때문에 차단해버린 수많은 정보를 다른 차원에서 상관성을 이용해 복원할 수 있다. 따라서 사생활 보호에는 새로운 기술이 필요하다.

사생활 보호를 위한 기술로 정보 수집 시 데이터에 선행 처리를 하는 방법이 있다. 선행 처리를 거친 데이터는 원래의 특성을 가지고 있어서 데이터 과학자와 기술자가 처리는 할 수 있지만, 데이터 내용을 읽을 수는 없다. 이렇게 하면 최소한 개인이 훔쳐가거나 누설하는 상황을 막을 수 있다. 하지만 많은 데이터를 가진 대기업이 개인의 사생활을 파악하는 것까지는 막을 수 없다.

또 다른 기술 유형은 이른바 양방향 감시다. 이는 사생활 보호를 위한 아주 참신한 방법으로, 간단히 말하자면 사용자가 컴퓨터를 볼 때 컴퓨터도 사용자를 주시하는 방식이다. 남의 사생활을 엿보기 좋아하는 데에는 이러한 행동에 아무런 대가도 지급하지 않는다는 이유도 있다.

만약 다른 사람의 사생활을 엿볼 때 그런 행위 자체가 고스란히 드러난다면 엿보려는 행동은 어느 정도 제약을 받게 된다. 이를테면 몰래 문틈으로 훔쳐보려다가 안에서 자신을 보고 있는 눈동자를 발견하고는 곧장 문을 닫아버리는 식이다. 켈리는 이러한 사생활 보호 기술을 평가하고 나서, 염탐꾼에게 진짜 정보를 입력한 뒤에야 다른 사람을 엿볼 수 있게 하면 대부분 곧장 그 자리에서 벗어나길 선택한다고 말했다. 권력을 규제하는 최선책이 권리를 사용하는 것이듯 기술적 허점을 해결하는 가장 좋은 방법은 다른 기술을 이용하는 것이다. 마찬가지로 사생활을 보호하는 가장 좋은 방법은 사생활을 침범하려는 사람의 사생활도 공개하는 것일지 모른다.

상술한 두 가지 기술의 특성을 요약하자면, 빅데이터를 이용하는 동시에 최대한 사생활을 보호하기 위해서는 데이터 수집부터 사용까지 양방향으로 고지되어야 한다.

다시 말해 더는 데이터 소유자만 중인환시(衆人環視) 속에 드러나서는 안 되며 데이터 수집자와 사용자(훔쳐보는 사람 역시 특수한 데이터 사용자라 할 수 있다) 역시 똑같이 관리되어야 한다. 이런 방식이 사생활을 보호하는 가장 효과적인 방법일 수도 있다.

사생활 보호는 당연히 개인에게도 이득이지만 사실 판매업체에도 이득이 된다. '합법적 돈벌이'는 물론, 좋은 판매업체가 장기적으로 수익을 낼 수 있게 만들어주기 때문이다. 이를 이해하는 데에는 미국 은행업의 발전사가 좋은 예가 될 수 있다. 오랜 기간 미국의 은행업에서는 '무법 행위'로 표현할 수 있는 저축예금 유용 사건이 자주 발생했다. 예금을 훔친 은행직원은 불법으로 자금을 운용하다가 수익을 내면 그 이윤을 착복하면서도 손해를 볼 때는 손실을 메우려 자기 주머니를 터는 일이 없었기 때문에 은행을 파산으로 내몰았다. 그래서 1933년 루스벨트 정권 전까지 미국에서는 은행 파산이 흔한 일이었다. 1933년 이후 미국은 주식 등 고위험 자본시장으로의 은행 진입을 차단하고(법적 규제) 예금주의 이익을 보호하는 기술적 수단, 즉 FDIC(연방예금보험공사) 재보험을 제공하는 한편, 경쟁을 통해 무법 행위를 벌이던 은행을 줄줄이 도산시켰다. 그제야 예금주는 안심하고 은행에 예금을 맡길 수 있게 되었다.

마찬가지로, 같은 사업을 하는 두 회사가 있는데 한 곳은 고객의 사생활을 보호하고 다른 한 곳은 늘 침범한다면 후자는 점점 고객을 잃을 수밖에 없다.

📢 Insight

빅데이터가 현시점에서 폭발적으로 발전하는 것은 각종 기술 여건이 갖춰진 결과라 할 수 있다. 하지만 빅데이터의 기능을 제대로 살리고 컴퓨터를 더 똑똑하게 만들려면 아직도 더 많은 기술 문제를 해결해야 한다.

데이터의 대용량, 다차원, 완전성 같은 특징 때문에 빅데이터는 수집부터 저장, 처리, 응용까지 과거 데이터와 완전히 다르다. 따라서 빅데이터를 제대로 사용하려면 기술 및 공정에서 과거와 다른 방식을 채택해야 하며, 특히 수많은 과거의 사유 방식에서 탈피해야 한다. 빅데이터와 기계지능을 발전시키고 응용하는 과정에서는 새로운 기술 도전에 수도 없이 직면할 수 있고 데이터 보안, 사생활 보호 등 적잖은 기술상의 난제를 해결해나가야 한다. 어떤 문제들은 빅데이터 시대 이전까지 별로 중요하지 않았지만 이제는 매우 뚜렷하고 민감한 문제로 변해 진지하게 고민하지 않을 수 없다.

지금까지 빅데이터가 가져다줄 수많은 장점에 관해 이야기했는데 이러한 장점은 견고한 기술과 공정이 밑받침되어야만 누릴 수 있다. 미래 지능혁명에서는 빅데이터의 핵심 기술을 제공할 수 있는 기업 및 개인이 비약적인 성장 기회를 포착할 것이다.

6

미래의
지능화 산업

기존 산업 + 기계지능 = 새로운 산업.
미래에는 농업과 제조업,
스포츠, 의료 등의 산업은 물론
변호사나 편집기자 같은 직군까지
새로운 국면에 처할 수 있다.
새로운 산업은 기존 산업을 대체해
개성화된 수요를 충족시키고,
빅데이터는 사회 전반의 수준을
한층 더 끌어올리며 변화를 주도할 것이다.

지난 300여 년 동안 몇 차례 발생했던 중대한 기술혁명은 모두 '기존 산업 + 신기술 = 새로운 산업'이라는 규칙을 따랐다. 이는 이 책을 관통하는 주제이기도 하다. 새로운 산업에는 인터넷이 등장한 뒤 인쇄와 텔레비전 광고에서 인터넷 광고로 옮아간 광고업처럼 기존의 형태를 바꾼 산업도 있고, 전보와 전화 산업이 촉발한 전신업처럼 완전히 새로 탄생한 산업도 있다. 이어지는 지능혁명에서도 기존 산업의 변형과 새로운 산업의 탄생이 공존할 전망이며, 어떠한 형태든 지능화와 정교화라는 공통점을 가지기 때문에 이들 전체를 '지능 산업'으로 통칭해도 무방할 듯하다. 이러한 산업에서는 지능을 가진 컴퓨터가 상당히 많은 일, 심지어 대부분의 일을 처리할 수 있다.

이번 장에서는 미래 산업의 형태를 통해 지능혁명이 산업과 사회에 미칠 영향에 대해 살펴보려 한다. 그중 이미 존재하는 일부 산업은 기계지능과 별로 관련이 없어 보이지만 지능혁명의 영향으로 철저히 변모할 수 있다. 그리고 변화는 예상이 아니라 이미 발생했거나 진행 중이다. 이제 가장 오래된 산업인 농업부터 지능혁명의 영향을 살펴보겠다.

미래의 농업

농업은 인류가 종사해온 가장 오래된 산업이자 인류 문명을 지탱하는 기반이다. 스탠퍼드대 랜 모리스(Lan Morris) 교수는 인류 문명의 수준을 1인당 평균 생산력으로 가늠할 수 있다며 원시 사회에서 소비 수준의 2~3배였던 생산력은 농업이 발달하자 10배로 늘고, 산업혁명 이후에는 기계 도입으로 1인당 재배 가능한 면적과 수확량이 크게 늘어 대량의 인구가 농사에서 벗어나 공업과 서비스업에 종사하게 됐다고 말한다. 하지만 토지 면적과 강우량 같은 자연환경은 여전히 농업 발전을 가로막는 장애물이다.

과거에는 토지 부족을 해결하기 위해 화학비료와 농약으로 생산량을 늘리고 물 부족을 해소하고자 더 많은 우물이나 수로를 팠는데 사실 이러한 방법은 단기적 딜레마를 장기적 위기로 바꾸는 것과 같다. 고정된 사유에서 벗어나 농업용수 문제를 들여다보면 "농사에 그렇게 많은 물과 땅이 필요할까?"라는 질문을 가장 먼저 던지게 된다.

2005년 구글의 몇몇 호사가들은 지난 수십 년 동안 이스라엘이 거둔 농업 성과를 재현하겠다며 그 방식을 모방해 본사 문 앞에 작은 채소 농원을 만들었다. 그리고 몇 년 동안 실험한 끝에 이스라엘 방식을 실제로 복제해냈다. 그렇다면 이스라엘 사람들의 방법은 무엇일까? 이를 위해서는 이스라엘의 생활환경부터 살펴보아야 한다.

1990년 나는 사막 정비 프로젝트를 참관하기 위해 중국 서부로 출장을 갔다. 현지에서는 이스라엘이 건조한 땅임에도 작물 수확량이 많다는 얘기를 듣고 이스라엘 전문가를 초빙해 농사 지도를 받고 있었다. 중국에 온 이스라엘 사람들은 서북부 자연환경을 살펴본 뒤 물 부족이 무슨 말이냐며, 이스라엘보다 훨씬 풍부하다고 말했다. 실제로 이스라엘의 자연환경은 매우 척박하다. 대부분 토지가 사막이라 경작할 수 있는 면적은 국토의 20%도 되지 않는데다 토층이 극도로 거칠고 무엇보다 수자원이 심각하게 부족하다. 이스라엘에는 요르단 강과(심지어 아랍인과 공유해야 한다) 보잘것없는 담수호 하나가 전부다. 연평균 강우량은 약 200밀리미터이며 국토의 절반을 차지하는 네게브 사막은 25~50밀리미터에 불과하다. 이 정도 강우량이면 대체 어느 정도로 적은 걸까? 늘 물이 부족하다는 중국 서북부와 비교하면 감이 올 수도 있다. 란저우(蘭州)의 연평균 강우량은 325밀리미터, 시닝(西寧) 380밀리미터, 우루무치(烏魯木齊) 200~800밀리미터 등으로 모두 이스라엘보다 훨씬 많다.

이렇게 열악한 생존 여건에서도 이스라엘 사람들은 농산품의 단위 면적당 생산량을 세계 선진 수준으로 끌어올리는 놀라운 기적을 창출해냈다. 이스라엘의 젖소 1마리당 우유 생산량은 평균 1만 500킬로그램으로 세계 최고고 닭은 1마리당 평균 280개의 달걀을 낳으며,

목화 역시 세계 최대로 1묘(약 667제곱미터)당 500킬로그램(중국은 114킬로그램)을 생산한다. 또 감귤의 묘당 연평균 생산량은 3톤(중국 0.5톤),[1] 토마토는 20톤[2]에 이른다. 단위 면적당 생산량이 워낙 높아서 이스라엘은 농산품 수출 대국으로 손꼽히며 매년 유럽에 채소와 과일을 대량 수출해 '유럽의 주방'이라 불린다. 심지어 건조한 사막국가면서도 네덜란드에 이어 세계 2위의 화훼 공급국이기도 하다. 2007년 이스라엘의 농업 총 생산규모는 55억 달러였으며 그 가운데 수출이 21억 7,200만 달러로 40%의 비중을 차지했다. 다시 말해 이스라엘 국민 한 사람당 세계에 1.7인의 식물에 기여한 셈이다. 이스라엘이 이러한 성과를 거둘 수 있었던 근본 원인은 단기 이익을 노린 생태환경 파괴가 아니라 과학기술을 통해 농업을 진흥시켰기 때문이다. 여기서는 그들이 과학기술을 통해 어떻게 생산량을 높였는가는 논하지 않고 어떻게 수자원을 절약했는지 살펴보려 한다.

심각한 물 부족 국가인 이스라엘은 점적기가 장착된 파이프로 식물 뿌리에 물과 비료를 직접 전달하는 점적관수(點滴灌水) 기술을 발명해 물과 비료 사용을 크게 줄였다. 또한 모든 관개방식을 컴퓨터로 자동 관리하고, 관개시스템에 장착된 센서로 식물 줄기와 열매의 직경 변화 및 지하 습도를 측정해 관개량을 결정함으로써 인력과 수자원을 절약했다. 대량의 센서로 데이터를 수집하는 자동 관개 시스

---

1   http://www.cnagri.com/mucaixw/aigeshidian/20130308/220677.html.
2   http://www.ishitech.co.il/0112ar8.htm.

템은 용수량과 생산량의 관계를 학습해 관개량을 개선할 수 있었다. 제2차 세계대전 후 건국한 이스라엘은 그동안 농업 생산량이 10여 배 증가했지만 묘당 용수량은 거의 변하지 않았다. 첨단 기술을 통해 전통적 농업에 질적 혁명을 일으킨 결과, 제2차 세계대전 전까지 황량했던 네게브 지역(이스라엘 소재지)은 이제 거대한 녹지로 변했다.

정교한 관개 기술로 논밭을 관리할 수 있다면 풀밭, 화원, 마당 등 관개가 필요한 모든 땅에도 비슷한 방식을 적용해 물 사용을 크게 줄일 수 있지 않을까? 그렇다. 2013년 7월 「타임스」는 실리콘밸리의 소기업이 발명한 드롭렛(Droplet)이라는 가정용 살수 로봇에 대해 보도했다. 이 로봇은 외관 및 이동 방식이 가정에서 많이 사용하는 청소 로봇과 비슷해 보이지만 지능이 훨씬 높다. 드롭렛은 먼저 마당을 훑어 물을 줘야 하는 식물과 잔디가 얼마나 되는지 살펴보고 토지별 습도와 식물 높이를 측정해 물의 양을 결정한다. 물을 줄 때는 사전에 계산한 살수량에 따라 호스를 상응하는 위치로 끌고 간 다음 분수의 각도와 유량, 시간을 잘 맞춰 물을 뿌리기 시작한다. 또한 사전에 계획한 경로로 마당 전체에 물을 뿌리기 때문에 어느 한 곳도 빠뜨리지 않는다. 드롭렛은 습도에 따라 물의 양을 조절하고 일기예보와 연계할 수 있어서 다음 날 비가 올 듯하면 살수를 멈추기도 한다.

「타임스」는 드롭렛을 사용한 가정은 정원 관리에 쓰는 물을 95% 이상 절약할 수 있다고 보도했다. 2015년 최악의 가뭄을 겪던 캘리포니아의 많은 지역에서는 물을 절약하기 위해 가정에서 살수 로봇을 구매할 때 산업보조금을 지급하기도 했다.

기계지능이 도입되면 인류의 가장 오래된 산업인 농업은 참신한 형태로 변모해 '기존 산업 + 기계지능 = 새로운 산업'이라는 이미 증명된 기술혁명의 진보법칙을 다시 한 번 검증해줄 것이다.

미래의 스포츠

2015~2016년 NBA(미국 프로농구 리그) 시즌 때 실리콘밸리 지역의 골든 스테이트 워리어스(Golden State Warriors)팀은 정규리그 최다승이라는 신기록을 기록했다. 전체 82경기 중 73승[3]을 거둔 동시에 홈 54연승 기록을 달성했고, 1년 전에는 NBA 우승을 차지했다. 여기까지 읽고 나면 골든 스테이트 워리어스가 고전적인 강팀으로 다수의 스타 선수와 최고의 감독을 보유했으리라 짐작하며, 그렇지 않고서야 어떻게 이런 기록을 달성하겠는가 생각할 수 있다.

하지만 사실은 전혀 그렇지 않다. 골든 스테이트 워리어스는 NBA에서 오랫동안 '피라미 팀'으로 여겨졌다. 2009년만 해도 NBA 최악의 팀 중 하나였고 성적 역시 꼴찌를 겨우 면했으니 당연히 스타 선수와 최고의 감독이 있을 리 없었다. 그래서 골든 스테이트 워리어스가 뛰어난 성적을 거둔 것은 실로 기적이었고, 그들이 기적을 만든

---

3   이전 기록은 시즌 72승으로 조던 시대의 시카고 불스 팀이 세웠다.

방식 역시 스포츠 역사상 유일무이한 것이었다.

일반적으로 약팀이 급부상하는 이유는 스포츠를 좋아하는 기업 주가 팀 전체 혹은 일부를 사들인 뒤 거액을 들여 스타 선수와 노련한 감독을 영입하고 각종 광고로 팬을 끌어모으기 때문이다. 중국의 헝다(恒大) 축구팀이 대표적인 예로, 헝다 그룹의 엄청난 투자 덕분에 이 팀의 가치는 레알 마드리드보다도 높은 33억 5,000만 달러에 이른다. 그런데 투자한다고 성적이 반드시 따라오는 것은 아니기 때문에 약팀이 급부상하기란 결코 쉬운 일이 아니다. 골든 스테이트 워리어스의 성공은 투자의 결과가 아니었다. 그것은 특별한 지역, 바로 실리콘밸리에 있기 때문에 가능했다.

실리콘밸리에는 두 부류의 사람이 넘쳐난다. 바로 벤처투자가와 기술자이며, 워리어스의 기적은 상당 부분 이들 덕분이라 할 수 있다. 벤처투자가는 남들이 보지 못하는 잠재력을 가치 있는 사업으로 만들고, 기술자는 기술을 이용해 기적을 창출하는 데 능한 사람들이다. 워리어스의 성공은 바로 그들이 협력한 결과였다. 6년 전 워리어스의 경기 성적이 바닥까지 떨어져 가치가 매우 낮아지자 일부 벤처투자가들은 별 가치 없는 이 팀을 인수해 미국 스포츠계의 찬란한 스타로 만들어내겠다고 결정했다. 살짝 정신 나간 듯 보이는 계획이었지만 투자가에게는 나름대로 생각하는 바가 있었다. 바로 비밀 무기, 빅데이터 응용이 가능한 기술자가 있었기 때문이다. 최종적으로 투자가들은 4억 5,000만 달러라는 비교적 낮은 가격에 워리어스를 인수했다.

인수를 마친 투자가들은 새로운 관리자들을 팀으로 파견했다. 그 안에는 빅데이터를 이용해 팀의 발전 전략과 경기 전술을 짜는 기술자들도 포함되었다. 새로운 관리자들이 가장 먼저 한 일은 유명 선수를 영입한 게 아니라 팀의 스타 선수를 내보낸 뒤 당시 무명이었던 한 선수를 중심으로 스타일과 전술을 새롭게 정비하는 것이었다. 물론 모든 계획은 빅데이터로 얻은 결론을 기반으로 했다.

데이터 분석 결과에 따라 관리자들은 NBA 및 여러 프로 리그에서 선호하는 기존 방식이 효율적이지 못하거나 심지어 잘못되었다고 판단했다. 수십 년 동안 NBA는 공중을 제압하려 노력해왔기 때문에 신체조건이 뛰어난 선수를 찾았다. 손을 뻗어 농구공을 골대로 넣을 수 있거나(야오밍 등), 높이 뛰어올라 덩크슛을 내리꽂을 수 있는 사람(조던 등)을 원했다. 사실 이런 방식은 멋져 보이긴 해도 효율이 매우 낮다. 팀 전체가 골 밑까지 힘들게 들어가 공을 키 큰 사람에게 패스해야 하기 때문이다. 패스할 때 실수하지 않아도 2점을 얻을 뿐이다. 덩크슛 역시 마찬가지로 엄청난 체력을 쏟아부어도 2점을 얻는다. 워리어스 관리자들이 구상한 새로운 방식은 24피트(약 7.3미터) 바깥의 3점 슛 라인을 최대한 활용해 3점을 획득하는 것이었다. 이렇게 전통적인 전술에서 벗어난 작전을 위해 워리어스는 몸값은 높지만, 효율은 낮은 스타 선수를 버리고 자신들이 점찍은 신인을 육성하기 시작했다.

신인은 바로 커리(Stephen Curry)였다. 지금은 미국에서 모르는 사람이 없고 중국 농구팬도 매우 익숙한 유명인사지만 당시에는 환영

받지 못하는 선수였다. 신장이 1미터 91센티미터밖에 되지 않아서 농구장의 스타 선수들과 비교하면 보잘것없어 보였고, 고등학교를 졸업할 때는 유명 대학팀 감독의 시선을 전혀 끌지 못했다. 2009년 그는 매우 낮은 가격으로 워리어스에 입단했다(4년간 1,270만 달러. 야오 밍이 NBA에 진출한 첫해 연봉만 해도 1,250만 달러였다). 대학팀에서 꽤 좋은 성과를 냈지만 정상급 팀이 아니다보니 상대 선수들 역시 커리를 안중에 두지 않았다.

워리어스 관리자들이 커리를 중용한 이유는 슛이 정확하다는 장점 때문이었고 결국에는 3점 슛의 명사수로 키워냈다. 2014~2015년 시즌 때 커리는 신들린 듯 슛을 던져 워리어스에 40여 년 만의 첫 우승을 안겨주었고 스스로도 최우수선수(MVP)에 선정되었다. 2015~2016년 시즌 때는 403개의 3점 슛을 성공시켜 레이 알렌이 보유하고 있던 269개의 단일 시즌 최다 3점 슛 기록을 깨고 NBA 역사를 다시 썼다. 커리의 슛 성공률은 50%에 이르고 3점 슛 성공률도 45%에 달했다. 그의 3점 슛이 다른 유명 스타의 골밑슛보다 더 정확하다는 뜻이다. 그러자 수많은 농구팬이 커리의 3점 슛을 구경하기 위해 워리어스 경기에 몰려들었다. 커리가 유명해지면서 상대 팀들은 그를 강하게 마크하기 시작했고, 이는 워리어스 다른 선수들에게 슛할 기회를 안겨주었다.

보통 감독이라면 그 기회에 인사이드 공격을 강화해야 한다고 생각하겠지만 스티브 커 감독은 달랐다. 2014년 워리어스를 맡았을 때 커는 NBA 감독을 해본 적이 없는데도 구단주 라콥(Joe Lacob)

의 적극적인 지원을 받았다. 라콥은 농구팬일 뿐 농구계 인사가 아니며, 유명한 벤처투자사 클라이너 퍼킨스의 파트너로 이른바 '기술광'이었다. 심지어 동업자까지도 유튜브의 공동창업자 채드 헐리(Chad Hurley) 등 대부분 기술자 출신이었다. 그러다보니 그들은 NBA 경험이 아니라 데이터로 얻은 결론을 훨씬 신뢰했다. 라콥은 커가 NBA 선수 시절 정확한 슛을 쏘았기 때문에 그를 발탁했다. 또한 커는 조던과 동시대의 불스 팀 선수로 다섯 차례 우승했고 개인 슛 성공률도 당시 NBA 선수 최고인 45.4%에 달했다. 커는 감독을 맡은 뒤 경험이 아니라 데이터에 의거해 팀을 이끌었다. 기술자들이 집계한 역대 NBA 경기 통계를 본 그는 개인의 능력을 과시하는 돌파나 덩크슛이 아니라 현란한 패스와 정확한 슛이 가장 효과적인 공격임을 발견했다. 커의 지도하에서 슛 기술을 맹렬히 연마한 결과, 워리어스는 한 시즌 동안 팀 전체 3점 슛 1,000개라는 또 하나의 기록을 만들어냈다. 그뿐만 아니라 상대팀에서 커리를 집중 방어할 때 워리어스의 두 번째 슛터인 톰슨도 위력을 뿜어냈다. 270개 이상의 3점 슛을 던져 지난 기록을 뛰어넘는 두 번째 선수가 된 것이다.

워리어스는 데이터로 전략을 수립했을 뿐만 아니라 실시간 데이터를 이용해 즉시 경기 전술을 수정했다. 2012년 워리어스의 회장 겸 COO(최고운영책임자)인 릭 웰츠(Rick Weltz)는 빅데이터 회의(TUCON 2012)에서 워리어스의 성과를 소개하며, 빅데이터로 2인 1조 팀워크의 세밀한 부분까지 개선할 수 있다고 말했다. 첨단 과학기술에 의지한 덕분에 뒤에서 두 번째였던 워리어스는 고작 6년 만에 NBA 정상에 올라설 수 있었다.

워리어스의 전술과 성적은 NBA에 엄청난 충격을 안겨주었다. 오바마는 백악관에서 워리어스 팀을 접견할 때 "스포츠 구도를 파괴하는 것처럼 보였습니다. 불공평한 경기 같더군요"라고 말했다. 농구계 인사들은 워리어스를 NBA의 구글이라고 평하기도 했다.

데이터로 팀 전체 성적을 끌어올리겠다는 구상은 오늘날 시작된 게 아니다. 1980년대 중국과 미국의 여자 배구는 나란히 세계 최고로 손꼽혔다. 그런데 기술과 전술, 강한 정신력에 의지한 중국 팀과 달리 미국 팀의 비밀 무기는 고속카메라와 통계였다. 그런데도 미국 팀은 운이 나빠서인지 늘 최고 상태의 중국 팀을 만나 몇 차례나 연속해서 세계대회 우승을 놓쳤다. 과거에는 데이터 양이 제한적이라 통계가 그다지 뚜렷한 역할을 하지 못했다. 그래서 스포츠 훈련에 데이터를 활용하는 경우가 별로 없었지만, 미래에는 빅데이터가 스포츠의 구도를 바꾸어놓을 것이다.

빅데이터는 스포츠 훈련 때 우수한 선수의 동작과 자세를 분석·평가함으로써 다른 선수의 동작을 교정하는 데 도움을 줄 수 있다. 이미 골프와 테니스 선수들은 각종 센서를 몸에 부착해 동작을 측정한 뒤 우수한 선수와 비교해 자신의 동작을 교정한다.

그 외에도 기계지능은 프로그램으로 체스 선수의 훈련을 돕기도 한다. 현재 상당수 체스 교육기관에서 어린 플레이어를 훈련할 때 사람을 통하지 않고 컴퓨터를 이용하며, 최근에는 바둑 기사도 컴퓨터로 훈련하기 시작했다.

미래의 경기는 빅데이터 및 기계지능과 한층 더 밀접해질 것이다. 스포츠는 계속해서 사람들이 좋아하는 오락 활동이겠지만 천부적 자질과 고된 훈련만으로는 최고의 성적을 기대하기 어려울 수 있다.

미래의 제조업

2011년 독일은 디지털화와 지능화로 제조업 수준을 끌어올린다는 '인더스트리 4.0' 개념을 제시했다. 이와 비슷하게 중국도 스마트 기기와 빅데이터 분석으로 인간을 돕거나 심지어 대체해 제조업의 전면적 지능화를 실현한다는 내용의 '중국 제조 2025'를 내놓았다. 미국에서는 테슬라 자동차회사가 완전히 로봇만 사용하는 조립라인을 가동해, 공장 직원을 대폭 줄이는 한편 성능과 품질이 훨씬 안정적인 자동차를 출시할 수 있게 되었다.

한때 산업 노동자 수는 제조업 경쟁력의 중요한 지표로 인식되었으며 생산라인의 값싼 노동력이 세계 제조업의 번영을 이끌었다. '세계의 공장'이라 불리는 중국은 개혁개방 이후 바로 이 핵심 경쟁력을 발판으로 세계 제조업대국의 반열에 들었다. 세계 최대의 OEM 제조업체 폭스콘의 경우 중국에서 130만 명의 값싼 노동자를 고용해 가격으로는 세계 어떤 전자제품 제조업체도 상대가 되지 않는다. 물론 폭스콘 역시 '착취 공장'이라는 악명을 얻었다. 직원 수가 너무 많다보니 폭스콘 같은 회사는 설령 복리 수준을 높이려는 마음이 있어도 실현할 수 없고, 다른 한편으로는 노동자를 더 착취해 제조 원가를 낮출 수도 없다. 이러한 모순을 해결하기 위해 폭스콘은 생산라인의 노동자를 대체할 산업 로봇을 줄곧 개발해왔다. 폭스콘은 향후 100만여 대의 로봇으로 조립 노동력을 차츰 대체해나갈 계획이다. 이럴 경우 노동자들은 더는 힘들고 반복적인 일을 할 필요가 없지만 공장에 필요한 인력이 대폭 감소하기 때문에 기술이 없는 사람은 상당수 일자리를 잃을 것이다.

제2차 세계대전 이후 미국 자동차 산업의 종사자는 100만여 명에 달했지만 지금은 그때보다 자릿수 하나가 줄어버렸다. 또한 테슬라 등 새로운 자동차회사는 이미 생산라인에서 사람 대신 최대한 로봇을 사용하기 시작했다. 실리콘밸리 동쪽의 프리몬트(Fremont)시에는 테슬라 최대의 조립공장이 있다. 정문 앞에서 매일 몇 명씩 해골을 세워놓고 항의하기에 잠시 멈춰서 물어보니, 테슬라가 자동차 노조 가입자를 아예 채용하지 않았으며 심지어 생산라인 자체에 근로자가 별로 없어서 노동조합에서 매일 항의하는 것이라고 했다.

항의는 항의일 뿐, 테슬라가 생산라인에 사람을 고용하지 않는다고 외부에서 어찌할 방법은 없다. 사실 지난 5년 동안 테슬라는 직원 수를 대폭 늘렸다. 다만 자동차회사가 아니라 IT 회사인 듯 전부 IT 분야의 사람만 뽑았을 뿐이다. 그렇다면 테슬라 자동차는 대체 어떻게 생산될까? 간단하다. 최대한 로봇을 사용한다.

제조업에서 인간을 로봇으로 대체할 때 생기는 또 하나의 커다란 장점은 맞춤형 제작이 쉬워진다는 점이다. 산업 시대에는 기계로 확정성의 문제를 해결했다. 어떤 제품이 설계되면 확실하게 정해지는 셈이라, 사전에 확정된 설계대로 복제함으로써 비용을 저렴하게 낮췄다. 그런 상황에서는 고객이 자신만의 필요에 따라 특정한 제품을 주문하면 가격이 높아질 수밖에 없다. 반면 로봇이 생산라인 노동자를 대신하는 스마트 제조시대에는 제품의 매개변수를 설정하기만 하면 로봇이 고객 수요에 따라 맞춤형 제품을 만들 수 있다. 가격 역시 대규모 생산과 큰 차이가 없다.

테슬라가 자동차 분야 직원을 적게 고용한 데에는 비용 절감 외에 자신의 정체성을 자동차회사가 아니라 IT 회사로 설정해왔다는 훨씬 더 심층적인 이유가 있다. 사실 자동차는 테슬라의 IT 기술을 탑재한 플랫폼이다. 테슬라는 자동차를 거대한 스마트 단말기로 보고 이것을 통해 각종 기술 서비스를 제공하는 동시에 소비자의 일상생활에 참여하려 한다. 이는 우리가 앞에서 언급했던 샤오미 휴대전화와 상당히 비슷하다.

테슬라가 차별화되는 또 한 가지는 자동차 산업의 관행에서 벗어나 지난 1세기 동안 이어져 온 대리점 제도를 없앴다는 것이다. 그렇다면 왜 테슬라는 가능한 반면, 훨씬 크고 발언권 있는 대형 자동차회사들은 각지의 대리업자와 이익을 나눠야 할까? 이를 이해하려면 제품 생산과 유통의 산업사슬부터 살펴봐야 한다.

제품 생산은 상품경제의 주요 고리 가운데 하나일 뿐이다. 생산 외에도 설계, 연구 개발, 보관, 물자 관리, 물류, 운수, 도매, 소매 등 과거에는 어느 하나도 빠져서는 안 됐다. 나는 『흐름의 정점』에서 델의 사업 모델을 소개하며, 델의 성공은 인력이 필수적인 생산 부분을 매각해 비용을 낮추는 한편 다른 주요 부분을 확실히 관리해 이윤을 지켰기 때문이라고 말했다. 예전에는 생산 이외의 부분은 소위 지식형 직원에게 맡기거나 현지 직원을 활용해야 했다. 가령 자동차를 팔 때 현지 직원에 의지해야지, 공장이 직접 판매지에서 사람을 고용하면 대리업체를 이용할 때보다 훨씬 많은 비용이 들었다. 하지만 빅데이터 시대에 이르러서는 제품의 설계와 연구 개발 이외의 나머지 부분들은 고도로 지능화되거나(창고와 물자 관리 등) 아예 없어지는(도매업 등) 추세기 때문에, 이른바 제조업의 고차원 업무도 기계지능에 대체되는 상황에 놓였다. 예를 들어 알리바바가 급부상하면서 수많은 도매업 업무가 사라졌다. 물론 그와 동시에 사회 전체의 효율은 향상되었다.

델이 창업 후 2004년까지 성공할 수 있었던 이유는 누구보다 먼저 지능화 경영을 채택해 각 단계의 비용을 낮췄기 때문이다. 하지만 레노버 등 수많은 기업도 비슷한 경영방식을 택하자 저렴한 비용으로 경쟁하던 델은 더 이상 우위를 점할 수 없게 되었다. 테슬라는 델보다 한 걸음 더 나아가 각종 신기능의 연구 개발 인력을 대거 고용하는 한편 설계부터 배송, 나아가 A/S까지 중간 단계 업무를 최대한 인간이 아니라 컴퓨터에 맡겼다. 결국 컴퓨터의 도움 덕분에 테슬라는 모든 일을 직접 해낼 수 있게 되었다.

사실 테슬라는 아주 조용히 자동차 산업의 정의를 새로 내리고, 예전의 포드나 벤츠와 완전히 다른 방식으로 자동차를 이해하고 있다. 자동차라는 오래된 산업이 빅데이터와 기계지능의 도입 이후 환골탈태해 새로운 산업으로 거듭난 것이다.

테슬라는 미래 제조업의 전형적인 사례일 뿐, 다른 제품 역시 제조 및 유통에서 빅데이터와 기계지능의 도움을 받을 수 있다. 기계지능이 제품 제조와 판매의 각 단계에 스며들면 종사자 수가 줄어들 뿐만 아니라 제조업 전체가 재정비될 것이다. 미래에는 설계부터 판매까지 전 과정의 지능화가 경쟁력을 좌우하기 때문에 임금을 낮추는 저급한 경쟁에만 의지해서는 더 이상 제조업에서 우위를 가질 수 없다. 물론 우리는 전체 제조업의 효율 및 품질 향상에 환호하는 동시에 기계지능에 밀려난 노동력을 어떻게 배치할지의 문제에 관해서도 관심을 기울여야 한다. 이 문제는 다음 장에서 살펴보겠다.

미래의 의료

의료보건 산업은 모든 선진국에서 규모가 매우 큰, 심지어 가장 큰 산업이다. 인간이 경제와 과학기술을 발전시킨 가장 중요한 목적이 바로 건강 증진, 수명 연장이기 때문이다. 역사상 중대한 과학기술의 진보는 하나같이 의료보건 수준의 비약적 발전을 수반했다. 산업혁명 이후 인간은 세균이 병을 일으키는 원리를 파악하고 과학적 방법을 활용해 전통 의학을 현대 의학으로 바꾸어놓았다. 제2차 산업혁명 이후에는 항생제를 발명했는데 앞에서 이야기했듯 항생제의 발명

과정은 기계적 사유를 자각하고 응용한 결과였다. 제2차 세계대전 이후 정보혁명이 시작되자 오늘날 흔히 사용하는 CT(컴퓨터 단층 촬영) 스캐너, 핵자기 공명기, 심장박동기 및 각종 최소 침습 수술기구 등 진단기기와 의료기기가 발명되었다. 의심할 여지 없이 빅데이터와 기계지능 역시 미래 의료산업에 전면적이고 중대한 영향을 미칠 것이다.

현재 의료 분야는 다음과 같은 난관에 봉착해 있다. 첫째, 의료비가 계속 상승한다. 미국의 경우 의료비는 이미 GDP의 17~18%를 차지하며[4] 지금 같은 추세라면 2020년에는 20%까지 상승할 전망이다. 중국은 의료 관련 비용이 상당수 불투명하기 때문에 해당 비율을 정확히 추산하기는 어렵지만, 진료비 감당이 힘들다는 게 사회의 공통된 인식이다. 둘째, 의료 자원이 균등하지 않다. 이는 거의 모든 중국인이 공감할 텐데, 의료 선진국인 미국에도 같은 문제가 있다. 존스홉킨스 병원[5], 해군의료센터[6], 유니언메모리얼 병원(Union Memorial Hospital), 국립의학학술원이 있는 메릴랜드 주는 1인당 평균 의료 자원이 미국 평균의 3배나 된다. 병원이 밀집해 있어서 유니온메모리얼 병원처럼 오래된 대형병원은 뜻밖에도 환자 수 때문에 골머리를 앓는다. 세계적으로 보면 의료 자원의 불균형 문제는 더욱 심각하다.

---

4   출처: 세계은행.
5   거의 언제나 미국 최고라 평가받는 병원.
6   미국 대통령이 진찰받는 지정 병원으로 중국의 301병원과 비슷하다.

셋째, 가장 핵심적인 문제로 암, 파킨슨 증후군, 알츠하이머(흔히 말하는 노인성 치매) 등 치료하기 어려운 병이 매우 많다. 전 세계 의사와 과학자들이 이미 오랫동안 노력해왔고 여러 나라에서 상술한 질병의 치료법을 찾기 위해 막대한 자금을 투입했지만 지난 20여 년 동안 이 분야는 진전이 별로 없었다. 이제 빅데이터와 기계지능이 어떻게 세계 의료 및 제약 산업의 상황을 바꿀 수 있는지 세 가지 방면에서 살펴보겠다.

의료비 감소

우선 의료비 문제부터 살펴보자. 미국의 의료 시스템은 의료사고 배상금이 너무 높고 변호사 수임 비중이 크다는 제도적 결함을 가지고 있다. 프라이스 워터하우스는 이 비용이 전체 의료비의 10%[7], 즉 천억 달러에 이른다고 추산한다. 최대한 보수적으로 잡아도 550억 달러(2008년 고정 달러로 계산한 2011년 추산치)[8]에 달해 미국인 1인당 연간 평균 부담금은 170달러에 이른다. 또한 의료보험 시스템 및 병원의 운영비가 매우 높은데다 무보험 환자들의 변상 거부[9]까지 상당 부분 더해진 비용을 의료 시스템은 지급할 능력이 있는 환자에게 떠넘긴다.

---

7   Price Waterhouse Coopers, *The factors fueling rising healthcare costs 2006* [Internet], New York(NY): Price Waterhouse Coopers; 2006. Jan.

8   http://www.ncbi.nlm.nih.gov/pmc/articles/PMC3048809/table/T1/.

9   미국 법률에 따르면 응급환자는 보험이 없더라도 병원으로 호송해 치료해야 하는데 병원은 이 비용을 거의 회수하지 못한다. 또한 상당수 환자의 임종 전 마지막 의료비도 회수하지 못한다. 병원은 이러한 손실을 변칙적으로 의료보험이 있는 환자에게 떠넘긴다.

그런데 이런 것들은 기술과 관련 없는 문제이므로 더 논하지 않고 기술을 활용해 의료비를 낮출 방법에 대해 집중적으로 이야기하겠다.

의료 자체만 따질 때 의료비가 높은 가장 중요한 이유는 약품의 연구 개발 주기가 너무 길어 비용이 많이 든다는 것과 의료인 양성 비용이 너무 비싸다는 두 가지를 꼽을 수 있다.

먼저 미국의 신약 개발 비용을 살펴보면, 스탠퍼드 의대 총장 미나 교수는 "오늘날의 신약은 그와 관련된 첫 번째 주요 논문이 발표된 뒤 약품으로 출시되기까지 대략 20년의 시간이 걸리며 그사이 최소 20억 달러의 연구비가 투입됩니다"라고 말했다. 미국 특허법이 지정한 특허존속기간은 신청한 날부터 20년(신청 후 3년이 지나도 비준받지 못하면 비준일 때부터 17년)밖에 되지 않는다. 그런데 특허는 약품을 출시할 때가 아니라 그 십몇 년 전에 출원하기 때문에 약품이 출시된 뒤 특허권을 보호받는 기간은 사실 몇 년밖에 되지 않는다. 존슨앤존슨사는 이에 대해 주요 처방한 약이 출시된 뒤 실제 특허 존속기간은 7년에 불과하다고 말했다. 그러니까 신약을 순조롭게 연구해 출시해도 독점 판매로 비용을 회수할 수 있는 기간은 7년밖에 되지 않는 셈이다. 그래서 새로운 특효약은 모두 비쌀 수밖에 없다.

미국 의료비가 높은 두 번째 원인은 의료인의 진료비가 매우 비싸기 때문이다. 유럽과 미국 등 선진국에서 의사는 고학력, 고수입, 고지위의 '3고' 직업이라 할 수 있다. 그리고 의사 중에서도 진단방사선과 의사나 흉부외과 수술의, 뇌 외과 의사 같은 전문의는 특히 수입이 높은 그룹으로, 그들의 평균 수입은 상장회사 임원의 평균 수입을 한참 뛰어넘는다. 그렇다면 구체적으로 얼마나 높을까? 2014년 나는 스탠퍼드 의대 교수와 박사 몇 명을 만나 전문의 수입에 관해 이야기를 나누었다. 그들은 방사선과 의사를 예로 전문의의 생활과 수입을 설명하며 "방사선과 의사면허를 따고 처음 일을 시작할 때쯤 이면 당신의 고등학교 동창은 아이를 초등학교에 보냈고 친구 역시 어느 정도 자리를 잡았지요. 하지만 당신은 이제 겨우 일을 잡았음에 도 연봉이 50만 달러라고 자랑스럽게 말할 수 있습니다"라고 말했다. 50만 달러라는 연봉을 모든 전문의가 다 받지는 않지만, 상당수의 연수입이 그 수준이거나 더 높다. 연봉 50만 달러가 와 닿지 않는다면, 미국 중위수 임금의 10배에 해당하며[10] 미국 대통령보다 25% 더 높은 금액이다.[11]

전문의 수입이 그렇게 높다면 전문의 진료비는 더 높을 수밖에 없다. 가령 방사선과와 관련된 의학영상 분석 업종에 2014년 지급된 비용은 약 330억 달러에 이르렀다.[12] 그해에 엑스레이, CT, 핵자기공명 검사를 했든 안 했든 미국인 한 사람당 110달러를 부담한 셈이다. 더욱 무서운 것은 이 비용이 GDP 성장률보다 훨씬 높은 7%의 연간 성장률을 보인다는 점이다.

미국 전문의의 진료비가 높은 주요 원인은 전문의가 되기 너무

---

10   2014년 미국 중위수 연봉은 5만 2,000달러다.
11   현재 미국 대통령 연봉은 40만 달러다.
12   http://arxiv.org/ftp/arxiv/papers/1401/1401.0166.pdf.

어려워 전문의 수가 매우 부족하기 때문이다. 자격을 갖춘 전문의가 되려면 지적 수준이 높아야 할 뿐만 아니라 오랜 기간 체계적인 훈련을 거치면서 많은 학비와 실습비를 지급해야 한다. 미국에서 전문의가 되는 과정은 대략 다음과 같다.

미국에서는 학사 학위를 취득한 뒤에야 의학 공부를 할 수 있기 때문에 우선 대학 학부 4년을 끝내야 한다. 대학을 졸업한, 이른바 의예과생(Pre Med)들은 의대에 진학하기 위해 격렬한 경쟁을 치른다. 그러다보니 좋은 의대 합격률은 하버드대보다 훨씬 낮다.[13] 의대에 진학한 행운의 미래 의학박사들은 4~5년의 의과 수업 기간 동안 일반 대학원생보다 엄청나게 많은 수업량을 감당해야 하며, 의대를 마친 뒤 운이 좋으면 2년 정도의 병원 실습(인턴)과 2~3년 전문의 실습(Fellow)을 거쳐 전문의 면허를 딸 수 있다. 모든 과정을 끝내기까지 평균 13년이 걸리며 중간에 도태될 가능성이 매우 높다. 실제로 고등학교를 졸업할 때는 전문의가 되겠다는 사람이 꽤 많지만, 의사면허를 취득하는 사람은 극소수에 불과하다.

또한 전문의가 되기 위한 학비도 엄청나다. 의학박사 과정에는 장학금이 없어서, 만일 학부 때도 직접 학비를 냈다면 학부부터 의대 졸업까지 50~70만 달러를 지불해야 한다. 유럽과 미국에서는 대부분 부모에게 의지하지 않아서 전문의로 돈을 벌 수 있을 때는 부채가

---

13 미국 3대 의대(하버드의대, 존스홉킨스의대, 스탠퍼드의대) 합격률은 보통 2% 정도인데 하버드대 본과는 5~6%다.

이미 상당히 쌓인다. 투자비 회수라는 측면에서 보면 시간과 금전을 그렇게 많이 투입했으니 수입이 높아야만 수지가 맞는 셈이다.

이러한 미국 의료 시스템의 문제는 단순히 의사와 병원, 제약사에 진료비를 낮추도록 요구한다고 해결할 수 있는 게 아니다. 이는 오바마의 의료보험계획안을 실행하기 어려운 이유이기도 하다.

과거에는 방사선과 의사 같은 경우 전문 기술이 많이 필요하고 업무 자체도 매우 복잡해 기계로 대신할 수 없다고 여겼다. 하지만 오늘날 지능형 패턴 인식 소프트웨어는 의학 영상을 식별하고 분석해 경험이 많은 방사선과 의사보다 더 정확하게 진단할 수 있다. 이는 의료 산업에 근본적인 변화를 가져올 것이다.

패턴 인식과 영상 이해 기술로 의학 영상을 분석하겠다는 과학자와 의사들의 생각은 사실 빅데이터가 등장한 이후에 시작된 게 아니다. 1970년대 영상 처리가 막 가능해졌을 때 이미 의학에 사용할 수 있다고 생각했다. 하지만 획기적인 진전을 이뤄 사람보다 정확해진 것은 최근 몇 년의 일이다. 컴퓨터가 학습할 수 있는 대량의 데이터가 생겼기 때문이다.

대부분 중국 환자는 진료를 받을 때, 경험이 풍부하다는 이유로 '나이 든 의사'를 선호한다. 사실 나이든 의사의 경험이란 병례(데이터)를 통한 학습 과정이라서, 앞에서 구글의 알파고와 이세돌의 대국을 통해 이미 지적했듯 아무리 빨리 배워도 컴퓨터를 능가할 수는 없다. 방사선과 의사는 평생 10만 건 이상의 병례를 다루기 힘들지만 컴퓨터는 100만 건도 쉽게 학습할 수 있다. 2012년 구글 과학경시대회 때 위스콘신의 한 고등학생이 1등을 차지했다. 그녀는 760만 건의 유방암 환자 표본데이터의 기계학습을 통해 조직검사에 도움이 되는 암세포 위치 진단 알고리즘을 설계했다. 심지어 예측 정확도가 현재의 전문의 수준을 뛰어넘는 96%에 달했다. 그 어린 학생의 영상 처리 및 기계학습 알고리즘이 복잡하지 않음에도 성공한 원인은 전적으로 빅데이터 덕분이었다. 어떤 의사도 평생 760만 건의 병례를 볼수는 없다.

의학 영상을 분석할 수 있는 많은 소프트웨어가 이미 상용화에 들어갔다. 다만 임상진단의 경우 사람이 검사보고서에 사인하게 되어 있어서 소프트웨어로 도출된 결과도 사람이 확인한 뒤 사인해야할 뿐이다. 그렇긴 하지만 방사선과 의사의 업무 효율이 크게 향상돼 진단 비용이 차츰 낮아질 수 있다.

지능형 컴퓨터는 방사선과 의사의 진단 업무를 분담할 수 있을 뿐만 아니라 수술까지 가능하다. 현재 세계에서 가장 대표적인 수술 로봇은 다빈치 수술 시스템이다. 다빈치 수술 시스템은 수술실 내 수술대와, 의사가 원격 통제할 수 있는 콘솔 두 부분으로 구성된다. 수술대는 세 개의 로봇팔이 달린 로봇으로 환자의 수술을 책임지는데 각각의 로봇팔은 사람보다 훨씬 민첩하다. 또한 카메라를 장착해 체내 수술이 가능하기 때문에 수술 흉터가 매우 작고 인간 의사가 하기 힘든 수술도 시행할 수 있다. 조종 콘솔에서는 컴퓨터가 몇 대의 카메라로 촬영된 2차원 영상을 고화질의 3차원 체내 영상으로 환원해 전체 수술 과정을 제어한다. 의사 역시 원거리에서 수술 과정에 관여

할 수 있다. 다빈치 수술 시스템을 발명한 핵심 멤버인 존스홉킨스대 러셀 테일러(Russell Taylor) 교수가 내 친구이자 선배라 나는 직접 로봇을 조종해볼 수 있었다. 테일러가 수술대에 놓아준 가짜 뇌를 멀리서 메스로 가상 절제했는데 진짜 조직을 절제하는 듯한 촉감이 느껴졌다. 현재 전 세계에는 3,000대의 다빈치 로봇이 있으며 이미 300만 건의 수술을 진행했다.

진단과 수술 등에서 컴퓨터는 의사보다 세 가지 면이 뛰어나다. 첫째, 컴퓨터는 판단 착오(혹은 실수)의 가능성이 매우 작다. 즉 의사들이 소홀하기 쉬운 상황을 발견할 수 있다. 둘째, 정확도가 매우 높으며 데이터 양(병례) 증가에 따라 빠르게 향상된다. 셋째, 역시 사람에게 없는 장점으로 지능 프로그램은 매우 안정적이며 사람처럼 감정에 흔들리지 않는다. 또한 지능 프로그램 비용은 통상 사람의 100분의 1도 되지 않는다.

의료 자원 부족 해소

기계지능이 방사선과 의사와 외과 의사를 도와 의료비를 낮출 수 있다면 의료 자원 부족 문제를 해결하는 데에도 똑같이 효과적일 수 있다. 자연 언어 처리 전문가와 의사들이 컴퓨터에 인간의 언어를 이해시킨 다음 화학검사 결과와 환자의 증상 설명에 따라 간단한 질병을 진단하게 하는 것이다. IBM은 1970년대부터 기계지능 연구에 힘을 쏟기 시작해 줄곧 산업계 선두를 유지해왔다. IBM이 개발한 왓슨(Watson) 지능 시스템은 자연 언어를 이해하고 각종 데이터와 의학 영상을 분석해 질병 진단과 의료 정보 관리를 도울 수 있다. 종양과 같은 일부 분야에서는 의사에게 매우 정확하게 진단 내용을 건의하고 도움을 주기도 한다. 현재로서는 의사의 관여 없이 컴퓨터로만 병례를 읽고 환자의 설명을 들은 뒤 화학검사 결과를 분석해 진단할 경우 의사의 중간 수준 결과를 얻을 수 있다. 의사를 대체하려면 한참 부족하고 의료 자원이 많은 대도시에서는 필요성도 크지 않지만, 의사가 부족한 아프리카와 인도에서는 이러한 '기계 의사'라도 없는 것보다는 낫다. 더군다나 의료데이터가 매우 빠르게 증가하고[14] 컴퓨터의 학습능력이 뛰어나다는 것을 고려하면 이러한 시스템은 빠르게 진보하므로, 머지않은 미래에는 컴퓨터가 인간보다 더 훌륭하게 진단할 수도 있다.

제약업의 혁명

2013년 구글은 독자적 IT 의료업체 칼리코(Calico)의 설립을 발표하고 세계적으로 유명한 바이오시스템 전문가 아서 레빈슨 박사를 CEO로 초빙했다. 레빈슨 박사는 세계 최대의 바이오제약사 제넨텍[15]의 CEO로 구글에 선임되었을 때 제넨텍 이사회 회장과 당시 세계 최고 시가를 자랑하던 애플의 이사회 회장을 맡은, 이른바 산업계 최고 권

---

14 IBM은 의료데이터가 2020년까지 73일마다 2배씩 증가할 것으로 예측한다. http://www.ibm. com/ smarte rplanet/us/en/ibmwatson/health/.
15 주로 유전자 기술을 연구해 항암제를 개발하는 회사.

위를 가진 인물 중 하나였다. 어떤 사람들은 구글 자회사의 CEO라면 격에 좀 떨어진다고 생각했지만, 레빈슨은 빅데이터와 기타 IT 기술로 인간 수명의 연장 방법을 찾는 일이라 인류 운명을 바꿀 수도 있겠다고 생각했다.

레빈슨은 모두가 익숙한 암 치료를 예로 들어 빅데이터가 미래 의료보건에서 어떤 역할을 담당하게 될지 설명했다.

암 치료는 인류가 반세기 넘게 꿈꿔온 일이다. 1950년대 유명한 기술자이자 트랜지스터의 아버지라 불리는 존 로빈슨 피어스(John Robinson Pierce, 1910~2002)는 암 치료, 달 착륙, 음성 인식, 물의 기름 변환, 해수에서 황금 추출을 인간이 해결하기 어려운 5대 난제라고 말했다. 1969년 달 착륙에 성공하고 1970년대부터는 컴퓨터의 언어 인식 역시 크나큰 발전을 거두어 이들 문제는 이미 해결되었다고 할 수 있다. 요원해 보이는 암 정복도 비록 특정 사람에게만 해당하지만 제어할 수 있게 되었다.

아폴로 달 착륙이나 언어 인식보다 항암 연구에 훨씬 많은 자금이 투입되었음에도 왜 아직 암을 뿌리 뽑지 못하고 있을까? 레빈슨 박사는 반세기 전과 달리, 세균을 죽이는 페니실린처럼 모든 암세포를 한 번에 죽일 수 있는 만병통치약은 세상에 없다는 게 오늘날 의학계의 보편적 인식이라고 말한다. 우리는 암세포가 밖에서 들어온 게 아니라 동물과 사람의 체내 세포가 복제 과정 중 일으킨 유전자 이상 현상이기 때문에 정상 세포와 매우 비슷하다는 사실을 알고 있다. 오늘날 가장 효과적인 치료법은 유전자 기술로 연구해낸 항암제 사용이며, 원리는 이상이 생긴 유전자를 찾아 상응하는 암세포를 죽이는 것이다. 하지만 같은 암일지라도 사람마다 암세포 병변 유전자가 다를 수 있어 어떤 사람에게는 유용해도 어떤 사람에는 효과가 없다. 이러한 상황은 주변에서 심심찮게 들려온다. 실제로 의사들은 암환자에게 약을 쓸 때 유전자 대조를 통해 모종의 항암제 사용이 효과적인지 확인할 필요가 있다.

암을 치료하기 힘든 두 번째 이유이자 가장 근본적인 어려움은 암세포 자체도 복제 때 이상이 생길 수 있다는 데에 있다. 이는 사실 이해하기 쉽다. 유전자 복제 때 한 번 이상이 생겼다면 두 번도 가능할 테니 말이다. 이럴 경우 원래 잘 듣던 항암제가 더 이상 효과를 발휘할 수 없게 된다. 항암제가 암세포를 전부 죽일 수도 없는데[16] 암세포는 설령 하나라도 남아 있으면 신속하게 번식하고 새로운 유전자 변이도 일으킬 수 있다. 암을 앓던 친구가 오랫동안 별문제 없다가 어느 날 갑자기 재발하고 약이 듣지 않아 곧 세상을 떠났다는 식의 이야기를 많이 들어봤을 것이다. 그 원인이 바로 암세포 유전자의 변이 때문에 원래의 항암제가 듣지 않았기 때문이다.

암세포의 유전자 변이는 사람과 관련 있고 계속 발생할 수 있기 때문에 이 문제를 완벽하게 해결하려면 각각의 환자에게 특정한 항암제를 투여한 뒤 암세포에 새로운 변화가 있을 때마다 새로운 약을

---

16 암세포를 전부 죽이겠다며 약제를 지나치게 많이 사용하면 면역시스템을 먼저 망가뜨려 오히려 환자에게 해가 될 수 있다. 치료 과정에서 면역시스템 파괴로 사망하는 환자도 매우 많다.

개발해야 한다. 레빈슨 박사는 연구 속도가 암세포 변이를 따라잡을 수 있다면 암세포를 완전히 없애지는 못해도 환자가 오랫동안 암과 공존하도록 만들 수는 있다고 여겼다. 이론적으로는 가능한 방법이다. 하지만 엄청난 비용이 문제다. 우선 전문 연구팀이 환자별로 약품을 연구하고 신속하게 개발해야 하는데다 1인당 최소 10억 달러 이상이 필요하다. 억만장자가 아니고서야 누가 이러한 방법으로 암을 치료할 수 있겠는가. 이것이 현재 항암 분야의 어려움이며 이 난관은 전통적 의학으로는 타파할 수 없다. 실제로 지난 20여 년, 심지어 더 오랫동안 세계 의학계의 암 구조에 대한 이해와 치료법은 별 진전을 보지 못했다.

그렇다면 출로는 어디에 있을까? 레빈슨 박사는 최신 IT 기술, 특히 빅데이터에 의지해야 한다고 여긴다. 제넨텍 과학자의 설명에 따르면 지금까지 파악된 각종 종양을 유발하는 유전자 변이는 10의 만 제곱, 암은 백 제곱에 불과하다. 다시 말해, 발현 가능한 악성 유전자의 복제 이상과 암의 조합이 10의 수백만에서 수천만 제곱에 불과하다는 뜻이다. 이 수치는 의학 분야에서는 거의 무한대에 가깝지만 IT 분야에서는 매우 작은 단위다. 빅데이터 기술을 사용해 몇 천만 제곱도 넘지 않는 이 조합에서 정말로 변이를 일으키는 각종 조합을 찾고 각 조합별로 상응하는 약물을 찾을 수 있다면, 발생 가능한 모든 병변을 치료할 수 있다. 사람마다 다른 병변도 약품 보관처에서 약품 하나만 선택하면 된다. 가령 존이라는 환자가 원래 1,203호 약품을 썼는데 새로운 병변이 발생했다면 검사를 통해 확인한 뒤

256호 약품으로 바꾸면 되기 때문에 새로운 약을 매번 개발할 필요가 없다. 이런 식으로 암을 제어하는 것이다. 수천수만 종에 이르는 약품 개발비가 적지 않겠지만 세계 모든 암 환자에게로 확대하면, 레빈슨 박사는 1인당 약 5,000달러면 된다고 추산한다.

레빈슨 박사의 환자별 맞춤 특효약 구상은 오늘날 이미 제약업계와 의학계에서 보편적인 공감대를 형성하고 있다. 미국의 유명한 캘리포니아대 샌프란시스코캠퍼스 의대의 아툴 부테(Atul Butte) 교수는 빅데이터의학센터를 설립해 빅데이터를 이용해 전문적으로 맞춤형 약품을 모색하고 있다. 이 센터의 천빈(陳斌) 부교수는 미국에서 임상 효과가 증명된 약품의 7분의 1 정도만 최종적으로 FDA(식품의약국) 심의 과정을 통과해 출시된다며, 나머지 7분의 6은 소규모의 일부 환자에게는 확실히 효과적이지만 대량의 환자에게 사용하면 평균 효과가 저조한 편이라 결국 FDA 승인을 얻지 못한다고 했다. 이 센터는 그중 적지 않은 약이 특정한 환자군에 효과적임을 발견하고, 연구 과정에서 도태된 '폐기약'을 개조해 그들 특정 환자군에 재사용하는 데 초점을 두고 있다. 미래에는 같은 질병도 다른 약으로 치료하고 사람별로 서로 다른 특효약을 갖게 될 것이다.

불로장생의 가능성

레빈슨 박사는 빅데이터가 맞춤형 제약 외에 전통적인 의학으로 치료하기 어려운 질병에도 도움을 줄 수 있으며, 암 치료보다 여기에 더 큰 의미가 있다고 생각한다. 그의 데이터에 따르면 인류가 암 치료의 난제를 해결해도 평균 수명은 약 3.5년 늘어날 뿐이다.[17] 레빈슨 박사와 구글 창업자 페이지는 암 치료가 대중들 생각만큼 크게 의미 있지 않으며 수명 연장의 최대 걸림돌은 노화 문제로, 사람이 충분히 오래 살 경우(암에 걸리지 않고) 마지막에는 누구도 예외 없이 알츠하이머에 걸릴 것이라 예상한다. 평균 수명이 90세 이상으로 늘어나면 알츠하이머 환자가 어딜 가든 넘쳐날 것이다. 매사추세츠공대 이과대학장인 시프서(Michael Sipser) 박사는 지난 10년 동안 미국에서 암, 에이즈, 심장병, 중풍 사망률은 20~40% 폭으로 계속 하락했지만, 알츠하이머로 인한 사망률은 40% 증가했다고 설명한다. 레빈슨 박사는 수명 연장의 핵심을 노화 유전자의 발견이라고 본다. 어떻게 찾는가에서 바로 빅데이터가 필요하며 구글의 특기가 빅데이터 처리이기 때문에, 레빈슨 박사는 구글과 빅데이터 의료회사인 칼리코를 공동 설립한 것이다.

언론은 칼리코에 큰 기대를 보였고 「타임스」는 '구글이 죽음을 정복할 수 있을까?'라는 문구를 표지에 실었다. 「타임스」의 표제는 구글의 야심을 드러낸다기보다 새로운 의학연구에 대한 대중의 기대를 반영한다고 말할 수 있다. 죽음을 의식한 이후 인류는 줄곧 죽음으로 향하는 걸음을 멈출 방법을 모색해왔다. 철학적으로는 삶이 있으면 반드시 죽음도 있으므로 불로장생은 망상에 불과할 뿐이다. 하

---

17   대부분 사람이 암에 걸리는 것은 아니라 암 환자의 생명 연장 기한을 모든 사람에게 확대하면 생각보다 길어지지 않는다.

지만 노화를 유발하는 유전자를 찾고 복제 중 변형을 일으킨 유전자를 복원하면 효과적으로 수명을 연장할 수 있을지도 모른다.

물론 구글 역시 일개 회사의 힘만으로는 노화라는 난제를 막을 수 없다는 사실을 잘 알고 있다. 세계 과학자들과 이 난제를 함께 해결하기 위해 구글과 스탠퍼드대 의대, 듀크대 의대는 공동으로 5,000명의 생리 및 의료 정보가 전부 포함된 표준 의료데이터베이스를 구축했다. 이들은 이 데이터베이스가 세계 과학자들의 연구와 성과 발표를 위한 기준(baseline) 데이터베이스가 되기를 희망한다. 구글 외에도 많은 IT 회사 및 인사들이 의료 분야에 진출하고 있다. 사실 캘리포니아대 샌디에이고캠퍼스 교수 벤터(John Craig Venter) 등이 설립한 휴먼롱제비티(Human Longevity)사는 이 방면에서 구글보다 한 수 위라고까지 할 수 있다. 2013년에 설립된 휴먼롱제비티는 이미 거대 제약업체들에 유전자 기술과 관련된 서비스를 제공하기 시작했다. 완전히 빅데이터를 기반으로 하며 이를 위해 유명한 과학자이자 구글 번역의 책임자였던 오크 박사를 수석 과학자로 초빙했다. 오크 박사는 언어데이터를 바이오데이터로 바꿨을 뿐, 구글에서와 별 차이가 없는 기계학습 업무를 진행하고 있다. 휴먼롱제비티는 칼리코와 달리 임상 데이터를 보유했기 때문에 유전자와 질병의 연계와 치료방법 모색에서 훨씬 실질적이다.

만약 칼리코나 휴먼롱제비티, 혹은 다른 어떤 회사가 방대한 데이터를 이용해 수많은 질병의 유전자 근원을 찾을 수 있다면 다음 문제는 어떻게 유전자를 복원할까로 이어질 것이다. 2014년 매사추세츠공대에서 선정한 '세상을 바꿀 10대 과학기술'에 유전자 편집기술이 포함되었는데 그 핵심 발명기관과 발명자는 중국 윈난성의 영장류생물의학 중점실험실, 캘리포니아대 버클리캠퍼스의 제니퍼 다우드나(Jennifer Doudna) 박사, 매사추세츠공대 장펑(張峰) 박사, 하버드대 처치(George Church) 박사였다. 그중 다우드나 박사는 관련 기술 응용 분야의 스웨덴 과학자 샤펜티어(Emmanuelle Charpentier)와 2015년 브레이크스루상(Breakthrough Prize)[18]을 받았다. 만약 발병 유전자를 찾고 이러한 기술로 유전자를 복원할 수 있다면 인간의 수명은 크게 연장될 것이다. 물론 이러한 기술 역시 이론상으로 큰 난제를 안고 있다. 그러나 우리가 논하는 범위를 벗어나므로 여기서는 생략하겠다.

칼리코와 휴먼롱제비티 모두 상품화 시기에 대해 자세한 언급을 피하지만, 어쨌든 그들은 수명 연장에 대한 희망을 가져다주었다.

기계지능이 대체할 수 있는 이른바 고급 업무는 의학뿐만 아니라 법률, 금융, 뉴스 등으로 매우 다양하다.

---

18 브린 부부, 마윈 부부, 저크버그 부부와 러시아의 유명한 투자자 밀너 부부가 설립한 상으로 해마다 생명과학, 수학, 이론물리학 분야에서 탁월한 업적을 세운 과학자에게 수여된다. 노벨상의 170만여 달러를 크게 뛰어넘는 300만 달러의 상금 때문에 슈퍼노벨상이라고도 불린다. 브레이크스루상은 노벨상과 달리 영향력을 검증하지 않아 수십 년 전이 아니라 최근에 성과를 거둔 과학기술을 선정할 수 있다.

미래의 변호사

사실 앞에서 언급했듯 빅데이터 사유는 이미 법조계의 업무 방식을 바꾸기 시작했다. 소송 중 일방이 데이터끼리의 높은 상관성을 통해 증거를 찾을 경우 이를 법률적으로도 인정하는 것이다. 빅데이터가 법조계에 미칠 또 하나의 중대한 영향은 기계지능이 점점 변호사를 대신해 안건을 분석하면서 소송비가 크게 낮아질 수 있다는 점이다.

의사처럼 과거에는 변호사 역시 선진국에서 최고의 직업으로 여겨졌다. 소송의 긴 과정과 높은 비용, 징벌성(단순한 배상성이 아니라)을 띤 법정 판결 때문에 변호사 업무는 무척 중요하게 보이고 소송 당사자 쌍방이 지급하는 변호사 비용 역시 깜짝 놀랄 만큼 높았다.

2010년 비아콤인터내셔널(ABC텔레비전의 모기업)은 구글 산하의 유튜브가 영상물 저작권을 침해했다며 10억 달러의 손해배상청구 소송을 냈다. 나중에 비아콤은 유튜브에 영상을 올리는 한편 유튜브를 고소한 것으로 밝혀져 패소했다. 그런데도 구글은 승소를 위해 약 1억 달러의 변호사 비용을 지급해야 했다. 규모가 훨씬 컸던 애플과 삼성의 소송에서는 변호사 비용도 훨씬 더 많이 들었다. 작은 회사 간의 소송이야 구글, 삼성, 애플 같은 기업처럼 막대한 비용이 들지는 않지만 그렇다고 절대 적지도 않다. 미국 지식재산권 법률협회의 조사에 따르면 특허권 손해배상 청구액이 100만 달러 이하의 소규모 소송에서는 쌍방의 변호사 비용이 65만 달러(중위수)에 이르고, 100만에서 2,500만 달러짜리 소송은 250만 달러(중위수), 2,500만 달러 이상의

대형 소송은 500만 달러(중위수)에 이른다고 한다.[19]

대기업에도 부담이 되는 높은 변호사 비용은 소기업에서는 거의 승소할 수 없는 요건으로 작용한다. 소송을 하기도 전에 이미 변호사 비용을 감당할 수 없어 포기할 때가 많기 때문이다. 미국에서 변호사 비용이 많이 드는 이유는 매우 많지만 그중 가장 중요한 것은 영미 법계(해양법계라고도 한다)가 판례형 법률체제이기 때문이다. 소송이 시작되면 그와 관련된 과거의 소송 안건 및 법률 문서를 모두 분석해야 해서 업무량이 엄청나다. 구글과 비아콤의 소송도 100만 건의 과거 문서를 분석해야 했다.

빅데이터 시대에 들어선 뒤 이러한 상황은 서서히 변하기 시작했다. 일부 업체에서 자연 언어 처리와 정보 검색 기술을 사용해 법률 문헌을 읽고 분석하는 컴퓨터 소프트웨어를 발명하면서 많은 인력을 대체할 수 있게 되었다. 실리콘밸리 팰로앨토시에 위치한 블랙스톤 디스커버리(Blackstone Discovery)는 변호사의 업무 효율을 500배 향상시키고 소송비용을 99% 낮출 수 있는 법률 문서용 자연 언어 처리 소프트웨어를 발명했다. 앞으로 상당히 많은 변호사(특히 숙련도가 낮은 변호사)가 실직할 수 있다는 의미다. 사실 이러한 상황은 미국에서 이미 시작돼 로스쿨 졸업생이 정식 일자리를 찾기까지 예전보다 훨씬 더 오랜 시간이 걸리고 있다.

---

19 http://www.cnet.com/news/how-much-is-that-patent-lawsuit-going-to-cost-you/.

2015년 통계 조사 업체인 알트만웨일플래시(Altman Weil Flash)는 미국의 로펌 대표들을 상대로 자연 언어 처리 소프트웨어가 변호사를 대체할 수 있다고 보는지에 대해 설문조사를 벌였다. 그러자 대부분이 결국에는 컴퓨터가 인간 변호사를 대체할 것이라고 답했다. 피조사자 가운데 20%만 컴퓨터가 대체할 수 없다고 여기고, 38%는 5~10년 내에는 불가능하다고 여겼다. 또한 47%는 5~10년 내에 변호사 보조원이 일자리를 잃을 것이라고 대답했다. 이러한 상황은 소송비용이 줄어들 수 있기 때문에 로펌 파트너와 고객에게 좋은 소식일 수도 있다. 하지만 지능형 프로그램이 경험 많은 변호사까지는 살짝 대체하기 힘들더라도, 여전히 13.5%의 피조사자는 로펌 내부 피라미드의 정점에 위치한 파트너 역시 컴퓨터에 대체될 수 있다고 여겼다. 따라서 법조계에서 기계지능은 양날의 검과 같다.

미래의 기자와 편집자

컴퓨터의 서류 및 병례 분석을 일종의 읽기 행위로 본다면 오늘날 컴퓨터는 이미 읽는 것은 물론 쓰는 것까지 가능하다. 사실 컴퓨터는 자동으로 문제에 답할 때 마지막 단계에서 단편적인 지식을 유려한 단락으로 써내기 때문에 이미 간단한 쓰기 능력을 갖추었다고 할 수 있다. 물론 문제에 대한 답안은 완전한 글이 아니라 간단한 단락만으로 충분할 경우다.

그렇다면 컴퓨터의 쓰기 능력은 대체 어느 수준일까? 쓰기를 다음처럼 간단한 1단계부터 복잡한 5단계로 구분해보자.

1. 완전한 문장을 쓴다.
2. 몇 개의 문장으로 논리에 부합되는 단락을 구성한다.
3. 특정한 격식이나 작문 양식에 맞춰 명확하게 정보를 전달하고 뜻을 표현할 수 있다.
4. 격식에 얽매이지 않은 채 보통 사람의 평균 수준에 이르는 내용을 작성할 수 있다.
5. 전업 기자, 작가, 학자 수준의 글을 쓸 수 있다.

문제의 답안을 구성할 때 컴퓨터는 이미 2단계에 이르렀고, 현재는 그보다 살짝 높아 명확하고 격식에 맞는 뉴스 원고를 작성할 수 있다. 즉 기본적으로 3단계 조건에 부합한다.

오늘날 미국 상당수 미디어의 경제 뉴스, 특히 회사의 재무보고 논평은 이미 컴퓨터가 작성하고 있다. 예를 들어 IBM이 작년 4분기 재무보고를 발표하면 컴퓨터는 회사의 재무보고서 내용을 먼저 '읽은' 다음 해당 분기의 수입과 이윤, 월스트리트 예상과의 비교치, 인력 상황, 시장 점유율 등 주요 정보를 추출한 뒤 IBM 실적에 관해 원고를 작성할 수 있다. 물론 최종적으로 발표하기 전에 어느 정도는 사람의 윤색을 거쳐야 한다. 컴퓨터가 시를 쓸 수 있다는 일부 언론 보도는 사실 기계지능으로 시선을 끌기 위한 노림수일 뿐이다. 컴퓨터는 스스로 감정을 드러내는 수준까지 이르지 못했으며 글 쓰는 방식 역시 사람과 완전히 다르다.

그렇다면 컴퓨터는 어떻게 글을 쓸까? 실제로 컴퓨터가 글 쓰는 방식은 사람이 외국어를 배울 때 작문하는 방식과 완전히 다르다. 어법과 표현하려는 뜻에 따라 문장을 만드는 게 아니라 대량의 텍스트 자료에서 글쓰기를 학습한다. 우리는 흔히 좋은 문장을 외우면 글쓰기에 도움이 된다는 뜻에서 "당시(唐詩) 삼백 수를 숙독하면 시를 짓지는 못해도 읊조릴 수는 있다"고 말하곤 한다. 그런데 컴퓨터의 장점이 바로 외울 수 있다는 것이며, 심지어 수많은 샘플을 아주 빠르게 읽고 외울 수 있다. 사실 컴퓨터의 경제 논평은 과거 몇 년 동안 여러 신문에 실렸던 경제 분야 문장을 기반으로 각각의 모듈을 훈련해낸 뒤 재무보고서에서 읽은 정보에 따라 한 편의 글로 합성한 것이다. 당연하게도 이렇게 합성된 글은 자연스럽게 읽힐 수가 없다. 그래서 컴퓨터는 언어 모형[20]이라 불리는 확률 모형을 사용해 글자를 유려한 문장으로 구성한 다음, 또 다른 언어 모형을 통해 단락으로 만들어낸다. 이러한 모형 역시 과거의 데이터에서 훈련해낸다. 말할 필요도 없이 「월스트리트저널」이나 「뉴욕타임스」 같은 대형 언론사는 기사를 내보내기 전에 편집자의 윤색을 거치지만 일부 인터넷매체는 컴퓨터가 작성한 경제 기사를 곧장 올린다. 컴퓨터의 글쓰기는

20 　간단히 말해 단어열이 주어졌을 때 합리적인 문장이 될 수 있는지를 판단하는 확률 모형.

신문업의 효율을 크게 높이는 동시에 기자와 편집자의 일을 축소하고 있다. 다시 몇 년이 지나면 편집부 광경이 책상에 머리를 숙인 채 일하는 편집자들 모습이 아니라 줄줄이 늘어선 컴퓨터로 바뀔지도 모른다. 그러면 신문업 역시 새로운 정의가 필요할 수 있다.

📢 Insight

빅데이터는 사회 산업을 한 단계 향상하고 변화시킬 것이다. 매 차례 산업혁명의 전후 변화를 살펴보면, 사실 인간의 기본적 수요는 대부분 달라지지 않았으며 새로운 기술을 선택한 새로운 산업이 기존 산업을 대체해 인간의 수요를 만족시켰을 뿐임을 발견할 수 있다. 기술혁명 때 과거의 산업을 고수하면 살아남을 방도가 없다.

기계지능은 "무슨 일이든 기계가 대신할 수 있고 심지어 인간보다 훨씬 더 잘한다면 인간은 어떻게 해야 할까?"라는 궁극적인 질문을 던진다. 다음 장에서는 이 문제를 집중적으로 살펴보겠다.

7

지능혁명과
미래 사회

기술혁명 때마다
개인과 기업, 심지어 국가는
흐름에 동참해 상위 2%가 되느냐,
관망하며 배회하다가 도태되느냐
가운데 하나를 선택해야만 했다.

"지금은 가장 좋은 시대이자 가장 나쁜 시대이다." 영국의 문호 디킨스가 자신의 명작『두 도시 이야기』첫 부분에 쓴 이 문장은 100여 년 동안 끊임없이 사람들에게 인용되었다. 여기에서도 지능혁명이 촉발할 미래 사회를 표현하기 위해 다시 한 번 인용한다. 지능혁명이 훨씬 아름다운 사회, 똑똑하고 세밀하면서 인간적인 사회를 만들어 주리라는 것은 의심의 여지가 없다. 이렇게 보면 지능 사회는 틀림없이 지금까지의 인류 문명사에서 가장 좋은 사회가 될 것이다. 하지만 다른 한편에서 지능혁명은 전대미문의 도전으로 다가올 수 있다. 빅데이터와 기계지능이 지속해서 보급되면서 기계가 인간의 일자리를 점점 더 많이 점거해나가고, 이러한 과정은 소리 없이 진행되다가 어느 순간 변곡점에 이르면 더는 되돌릴 수 없는 현실이 될 것이다. 빅데이터와 기계지능은 행복을 가져다주는 동시에 수많은 사회문제를 유발해 우리를 당혹스럽게 만들 수도 있다. 그래서 가장 나쁜 시대라고 느끼는 사람도 있을지 모른다. 나는 지능 사회가 좋고 나쁨을 평하려는 게 아니라 그로 인한 충격에 사람들이 조금이나마 준비할 수 있기를 바랄 뿐이다.

지능화 사회

지능화 사회는 거시적 차원에서 미시적 차원까지 전체적으로 구현되는데 이번 챕터에서는 우선 거시적 차원의 변화를 살펴보겠다. 빅데이터와 기계지능은 우리 사회의 관리수준을 완전히 새로운 단계까지 끌어올려 훨씬 안전한 생활환경을 조성할 수 있다.

2014년의 마지막 날 상하이 와이탄(外灘)의 천이(陳毅)광장에서 압사사고가 발생했다. 2014년 12월 31일 23시 35분 무렵 중국 상하이시 황푸(黃浦)구 와이탄 천이광장 계단에서 발생한 이 사고로 2015년 1월 2일까지 36명이 사망하고 49명이 상처를 입었다. 압사 사고가 발생한 근본적인 원인은 그 지역에 사람이 지나치게 많이 몰렸기 때문이다. 보도에 따르면 사고 발생 전 와이탄 지역에는 수용 인원 30만 명을 크게 웃도는 100만 명의 인파가 몰렸다고 한다. 만약 어떤 사고가 발생하기 전에, 혹은 막 발생했을 때 정확한 인원수를 예측하고 신속하게 주변 행인에게 통지할 수 있다면 비극을 상당수 예방할 수 있을 것이다. 그렇다면 이게 가능한 일일까?

실제로 와이탄에서 압사 사고가 발생한 뒤 바이두는 유명 도시와 관광지의 혼잡도 등 관련 정보를 예측하는 서비스를 개발했다. 그렇다면 바이두는 어떻게 이러한 예측이 가능할까? 사실 복잡하지 않다. 바이두 앱을 내려받은 수많은 가입자에게서 이동 정보를 얻을 수 있기 때문이다. 이러한 데이터가 모이면 인파와 시간 변화에 따른 모형을 훈련할 수 있고, 현재 사람들의 분포에 해당 모형을 적용해 향후 몇 시간 동안의 이동 상황을 예측할 수 있다. 그래서 특정 지역에 너무 많은 사람이 몰리는 듯하면 주의를 줄 수 있다.

빅데이터를 통한 압사 사고 예방법을 확대하면 적용할 수 있는 비슷한 상황이 매우 많다. 가령 대도시 사람들이 매일 골머리를 앓는 도로 정체도 도시 전체의 지능형 교통시스템으로 어느 정도 개선할 수 있지 않을까? 일부 도시의 실험결과에 따르면 충분히 가능하다. 구글의 자율주행자동차 연구팀이 대략 추산한 바에 따르면, 도로의 모든 자동차가 상호 호응할 수 있는 자율주행자동차일 경우 자동차 수가 줄지 않아도 차량 루트의 계획 및 조정을 통해 1인당 평균 통근 시간을 20% 이상 단축할 수 있다. 여기에 이견을 제시할 사람은 거의 없을 것이다. 전반적으로 차량 흐름을 계획하면 틀림없이 더 효율적으로 도로를 이용해 정체를 줄일 수 있고, 정체가 발생한 뒤에는 근처에서 운행 중인 차량을 즉시 우회시킬 수 있기 때문이다. 자율주행자동차의 대중화는 아직 요원해 보이지만 스마트폰을 이용하면 상당히 비슷한 효과를 거둘 수 있다.

미국 국가과학재단(NSF)과 국방부 산하의 DARPA는 여러 대학의 연구팀을 지원해 빅데이터를 이용한 도시 전체의 교통 최적화 연구를 독려하고 있다. 그중 모 대학이 주도하는 프로젝트팀은 이미 스마트폰과 기타 모바일 기기를 기반으로 도시의 차량 흐름을 계획하고 개인별 노선을 최적화하는 지능형 교통 시스템을 개발해 미국 4개 도시에서 시험 운행에 들어갔다. 사업자금 융자 때문에 이 팀의 세부 상황을 노출할 수 없으므로 편의상 팀을 X팀, 프로젝트를 X 프로젝트라고 부르겠다. X 프로젝트의 핵심은 실시간 빅데이터를 통해 공간 및 시간상에서 한층 합리적으로 교통 자원(도로와 주차장 등)을 분배하고 이용하는 것이다.

휴대전화 앱을 통해 공간 자원을 효과적으로 이용하는 것은 쉽게 이해할 수 있다. 미래의 지능형 교통 시스템은 이와 비슷한 앱을 사용하는 사람들의 움직임을 통해 어느 도로가 혼잡하고 상대적으로 원활한지 등 도시 각 도로의 교통 상황을 전면적으로 파악할 수 있다. 또한 앱 사용자가 자가용을 탔는지, 버스나 자전거를 탔는지, 아니면 걸어가는지 등의 상황을 파악해 각 도로에서 앞으로 벌어질 수 있는 교통 상황도 예측할 수 있다. 이러한 지능형 교통 관리 시스템의 뛰어난 점은 오래 사용할수록 데이터가 많이 축적돼 도로 예측이 갈수록 정확해진다는 것이다.

시간상으로 한 도시의 교통 자원을 최적화하려면 사람별로 매일 오가는 상황, 심지어 활동 상황을 전반적으로 파악해 안배해야 한다. 정보시대에는 출근 시간이 탄력적인 사람이 많다. 이들은 30분 일찍 출근하고 30분 늦게 퇴근해도 사실 업무나 생활에 별 지장을 받지 않는다. X 프로젝트는 이들에게 매일 최적의 출퇴근 시간을 알려줄 수 있다. X팀 연구에 따르면 5분 일찍 출발했는데 30분 먼저 도착하고 30분 늦게 출발했는데 5분밖에 안 늦을 때가 상당히 많았다. 그렇기 때문에 개인별 업무에 따라 계획을 세워줄 수 있다. 출근하는 사람들에게 오전 첫 회의 시간을 기준으로 최적의 출발 시간과 도로를 알려주는 식이다. 물론 도시에는 매일 정해진 시간에 나가야 하는 사람이 매우 많으며(아침 일찍 아이를 등교시킨 뒤 출근하거나 퇴근 뒤 장을 봐서 돌아오는 등등) 그들에게 생활습관을 바꾸라고 강요하는 것은 불가능하다. 하지만 X 프로젝트의 지능형 도시 관리 시스템은 그들이 더 좋은 이동 시간과 순서를 선택하도록 상세한 교통 분석 데이터를 제공할 수 있다.

지능형 교통 소프트웨어 사용자가 자신의 행적이 전부 폭로될까봐 걱정할 확률이 높아서, X팀은 사생활 보호를 위해 사용자의 시작 지점과 끝 지점 0.5마일 범위 내 활동 루트는 보존하지 않는다. 일부 정보가 손실되긴 하지만 도시 전체의 교통 상황을 파악하기에는 이미 충분하기 때문이다. 그리고 무엇보다 관리부서에서 사용자의 관련 정보를 제출하라고 요구해도 실제로 갖고 있지 않아서 제출하지 않을 수 있다.

지능형 교통 시스템은 통근에도 도움을 주지만 시 당국이 도시 전체의 교통 상황을 최적화하고 조율하는 데에도 도움을 준다. 첫째, 매일의 교통 상황에 따라 카풀차선[1]의 사용 시간을 정함으로써 사람

---

1   미국에서 러시아워 때 2인 이상 탑승한 차만 이용할 수 있는 빠른 차선.

들의 이동 시간과 사용 도로를 최대한 분산시킬 수 있다. 실리콘밸리에는 교통 혼잡 시간대에 자동으로 통행료를 징수하는 도로가 있는데, 이를 시행한 뒤 상당수 통근자가 이동 시간과 일처리 순서를 조정하기 시작했다. 아직 실리콘밸리에서는 빅데이터로 도로를 관리하지는 않는다. 만일 빅데이터를 활용할 경우 훨씬 뚜렷한 효과로 이어질 것이다.

둘째, 빅데이터를 이용해 차량 흐름을 관리하면 실시간 통행량과 향후 통행량 예측에 따라 교통신호등 시간을 조정할 수 있다. 현재 세계 대부분 도시의 신호등은 서로 연결되지 않아 총체적으로 시간 안배가 고정돼 있다. 그러다 보니 사거리에서 다른 쪽 차선에는 차가 없는데도 녹색등이 켜있고 이쪽 차선은 길게 꼬리가 이어진 상황을 자주 볼 수 있다.

오늘날 세계 주요 대도시는 대규모로 도로를 확장할 가능성이 거의 없지만, 상당수가 계속 인구가 늘어나고 유동 인구 역시 증가하는 추세다. 따라서 현재의 도로를 시간 및 공간적으로 더 현명하게 이용하는 것 외에는 다른 방법이 없다.

X팀은 미국의 4개 대도시와 협력해 이 시스템을 테스트했고, 그 결과에 따르면 사용자들의 통근 시간이 하루에 20분 정도 줄어들었다. 20분을 가볍게 생각하면 안 된다. 베이징 같은 대도시에서 모든 사람이 하루 20분씩 줄일 수 있다면 사회적 효과는 실로 엄청날 수 있다.

사실 교통 상황 개선은 빅데이터가 도시 관리에 도움을 주는 하나의 구체적인 사례에 불과하다. 교통 혼잡보다 대도시 사람들이 더 관심을 가지는 문제는 안전이며, 특히 테러를 가장 위협적으로 느낄 것이다. '9·11'사건 이후 테러는 세계적인 문제가 되었다. 미국, 유럽, 중국 등 모두 테러 대비에 힘을 쏟고 있지만, 총체적으로 전 세계 테러는 점점 더 빈번해지고 있다. 이 말은 과거의 방식으로는 테러에 대비하기 어렵다는 뜻이다.

빅데이터가 등장하면서 대테러 대책에 서광이 비치기 시작했다. 러시아의 정부 발표에 따르면, 1996년 4월 21일 밤 러시아는 체첸 반군 지도자인 두다예프가 휴대전화를 사용할 때 상공에서 작전 중이던 A-50 예비경보기로 무선전파를 포착해 그의 위치를 확인한 뒤 미사일을 발사했다. 이 사건으로 사람들은 게릴라도 요즘은 휴대전화를 사용한다는 사실을 알게 되었다. 이에 착안해 스탠퍼드대 익명의 학자는 특정 지역에서 휴대전화와 전자설비(각종 모바일 기기와 웨어러블 기기를 포함해) 사용자의 행적을 추적할 수 있는 시스템을 개발했다. 그의 설명에 따르면, 상술한 기기마다 리더기를 이용해 식별할 수 있는 특수한 인식번호가 있다고 한다(RFID 원리와 비슷하다). 공공장소에 이러한 인식설비를 설치해 지난 데이터를 수집하면 외부에서 의심스러운 사람(인식되지 않거나 의심스러운 기기를 가진 사람)이 들어올 때 경보를 발령하고 영상 시스템으로 그를 추적할 수 있다. 익명의 학자는 스탠퍼드대 주변 공공장소에서 실험해보았고 실제로 방대한 캠퍼스에서 외부 사람을 일일이 정확하게 식별해낼 수 있었다. 현재 이 학자는 모 국가와 협력해 전 국토의 대테러 시스템을 구축하고 있다. 한층 효과적으로 테러에 대비하려면 인력 증강뿐만 아니라 기술적 수단을 더 많이 도입할 필요가 있다.

지능 사회는 여러 차원에서 구현되겠지만, 총체적으로 말하자면 우리 삶을 더 편리하게 만들어주는 동시에 사회자원의 이용률을 크게 높여줄 것이다. 이를 위해서는 사회를 전반적으로 세밀화하는 게 중요하다.

세밀화 사회

앞서 제4장에서 빅데이터가 사업상 어떻게 응용되는지 두 가지 방향에서 살펴보았다. 각각의 부분들이 하나로 모여들 때 우리는 전체를 파악하고 사회의 지능화를 실현할 수 있다. 그리고 데이터가 전체에서 다시 각각의 세부로 흘러들 때 미래 사회를 세밀화된 사회로 변화시킬 수 있다. 이를 설명하기 위해 먼저 블록체인(Block Chain)을 통해 미래에는 어떻게 모든 상품을 제조부터 소비까지 온전히 추적할 수 있는지 살펴보겠다.

모든 거래의 추적

2013년부터 정부의 신용 증빙도 없고 가치를 뒷받침할 실체도 없는 가상화폐 비트코인에 갑자기 중국 투기꾼들이 몰려 30여 달러였던 1비트코인 가격이 1천 달러까지 상승하면서 비트코인은 한순간에 IT

산업의 이슈로 떠올랐다. 비트코인 자체에 가치가 있는가의 여부는 우리가 논할 주제가 아니니 생략하겠다. 어쨌든 비트코인이 어느 정도 화폐의 역할을 하고 세계적으로 매우 안전한 자금 세탁 도구가 된 까닭은 블록체인이라는 배후의 기술 때문이다.

블록체인은 Block과 Chain의 합성어로 두 가지 의미를 모두 포함하고 있다. 모듈, 단위의 뜻인 Block은 계정처럼 정보의 저장을, 사슬의 뜻인 Chain은 일련의 거래를 표시해 거래의 세부사항이 블록에 저장된다는 의미다. 사실 비트코인은 랜덤알고리즘에서 생성된 난수이며, 이러한 난수는 인터넷 전체에서 유일해 그 진위를 검증할 수 있다. 비트코인은 채굴될 때 특수한 난수를 지닌 블록을 생성하고 거래를 통해 다른 사람에게 넘어가면 거래 정보를 블록에 기록한다. 이 과정은 본질적으로 암호를 설정하는 정보 전송의 과정이다. 일단 거래가 성사되면 인터넷상의 모든 참여자에게 통지되기 때문에 모두 상응하는 비트코인의 소유자가 바뀌었음을 알게 된다. 비트코인은 네트워크 곳곳에 흩어져 있고 공개키를 통해 발송 및 전파되는데다 소유와 거래 과정이 모두 익명이고 집중적으로 제어할 수 있는 센터가 없어서 자금 세탁에 매우 적합하다.

비트코인의 블록체인이 거래를 기록할 수 있다면 당연히 다른 거래와 수송도 기록할 수 있지 않겠는가. 제품을 제조할 때마다(혹은 출하할 때마다) 블록체인을 생성하고 운송 및 거래의 전 과정을 블록체인으로 기록하면 제품의 모든 유통 과정을 추적할 수 있다. 최종 소비자(고객)는 제품을 구매한 뒤 그 제품이 어떻게 출하돼 어떤 과정으로 자기 손까지 들어왔는지 볼 수 있다. 그럴 경우 이론적으로 가짜 제품은 근절될 수밖에 없다. 블록체인과 제품이 일대일 대응되고 두 개의 같은 블록체인이 생성될 수 없으니 동일 제품의 복제도 불가능하기 때문이다. 마찬가지로 생산업체 역시 각각의 제품이 최종 소비자의 손까지 어떻게 유통되는지 파악할 수 있다.

상술한 과정을 실현하려면 앞에서 설명한 RFID 기술을 사용해 각 제품의 유통 및 거래의 전 과정을 자동으로 기록해야 한다. 결국 블록체인과 RFID 등 기술은 미래 사회를 완전히 세밀화, 지능화된 사회로 만들 뿐만 아니라 오늘날은 상상조차 할 수 없는 일을 가능하게 해줄 것이다.

표준화에서 개성화되는 서비스

제6장에서 맞춤형 제약을 통해 개인별로 특효약을 만들어 암을 치료하고 수명을 연장할 수 있다고 말했다. 사실 의료 분야는 제약뿐만 아니라 서비스 전체를 개별화해야 한다. 그러면 의료 자원의 이용 효율을 극대화하고 최적의 서비스를 제공할 수 있다.

오늘날 의료 분야에는 이상한 현상이 두 가지 있다. 첫째, 큰 병도 없는 사람들이 전문가 특진을 받기 위해 아침부터 길게 줄을 서거나 뒤로 연줄을 대는 등 온갖 수고를 들이는데 다른 한편에서는 정말 노련한 전문가의 진찰이 필요한 환자들이 상응하는 의료 자원을 얻지 못한다. 둘째, 온갖 노력을 들여 전문가를 찾지만 사실 어떤 전문가를 찾아야 하는지 몰라서 직함만으로 소위 최고라는 의사를 선택한다. 그러다보니 의사들도 자신이 아니라 다른 의사를 찾아야 할 환자를 자주 만난다. 특진비가 너무 싸고 환자가 무지한 때문도 있지만, 충분한 정보가 없고 진료 안내를 해줄 제대로 된 의료 상담가가 부족한 것도 중요한 원인이다.

개성화, 지능화된 사회에서는 상술한 문제들이 원만하게 해결될 수 있다. 우선 개인별로 거의 완벽한 건강 데이터가 축적되어 병원과 의사, 심지어 환자 본인까지 병세를 비교적 명확하게 파악할 수 있다. 다른 한편으로는 의료 종사자 데이터도 비교적 완벽하게 갖춰져 지능형 진료 안내 시스템이 환자 및 의사의 상황에 맞춰 적합한 의사를 선택하도록 도와줄 수 있다. 이럴 경우 환자는 소소한 병으로 자신을 괴롭힐 필요가 없고 큰 병에 걸렸을 때는 쉽게 적합한 의사를 찾을 수 있다.

사실 오늘날의 복약 및 진료 상황은 산업 시대의 특징인 표준화를 고스란히 반영한다. 산업혁명이 시작되기 전까지 사람들이 사용하는 제품과 받는 서비스는 조금씩 차이가 났다. 물론 효율은 매우 낮을 수밖에 없었다. 근대 의학이 등장하기 전에도 과학적 근거가 있어서는 아니지만 어쨌든 저마다 다른 약을 복용했다. 산업화의 결과 중 하나가 바로 대량 생산의 효율 때문에 개성화가 대중 시장에서 사라진 것이다. 제품뿐만 아니라 서비스까지 표준화되었다. 가령 의료 분야에서 미국 의사협회는 모든 의료 종사자에게 프로세스의 준수를 요구한다. 병원 입장에서 의사는 제대로 치료하지 못할지언정 프로세스를 위반해서는 안 된다. 위반해 소송에 휘말리면 병원 손실이 막대해지기 때문이다. 표준화된 제품과 서비스가 나쁘다고 말할 수는 없지만 분명 대부분이 고객에게 최적화되어 있지 않다. 산업 사회에서는 맞춤형 제품과 서비스를 누리려면 높은 비용을 지급해야 하므로 아무리 비싸도 차별화된 제품과 서비스를 누리려는 부자가 아니고서야 일반인은 포기할 수밖에 없다. 대부분 제품과 서비스가 표준화된 시대에는 자신에게 적합한 것을 찾기 힘들어서 높은 권위나 최고의 가격을 가장 좋다고 묵인하게 된다. 그런 이유로 진료를 받을 때 교수가 부교수보다 낫고 부교수가 주치의보다 낫다고 보편적으로 인식하는 것이다.

지능 사회에서는 기계의 지능수준이 각종 차별화된 서비스를 표준화 서비스와 비슷한 비용으로 제공할 수 있을 만큼 높아진다. 이로 인해 앞으로는 개성화에 따른 엄청난 삶의 변화를 맞아 오늘날 부유한 상류층만 누리는 삶을 누구든지 즐길 수 있다. 빅데이터와 기계지능은 전반적인 사회 환경, 더 나아가 문명의 수준을 비약적으로 높일 것이다. 하지만 다른 한편으로 미래 사회에 엄청난 파장을 몰고 올 것이며, 이 문제는 다음 챕터에서 논하겠다.

사생활이 없는 사회

지금까지는 빅데이터와 지능혁명이 우리 사회와 삶에 가져다줄 긍정적인 영향에 관해서만 이야기했다. 하지만 무슨 일이든 양면성이 있는 법이므로 빅데이터와 지능혁명이 미래 사회에 가져올 충격에도 주의를 기울여야 한다. 우리는 사생활이 없는 환경에 놓이거나 보이지 않는 슈퍼권력에 지배받을 수 있고, 심지어 미래의 생존 기술을 습득 못 해 일자리를 찾지 못하거나 부가 소수에게 한층 더 집중될 수도 있다. 역사적 경험에 따르면 이러한 문제는 피할 수 없을 뿐만 아니라 신속하게 해결할 방법도 없다. 그럼 먼저 빅데이터와 기계지능이 사생활에 미칠 영향부터 살펴보겠다.

앞에서 사생활 문제를 다루긴 했지만 기술 문제만 논의했을 뿐, 사생활의 중요성과 사회적으로 직면한 난관에 대해서는 거의 언급하지 않았다. 사실 빅데이터와 기계지능이 초래할 사생활 문제는 매우 심각한 수준이다. 현재를 비롯해 미래에는 모바일 인터넷(빠르게 발전 중인 사물인터넷까지), 빅데이터, 기계지능 이들 셋이 합쳐질 때 사생활을 더 이상 입에 올릴 수 없을 것이다.

언론에서는 사생활을 다룰 때마다 은밀한 사진이나 계좌 비밀번호처럼 개인이 공개하길 꺼리는 정보만 말하는데, 여기서 말하는 사생활이란 우리 생활 곳곳에 미치는 매우 광범위한 개념이다. 가령 앞에서 언급했던, 곧 어느 도시로 출장을 가야 한다는 정보나 개인 성격이 약한지 강한지, 학력이 높은지 낮은지, 수입이 얼마나 되는지 등도 전부 사생활에 포함된다. 은밀한 사진이 유출되면 난처하고 계좌 비밀번호를 잃어버리면 경제적 손실을 본다. 이러한 손실은 눈에 보이기 때문에 우리는 매우 신경을 쓰면서 어느 정도씩 대비를 한다. 하지만 생활 곳곳의 세밀한 사생활에는 별로 신경 쓰지 않고 지킬 생각도 하지 않는다.

생활 속 세세한 사생활이 유출되면 어떤 일이 발생할까? 간단히 말해 아주 귀찮아진다. 타오바오에서 가짜 물건이 오거나 비행기 표를 늘 다른 사람보다 20% 비싸게 사는 단순한 차원뿐만 아니라 건강과 의료 영역까지 침범당해 입원할 병원이 없을 수도 있다. 현재 미국 캘리포니아의 모 의대에서 어려서부터 나이 들 때까지 개인별 발병 규칙성에 대해 연구하고 있다. 예를 들어 B형 간염에 걸렸는데 일단 치료는 됐지만 몇 년 뒤 간경화로 바뀔 가능성이 크고 또 나중에는 간암이 될 확률이 아주 높다는 식이다. 다른 여러 질병도 이런 식의 관계가 있을 수 있다. 물론 의대의 연구 목적은 질병의 조기 퇴치라는 선의에서 출발했다. 하지만 연구 성과를 의료보험회사가 사용한다면 향후 중병에 걸릴 사람은 보험 가입이 거절될 수 있다. 사실 지금도 미국의 대형 보험사들은 과거 몇 년 동안의 가입자 건강 정보를 파악하고 있다. 의사가 보험사에 의료비를 청구할 때 관련 정보도 제공하기 때문이다. 과거에는 기계지능이 이런 일을 처리할 수 있을 만큼 지능이 높지 않았기 때문에 보험사에서 일률적으로 가입자를 받았지만, 법률상 그들은 보험 가입을 거부할 수 있다.

반드시 병원에 가야만 하고 의사도 보험사에 비용 청구를 해야만 하는 등, 과거에는 어쩔 수 없이 사생활이 유출되는 경우가 있었다. 하지만 모바일 인터넷 시대, 특히 앞으로의 사물 인터넷 시대에는 우리 스스로가 사생활 유출자가 될 것이다. 절대다수의 스마트폰 사용자가 별로 사용하지도 않고, 심지어 필요도 없는 앱을 끊임없이 깔아 지나치게 많은 마케팅 행사에 참여한다. 또한 스스로 안전하다고 생각하는 SNS에서 공공장소에 부적합한 말을 지나치게 많이 하거나 너무 많은 사진을 올린다. 이러한 것들 모두 인위적인 사생활 유출로 이어질 수 있다. 웨어러블 기기부터 GPS가 장착된 카메라, 와이파이와 연결된 각종 스마트 가전까지 우리가 사용하는 여러 전자제품은 인식하지 못하는 사이에 우리의 상세한 행적과 생활 정보를 기록하고 서비스업체에 제공한다. 그러다보니 제삼자가 서비스업체를 통해 개인 정보를 수집하는 것은 결코 어려운 일이 아니며, 결국 그 근원은 우리 스스로가 무방비 상태에서 정보를 유출하기 때문이다.

데이터를 보유한 회사에서 사생활을 보호하려는 의지는 사람들이 상상하는 것처럼 강하지 않다. 구글, 애플, 아마존 등 대형 다국적 인터넷기업은 EU와 미국 정부의 강압적 요구 때문에(물론 수많은 고객을 안심시키기 위한 목적도 있다) 서비스 약관에서 고객으로부터 얻은 데이터는 고객 자신에게 귀속되며 그들은 보관하고 '차용'할 뿐이라고 분명하게 명시하지만 다른 업체들은 이를 명확히 밝히지 않는다. 의료 분야의 경우 미국의 병원 대부분이 전통적으로 환자의 병례 데이터를 병원에 귀속시킨다. 중국에서는 인터넷기업이 데이터 소유권에 대해 명확한 설명을 하지 않으며 대다수 사용자 역시 인터넷기업의 데이터 소유를 묵인한다. 일부 제약업체는 환자의 동의를 얻지 않은 상태에서 병원으로부터 환자 데이터를 곧바로 넘겨받아 약품 연구에 사용하지만, 의학 연구에 도움이 된다는 인식 때문에 사회에서는 아무런 추궁도 하지 않는다.

현재 사람들이 사생활에 대한 빅데이터의 잠재적 위협을 등한 시하는 이유는 다음 세 가지로 추릴 수 있다. 첫째, 문제에 대한 인식이 부족하다. 사람들은 빅데이터의 위력을 모를 뿐만 아니라 다차원 정보가 모이면 한 개인의 완벽한 초상이 나온다는 사실도 모른다. 둘째, 기계지능의 힘을 저평가한다. 대부분 사람들은 특정 회사에서 자신의 데이터를 많이 보유하더라도 데이터가 복잡할뿐더러 굳이 자기처럼 하찮은 인물을 괴롭힐 이유가 없다고 생각한다. 스마트시대에는 개인의 사생활을 캐는 데 기계로 충분하지, 사람이 전혀 필요 없다는 사실을 모르는 것이다. 셋째, 가장 중요한 이유로 많은 사람이 아무 근거 없이 자신의 사생활을 데이터 보유자가 선의(Goodwill)로 대할 것이라고 믿는다. 지금까지 페이스북, 텐센트, 알리바바 등 이미 고객 사생활을 장악한 회사들은 대부분 신뢰할 만했지만, 대량의 고객 데이터를 보유한 회사는 이보다 훨씬 많다. 이들 회사와 개인 간 이해관계가 충돌할 때, 회사는 의식적이든 무의식적이든 자신의 이익을 극대화하고 고객의 이익을 희생시킬 것이다. 앞선 사례에서 보았듯 개인의 사생활을 타인의 선의에 맡긴다는 것은 근본적으로 신뢰할 수 없다. 항공사, 보험사 등이 사생활을 알게 된 뒤 대중에 공개해 망신을 주지야 않겠지만 자신들 이익을 꾀할 것이며, 이럴 때 고객은 아무런 대항 방법이 없다. 존스홉킨스대 공대 학장인 슐레진저(Edward Schlesinger) 교수는 빅데이터의 창도자면서도, 만약 보험사에서 모든 사람이 앞으로 어떤 병에 걸릴지 알고 치명적 질병에 걸릴 수 있는 사람의 보험 가입을 거절해 가장 필요한 사람이 오히려 보험에 가입할 수 없거나 엄청난 보험비를 지급해야 할까봐 걱정한다.

어차피 사생활 보호를 회사의 선의에 맡길 수 없다면 법적 수단으로 해결할 수 있지 않을까? 답은 대체로 부정적이다. 우선 대륙법계의 국가에서[2] 입법은 영원히 사건 발생보다 뒤처진다. 과학기술과 산업의 변화가 느릴 때는 이게 큰 문제가 아니다. 산업의 변화 주기가 수십 년에 한 번씩 돌아온다면 입법이 설령 5년 뒤처져도, 산업 역시 여전히 미성숙 단계에 있기 때문에 나머지 수십 년 동안 법정 관리가 가능하다. 그러나 오늘날 산업은 매우 빠르게 발전하기 때문에 입법이 정말로 5년 늦어지면 법이 제정됐을 때는 이미 적용할 곳이 없다. 더군다나 오늘날은 대부분의 법률 제정에 5년보다 훨씬 더 긴 시간이 소요된다. 예를 들어 중국의 전자상거래가 지난 수년 동안 빠르게 발전하면서 위조품 문제도 더는 좌시할 수 없을 만큼 심각해졌지만 지금까지도 중국은 상응하는 집단소송제도[3]와 유효한 집행 수단이 없다. 결국 현재 중국에서는 위조품 횡행을 법적으로 근절시킬 수 없다.

오늘날 세계 각국은 절도 행위를 처벌할 수 있지만 데이터를 훔치고 빅데이터로 사생활을 침해하는 행위에 대해서는 상응하는 법을

---

2   영국과 미국을 제외한 대부분 국가가 대륙법을 채택하고 있다.

3   상품경제가 비교적 발달한 국가에서는 법률상의 위조품 처벌이 단순히 3배 혹은 10배 배상이 아니다. 손해배상 대상을 가능한 모든 피해자로 확대해, 위조품 판매처는 유사한 제품을 팔기 시작한 때부터 그곳에서 제품을 구매한 고객을 전부 합산해 배상해야 한다. 그래서 제품 품질로 인한 배상액이 툭하면 1억 달러가 넘는다. 소송에 휘말리면 대기업도 뿌리부터 흔들리고 소규모 판매업체는 한 번의 위조품 판매로 파산할 수 있다. 다른 사기 행위도 집단소송 방식으로 호된 처벌이 가능하다.

마련하지 못했다. 미국에 법적 의미를 지닌 판례가 조금 있어도 데이터 절도에 대한 처벌은 은행 절도에 비교조차 할 수 없을 만큼 가볍다. 따라서 현재의 법률로는 사생활 보호가 거의 불가능하다고 해도 과언이 아니다. 이러다 사생활의 중요성을 점점 인식하기 시작하면 빅데이터와 기계지능에 두려움이 생길 수 있는데 이는 기술 발전에 결코 도움이 되지 않는다.

사생활 침해에 관한 빅데이터의 또 다른 위협은 부지불식간에 빅브라더(Big Brother)를 만들 수 있다는 점이다. 빅브라더라는 용어는 영국 소설가 조지 오웰(George Orwell, 1903~50)의 가상 정치소설 『1984』 속 "Big Brother is watching you"라는 말에서 유래했다. 빅브라더는 독재 정권의 우두머리를 가리키며 소설 속에서 '언제나 당신을 감시하는 눈이 있다'는 의미로 사용되었다. 냉전 시기 동독의 인구는 1,000만 명밖에 되지 않았지만, 사람들을 감시하는 안보부 직원은 10만 명, 정보원은 20만 명에 달했다. 그들은 개인 편지를 감시하는 등 매우 전통적이고 무식한 방법으로 개개인을 모두 감시해 사람들을 공포로 몰아넣었다. 물론 이러한 방법은 효율이 높을 수 없었다.

빅데이터 시대에는 정말로 빅브라더가 개개인을 모두 감시하려 하면 얼마든지 할 수 있을 뿐만 아니라, 모두의 사생활이 네트워크 어딘가에 보관되어 있기 때문에 동독의 안보부에서 썼던 무식한 방법도 쓸 필요가 없다. 만약 막강한 정권이 등장해 빅데이터를 가진 서비스제공업체에 자료를 요구한다면 선의를 기반으로 하는 사생활 보호는 아주 쉽게 흔들릴 수 있다. 민중은 설령 빅데이터가 무엇인지, 빅데이터가 사생활을 쉽게 유출할 수 있는지 제대로 이해하지 못할지라도 막강한 정권의 데이터 요구에 대해서는 크게 우려할 것이다.

2016년 FBI(미국 연방 조사국)는 애플사에 테러리스트 조사에 필요하다며 일부 사용자 데이터를 요구했다. 애플이 압력에 굴복해 소위 용의자의 데이터를 건네줄 경우를 가정해보자. 그런 선례가 남는다면 이후에도 권력기관은 이런저런 핑계를 대며 마음대로 사용자 데이터를 요구하고, 그럴 경우 더 이상 사생활은 보장될 수 없다. 바로 이런 생각에서 애플은 FBI의 자료 요청을 거절했다. 다행히 미국에서 회사의 정상적인 사업 운영은 FBI의 간섭을 받지 않고 애플 역시 FBI에 대항할 정도로 거대하기 때문에 결국 FBI가 포기할 수밖에 없었다.

그러나 빅데이터를 보유한 모든 기업이 미국 정부의 자료 요청을 거절할지는 누구도 보장할 수 없으며, 최소한 마이크로소프트의 이사장 빌 게이츠는 자료를 제출해야 한다고 발표했다. 다시 말해 빌 게이츠가 아직도 마이크로소프트의 경영 책임자였다면 MS 제품 사용자는 사생활 보호를 기대할 수 없다는 뜻이다. 사실 기업의 선의에 자신의 명운을 맡기는 것은 바람직하지 않다. 어떤 기업, 혹은 정부 부처가 개개인의 사생활을 파악하고 마음대로 사용할 수 있다면 그것은 일종의 슈퍼권력을 가지는 셈이다. 조금 더 나아가, 대량의 사용자 비밀 데이터를 보유한 기업이 엄청난 수준의 기계지능까지 갖춘다면 그 기업은 권력뿐만 아니라 막강한 집행력까지 갖게 된다. 역사적으로 구속을 당하지 않는 슈퍼권력은 예외 없이 재앙을 불러왔다. 정말로 그런 수준에 이르면 빅데이터와 기계지능의 부정적 효과는 엄청나게 커질 것이다.

비록 빅데이터를 사용할 때 사생활과 관련된 데이터는 읽을 수 없게 차단하고 인터넷상에서 타인의 사생활을 '훔쳐보는' 행위를 최대한 막는 기술을 계속 모색하고 있지만, 이러한 기술이 개발되려면 아직도 시간이 필요하다. 오늘날의 빅데이터는 하나도 숨김없이 전부 노출된다. 사생활 침해가 가장 우려되는 의료 데이터의 경우, 데이터 사용 시의 사생활 보호는 아직도 신사협정에 의지하고 있다. 다시 말해 데이터를 처리하고 사용하는 사람이 계약서에 사인만 하면 개인 데이터에 접근할 수 있다. 계약서에 법적 효력이 있겠지만 사실 환자는 자신의 사생활을 장악한 사람이 사전 계약을 위반했는지 거의 판단할 수 없어서, 누군가 계약을 깨고 개인 데이터를 사용해도 사생활 침해로 그를 고소하기 어렵다.

빅데이터의 현 발전 추세에 따르면 갈수록 사생활이 없어지므로, 우리가 사생활 상실로 인한 중대한 손실을 체감할 때면 상황이 너무 늦어버린다. 사생활도 자유처럼 잃어버린 뒤에야 비로소 그 소중함을 알게 된다.

인간의 일자리를 뺏는 기계

기술이 사회에 미치는 영향은 때때로 매우 기이하다. 인간의 삶을 개선하고 수명을 연장할 뿐만 아니라 새로운 산업에서 새로운 기술을 습득한 사람에게 더 많이 활약할 기회를 주지만, 다른 한편으로는 더 많은 사람을 무기력하게 만든다. 지능혁명 역시 예외가 아니다. 컴퓨터가 충분히 똑똑해지면 높은 지력이 있어야 하는 일들을 인간 대신 수행할 것이다.

총체적으로 인류는 지나치게 자신만만하며 유리한 것만 좇고 해로운 것은 등한시하는 경향이 강하다. 이는 행복학 및 심리학 학자들이 일찌감치 내린 정론이므로 더 논하지 않겠다. 기계지능 혁명은 세상을 뒤엎을 정도의 위력이라 엄청난 부작용을 낳지 않을 리가 없다. 우리는 빅데이터와 기계지능이 가져올 아름다운 미래를 선보일 때 수많은 사람의 삶에 미칠 악영향도 강조해야 한다. 하지만 유감스럽게도 사람들 대부분이 대수롭지 않게 여긴다. 역사상 산업화 국가의 민중들이 그랬던 것처럼 말이다. 그때 사람들은 중대한 기술혁명이 가져온 사회적 충격에 갈팡질팡하다가 두 세대가 지나 겨우 부작용에서 벗어났을 때야 역사가 다시 한 번 되풀이되었다고 탄식했다. 지능혁명은 과거 몇 차례 기술혁명보다 훨씬 심하기 때문에 사회가 받을 충격 역시 전례 없는 수준일 것이다. 이를 좀 더 명확히 알아보기 위해 과거를 먼저 되짚어보겠다.

역사상 지금 진행 중인 지능혁명과 비교할 만한 영향력을 가진

혁명은 18세기 말 영국에서 시작된 산업혁명과 19세기 중반 미국과 독일에서 시작된 제2차 산업혁명, 제2차 세계대전 이후 무어의 법칙을 기준으로 한 정보혁명 셋뿐이다. 이들 세 차례의 기술혁명에는 공통점이 하나 있다. 바로 당시 사회에 엄청난 충격을 주었고 거기에서 완전히 벗어나기까지 대략 반세기, 심지어 더 긴 시간이 걸렸다는 것이다.

산업혁명부터 황금시대까지

우선 18세기 말의 산업혁명은 인류 역사상 전례 없는 위대한 사건으로, 인류 문명사에서 다른 어떤 역사 사건도 이보다 더 중요할 수 없다. 산업혁명의 결과를 세 가지로 요약한다면, 그 덕분에 인간이 잘 살고, 오래 살고, 자신감과 자존감을 느끼게 되었다.

산업혁명이 시작되기 이전의 2,000년 동안 세계 각지 사람들의 생활 수준은 큰 변화가 없었다. 저명한 역사학자 매디슨(Angus Maddison, 1926~2010)이 연구한 세계 문명의 역사 시기별 경제활동에 따르면, 유럽의 고대 로마 시대 1인당 평균 GDP는 약 600달러[4]였는데 18세기 영국 산업혁명 전까지의 1인당 평균 GDP 역시 그와 비슷했다. 중국 서한 말의 1인당 평균 GDP는 약 450달러였고 양송시대와 명나라 중엽, 강건성세(康乾盛世: 강희제, 옹정제, 건륭제시대 – 옮긴이) 같

---

4   1990년 구매력으로 환산.

은 태평성세 때는 600달러에 이르렀지만, 1950년대 초에는 오히려 450달러 정도로 줄어들었고 1979년 개혁개방 전까지도 800여 달러에 불과했다.[5] 1인당 평균 GDP가 인류의 문명 수준을 완전히 반영할 수는 없다. 하지만 이렇게 오랜 시간별로 변화가 없었다는 것은 농경 문명 때 인류의 진보가 매우 느렸음을 설명한다. 산업혁명 이전 수천 년 동안은 노동력과 생산에 쓸 수 있는 동력이 총체적으로 부족했기 때문에 제품 공급은 늘 수요를 따라갈 수 없었다.

그러나 산업혁명 이후 상황이 완전히 바뀌었다. 마르크스는 "자산계급은 100년도 안 되는 계급 통치 기간 과거 모든 시대에 창조된 생산력 전부보다 더 많고 더 거대한 생산력을 만들어냈다[6]"라고 말했다. 1인당 평균 GDP를 기준으로 비교해보면 남유럽, 서유럽, 북유럽 지역의 경우 산업혁명이 시작된 뒤 1800년부터 2000년의 200년 동안 1인당 평균 GDP가 약 1,000달러에서 2만 달러로 거의 20배 증가했다. 중국은 개혁개방 이후 35년 동안(1979~2014) 구매력을 고려하면 10배, 고려하지 않으면 40배나 증가했다. 중국의 급성장은 1979년 이후에야 진정으로 산업혁명을 실현해, 유럽이 200여 년에 걸쳐 지나온 농경시대에서 초기 산업시대, 산업시대, 포스트 산업시대(정보시대)의 과정을 35년 만에 지나 결국 세계와 함께 포스트 정보시대에

---

5   구매력을 기준으로 계산. 물가를 고려하지 않을 경우 1979년 중국의 실질 1인당 평균 GDP는 200달러도 되지 않는다.
6   『공산당선언』에서 발췌.

진입했기 때문이다. 재산 및 수입을 지속해서 증가시키는 동시에 산업혁명은 인간의 수명도 크게 늘려주었다. 산업혁명이 없었다면 아무리 위대한 인물이라도 인간을 더 잘살게 만들 수 없었을 것이다.

산업혁명은 물질적 측면에도 영향을 주었지만, 사상적 측면에 더 많은 영향을 끼쳐 사람들에게 자신감과 자존감을 심어주었다. 앞에서 다뤘던 기계론이 등장하면서 인간은 자신의 운명을 스스로 장악할 수 있다는 자신감을 느끼게 되었다.

몇 세기가 지나서 이 위대한 변혁을 떠올리니 장점이 부작용보다 훨씬 크게 느껴지지만 당시 산업혁명의 부작용, 특히 사회에 미친 혼란은 실로 엄청나 산업혁명을 저주하는 사람이 옹호하는 사람보다 훨씬 많았다. 신기술이 갓 등장했을 때는 수혜자가 매우 적으며 보통 신기술을 습득했거나 사용하는 사람, 혹은 새로운 산업에 종사하는 사람만 혜택을 누릴 수 있다. 구체적으로 산업혁명 최초의 수혜자는 볼턴 같은 공장주, 와트 같은 발명가, 혹은 증기기관을 사용해 도자기 제조라는 신산업을 개척한 웨지우드 같은 사람들이었다. 다른 사람들은 단기간 거의 혜택을 누리지 못했고 심지어 신기술이 등장해 기계에 생계를 빼앗기면서 더욱 빈곤해지기까지 했다.

산업혁명이 시작된 이후 반세기 동안 기존의 경제구조가 와해되면서 한 가지 기술에만 의지하던 소규모 수공업 공장이 줄줄이 파산하고, 기술로는 젊은이의 튼튼한 육체를 이길 수 없어 장인들은 중산계급에서 극빈층으로 전락하고 말았다. 그래서 18세기 말부터 19세기 중엽까지 영국은 빈부격차가 극심하고 사회적 대립이 심각한 50여 년의 시간을 보내야 했다. 저명한 작가 디킨스는 비약적으로 발전하는 경제와 폭발적으로 증가하는 사회적 부에 절대 어울리지 않는 당시 하층민의 비참한 생활상을 생생한 필치로 기록했다. 비용을 줄여 경쟁력을 확보하기 위해 공장주들은 저임금의 소년공을 대거 고용하거나 노동 시간을 마음대로 늘렸다. 그리고 바로 그 시기에 영국에서 전무후무한 노동운동이 일어나 마르크스주의를 탄생시켰다.

영국인은 대략 두 세대의 시간을 보낸 뒤에야 산업혁명의 부작용에서 벗어날 수 있었다. 1851년 영국은 런던 교외의 수정궁에서 제1회 세계박람회를 개최해 산업혁명의 성공을 과시했다. 당시 빅토리아 여왕은 박람회를 참관한 뒤 흥분을 누르지 못하고 "영광이로다. 영광, 무한한 영광이로다" 하고 중얼거렸다. 훗날 영국의 황금시대라 불리게 된 이 시대의 영국인은 전 국민이 부유한 삶을 누렸다. 대부분이 체면도 서고 수입도 높은 일을 했으며 업무 시간은 주당 48시간으로 줄고 소년공도 금지되었다. 당시 인구의 절반이 도시로 들어가고, 남은 사람들도 상당수가 교외에 다층 건물을 구매한 뒤 기차를 타고 도시와 공장, 광산으로 출근했다. 주말에는 멋지게 예복을 차려입고 교회나 상점으로 갔다.

그렇다면 산업혁명의 부작용은 어떻게 해소되었을까? 간단히 말해 자본 수출로 세계 식민지를 개척하고 자유무역을 추진했기 때문이다. 산업혁명 이후 영국의 산업 생산은 세계 다른 나라에서 따라잡을 수 없을 정도로 막강해져 영국은 자기 뜻대로 국제적 시장을 만들 수 있는 능력, 재력, 무력을 갖게 되었다. 영국 산업혁명의 생산 노동자는 몇백만에 불과했지만, 그 엄청난 생산능력은 상당수 제품을 공급과잉 상태로 바꾸어놓았다. 당시 세계에는 영국에 필적할 만한 국력을 가진 국가가 없었기 때문에 영국은 국제 전략을 실행할 수 있었다.

산업혁명이 사회에 미친 영향을 3단계로 나누어 살펴보자. 1단계, 발명가와 공장주만 혜택을 누리고 영국 민중은 혜택을 누리지 못했다. 2단계, 영국 민중 전체가 보편적으로 혜택을 누렸지만, 세계적으로는 대부분이 혜택을 누리지 못했다. 그런데 1단계에서 2단계로 가기까지 반세기 이상의 시간이 걸렸다. 3단계, 비로소 세계 전체가 혜택을 누리게 되었지만 2단계에서부터 아주 긴 시간이 소요됐다. 기타 중대한 기술혁명도 비슷한 특징을 띠지 않을까? 이제 19세기 말의 제2차 산업혁명을 살펴보자. 흥미롭게도 상술한 패턴이 다시 나타난다.

제2차 산업혁명부터 도금시대까지

제2차 산업혁명의 핵심은 전기의 사용이다. 제2차 산업혁명은 생산효율을 한층 높였을 뿐만 아니라 수많은 신산업을 탄생시켰다. 물론 사회적 부도 급증시켰다. 유명 작가 말콤 글래드웰(Malcolm Gradwell)은 『아웃라이어』에서 인류 역사상 가장 부유한 75명 가운데 20%가 1830~40년 미국에서 출생했다고 소개했다. 모두가 잘 아는 강철왕 카네기와 석유왕 록펠러 등도 여기에 포함된다. 통계 규칙에 어긋나는 이러한 현상의 이면에는 사실 카네기 등이 젊고 혈기왕성한 시기

(30~40세)에 미국 산업혁명의 물결에 뛰어들었다는 필연적인 이유가 있다. 인류 역사상 걸출한 사업가가 가장 많이 등장한 시대였다. 록펠러는 역사상 최고 부자로 손꼽히는 인물이고, 그보다 살짝 나이가 많은 밴더빌트는 한때 트러스트(Trust: 신탁) 설립을 통해 미국 상장회사의 10%에 해당하는 부를 장악했다. 마찬가지로 크루프와 지멘스 등 유럽의 산업계 거두들 역시 같은 시대에 활동했다.

그러나 산업혁명 때의 영국과 마찬가지로, 제2차 산업혁명이 시작된 뒤 한동안 미국 노동자들은 피폐한 삶을 살아야 했다. 당시 미국의 빈부격차는 식민 시대 이후 가장 컸으며 지금보다도 훨씬 심했다. 하층민의 생활은 너무도 비참해 밴더빌트 등과 선명한 대비를 이루었고, 트웨인과 드라이저(Theodore Dreiser)[7] 같은 현실주의 작가들은 당시 노동자의 삶을 사실적으로 묘사했다. 그러다보니 미국 역사상 찾아보기 힘든 급진적 노동운동도 이 시기에 발생했다. 한편, 미국 남부는 북부 산업에 밀려 전통 경제가 완전히 무너진데다 제2차 산업혁명에 따른 이익도 누리지 못했다. 오늘날까지도 텍사스주를 제외한 남부 경제는 북부에 훨씬 뒤떨어진다.

한창 급부상할 때 미국과 독일은 영국 같은 행운을 기대할 수 없었다. 식민지로 개척할 지역이 거의 남지 않았기 때문이다. 다행히 미국은 천혜의 지리적 조건을 가지고 있었다. 광활한 중서부 처녀지

---

7   『시스터 캐리』『제니 게르하르트』『미국의 비극』 등 소설의 저자.

가 있어서 어느 정도 생산능력 문제를 해결할 수 있었다. 하지만 빈부격차는 극도로 심해졌다. 운수업의 거두 밴더빌트는 트러스트를 설립해 상장회사 자산의 10%를 장악했고 록펠러는 미국 전체의 1%에 해당하는 자산을 축적했다. 이에 미국은 공평한 사회를 만들기 위해 반독점규제 정책을 결연히 펼치기 시작했다. 시어도어 루스벨트, 태프트, 윌슨 세 대통령의 약 20년에 걸친 노력으로 미국 정부는 록펠러의 스탠더드오일과 JP모건이 장악한 북부 철강회사를 해체하고, 고액의 상속세 징수 등 제도를 도입해 대가족이 너무 많은 사회의 부를 장악할 수 없도록 제한했다. 1870년 제2차 산업혁명이 시작된 뒤 1920년대까지 반세기를 노력한 뒤에야 미국은 전면적 번영을 기본적으로 실현할 수 있었다. 미국의 도금시대, 혹은 '쿨리지 번영'이라 불리는 1920년대에는 생산 효율이 극대로 향상되어 9시간(나중에는 8시간) 근로제[8]가 도입되었다. 1929년 대공황 전까지 미국 가정의 절반이 전화와 자동차를 보유했다. 반면 독일은 미국처럼 운이 좋지 못해서, 생산능력을 수출하기 위해 결국 제1차 세계대전을 일으킬 수밖에 없었다. 제1차 세계대전 이후에도 문제가 해결되지 않자 포퓰리즘이 성행하고 결국에는 노동자 계층이 나치를 등장시켰다.

오늘날 역사적 시각으로 제2차 산업혁명을 살펴보면 찬사밖에 보이지 않고 에디슨, 벨, 포드, 지멘스, 벤츠 등 대표적 인물은 지금까

---

8   1916년 애덤슨 법안 통과로 8시간 근무제가 법으로 정해지고 포드 등 기업에서 앞장서 실행했지만, 전면적으로 실행된 것은 1930년대에 들어선 이후다.

지도 창업가와 기업가의 우상으로 손꼽힌다. 하지만 제2차 산업혁명이 가져온 복지 역시 처음에는 소수의 인재만 누리다가 반세기라는 긴 시간을 거친 뒤에야 기술혁명의 중심지에서 두루 퍼졌다. 그리고 세계 대부분 지역에서 제2차 산업혁명의 성과를 누린 것은 제2차 세계대전이 끝난 뒤였다.

아직도 미완인 정보혁명

제2차 세계대전 이후 정보시대에 들어와서도 상술한 패턴은 또다시 반복된다. 우리는 운이 좋게도 정보시대의 번영을 직접 겪고 있다. PC와 휴대전화, 인터넷을 사용하면서 아버지 세대보다 훨씬 편리한 삶을 누려 거의 모든 중국인이 정보혁명에 환호한다. 중국은 1979년 개혁개방 이후 고작 30여 년 만에 1979년 200달러에 불과하던 1인당 평균 GDP를 2014년 7,000달러까지 끌어올렸다. 덕분에 거의 모든 사람의 수입이 어느 정도씩 증가했다. 하지만 지난 30여 년의 중국은 세계적으로 특수한 사례에 불과하다. 중국의 성공에는 여러 이유가 있는데 가장 근본적인 이유는 출발점이 비교적 낮았기 때문이다. 수백 년 동안 억눌렸던 생산력과 창조력이 한꺼번에 해방되어 단기간에 엄청난 에너지를 뿜어낼 수 있었다. 게다가 산업화와 정보화를 동시에 완성하면서 모든 유리한 조건이 합쳐진 덕분에 총체적 국력이든 1인당 소득이든 대폭 상승할 수 있었다. 하지만 전 세계적으로 보면, 비록 모두 정보혁명의 결과를 보고 최신 과학기술 제품을 사용하지만 누구나 경제 및 사회생활에서 혜택을 누리는 것은 아니

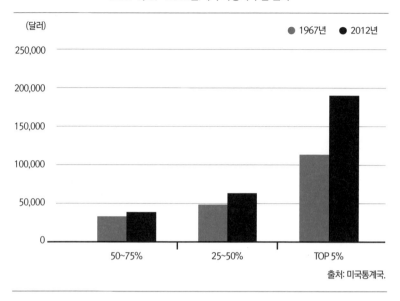

표12 1967~2012년 미국 가정의 수입 변화

(달러)
● 1967년 ● 2012년

250,000

200,000

150,000

100,000

50,000

0

50~75%   25~50%   TOP 5%

출처: 미국통계국.

다. 정보혁명의 중심인 미국조차 대부분의 생활은 질적으로 그다지 향상되지 않았다.

　정보시대는 인류 역사상 두 번째로 자산이 급증한 시대다. 미국에서 애플 창업자 잡스, 마이크로소프트 창업자 게이츠와 앨런, 선마이크로시스템 창업자 백톨샤임과 빌 조이, 델의 창업자 델, 구글 창업자 페이지와 브린 등은 1950년대 말부터 1970년대 초까지 20년 사이에 출생한 덕분에 젊고 혈기왕성할 때 정보혁명의 물결에 합류하는 행운을 누릴 수 있었다. 하지만 미국 대중의 삶은 질적으로 크게 달라지지 않았다. 표12는 1967년부터 2012년까지 자산 규모 상위 5%의 가정과 평균 수준 가정, 빈곤 가정의 자산 증가 상황을 표시한 그래프다(인플레이션 미반영). 여기에서 상위 5% 가정의 자산만 눈에 띄게 증가했을 뿐 다른 가정의 자산은 변화가 적다는 것을 알 수 있다.

분명 자산은 사회 발전과 개인 삶의 질을 나타내는 객관적인 기준이지만 그렇다고 유일무이한 기준은 아니다. 삶의 질을 가늠하는 주관적인 기준으로 보통 행복지수가 언급된다. 그런데 행복지수로 가늠할 때 미국인의 삶은 과거 30여 년 동안 거의 개선되지 않았다.

지난 30년 동안 미국과 중국은 세계 GDP 성장의 절반 이상을 담당했다. 이들 두 나라를 제외하면 세계 대부분 상황이 그다지 좋지 못했다. 우리는 러시아를 포함한 여러 나라가 시대 흐름에서 동떨어진 것처럼 보이는 뉴스를 자주 접하곤 한다. 여기에는 정치적인 해석도 많겠지만 경제와 과학기술의 발전으로 보면 러시아 중심의 동유럽 국가들, 인구 10억 이상의 무슬림 지역, 대부분의 유럽 국가, 남아메리카는 정보혁명에 거의 공헌한 바가 없다. 그들의 기존 경제구조는 이미 뒤떨어지고 심지어 무너지기까지 해서, 새로운 경제구조에서 정보혁명의 제품을 사용할 수는 있지만, 정보혁명에 따른 경제 성장을 누릴 수는 없다. 전 세계적으로 볼 때 정보혁명의 충격파가 완전히 흡수되려면 훨씬 더 긴 시간이 필요할지도 모른다. 하지만 빅데이터와 기계지능 혁명이 이미 문을 두드리고 있다.

시간이 유일한 해결법

왜 중대한 기술혁명에 따른 부작용은 해소되기까지 오랜 시간이 필요할까? 기술혁명 때문에 수많은 산업이 사라지거나 산업 근로자가 대폭 감소해 거기서 풀려나온 노동력이 출로를 찾아야 하기 때문이다. 그렇다면 얼마나 걸릴까? 최소 한 세대 이상이 필요하다고 증명되었다. 인정하고 싶지 않지만 인정해야 하는 사실, 도태된 산업의 근로자들은 새로운 산업으로 들어갈 가능성이 매우 희박하기 때문이다.

각국 정부에서 다양한 수단을 통해 이러한 근로자들이 새로운 기술을 습득하도록 돕고는 있지만, 다음 세대의 기술에 적응하는 일은 결코 쉬운 일이 아니라 효과가 미미하다. 사실상 이러한 노동력을 소화하는 주된 방법은 그들이 노동시장에서 빠져나갈 때까지 기다리는 것이지, 정말로 새로운 출로를 찾아 예전처럼 기꺼이 일하게 하는 것이 아니다. 그래서 기술혁명 때마다 파장을 완전히 가라앉히는 데 50여 년의 시간이 필요했다. 다만 100년 전에는 각국 정부가 산업에서 도태된 근로자의 중요성을 인식하지 못해서 사회가 매우 혼란스러웠다. 지금은 어느 나라나 사회 안정을 중요시하기 때문에 사람들이 가치를 창조하지 못해도 '부양'할 수밖에 없다. 이를 위해 어떤 나라는 할 일 없는 사람을 억지로 회사에 집어넣고(일본과 EU 등), 어떤 나라는 남아도는 생산시설을 도태시키지 않는데(중국 등) 결국 해결할 방법은 '소모'뿐이다. 두 세대의 시간을 소모하면 사회 문제는 해결될 것이다.

산업구조가 바뀐 다음 기존 산업의 근로자를 소화하기가 얼마나 어려운지 좀 더 알아보기 위해 제2차 세계대전 이후 미국의 발전과정을 다시 살펴보겠다. 1950~60년대 세계적으로 규모와 시장가치가 가장 큰 회사는 제너럴모터스였다. 제너럴모터스는 또 다른 미국 자동차회사 두 곳과 전 세계 90% 이상의 자동차를 생산했고 미국에만 70만 명의 직원이 있었다. 복리가 워낙 좋아서 제너럴모터스 직원들은 여유롭게 살면서 소위 말하는 아메리칸 드림도 이루었다. 오늘날에도 제너럴모터스는 똑같이 많은 자동차를 생산하지만[9] 노동생산성이 향상된 결과, 근로자 수가 10만 이하로 줄었다. 노동력이 다른 산업으로 옮겨갔으리라 생각할 수도 있는데 사실은 그렇지 않다.

앞장에서 설명했듯이, 인력을 지속해서 늘리고 있는 테슬라 같은 새로운 자동차기업도 자동차산업에서 도태된 인력을 채용하지 않는다. 결국 자동차산업의 노인들은 노동조합에 의지할 수밖에 없다. 2008년 금융위기 때 제너럴모터스는 파산 보호를 신청했는데 회사의 부양자 수가 너무 많다는 것도 주된 이유 중 하나였다. 표13은 2008년 금융위기 전 미국 자동차노조 내 직원과 은퇴자[10]의 비율을 나타낸 그래프다. 여기에서 직원 한 사람이 일하지 않는 네 명을 부양해야 함을 알 수 있다.

제너럴모터스의 이러한 방식은 차량의 원가 상승으로 이어져 결국 세계 경쟁력을 잃게 했다. 표14는 북미에서 판매되는 제너럴모터스와 일본 도요타 차량의 1대당 복지비용을 비교해놓은 그래프다. 대략 1,500달러에 이르는 제너럴모터스의 복지비용은 평균 가격이 2만

---

9   시장점유율로 따지면 제너럴모터스의 세계 시장점유율은 1950~60년대만 못하다.
10   변칙으로 퇴직한 소위 명예 퇴직자 및 일부 노조원의 미망인 포함.

표13 2008년 금융위기 전 미국 자동차노조의 재직자와 비재직자 수

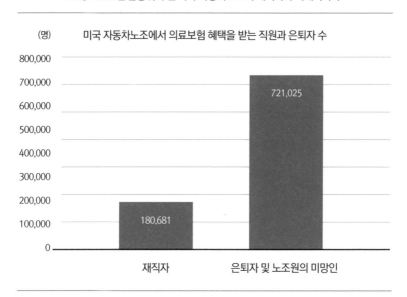

표14 북미에서 판매되는 제너럴모터스와 도요타 차량 원가 내 복지 비율

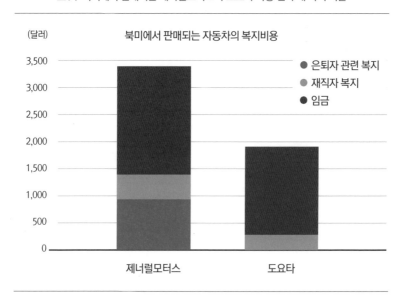

달러밖에 되지 않는 자동차에서는 매우 확연한 차이로 작용한다. 복지비용에서 가장 큰 차이는 제너럴모터스가 대당 지급해야 하는 1천여 달러의 퇴직자 복지비용인데, 이는 기업이 사회 전체의 기술 진보와 산업구조 전환 때문에 지급해야만 하는 비용이다.

전기자동차, 자율주행자동차 등 새로운 제품이 끊임없이 쏟아져 나오기 때문에 자동차산업은 여전히 발전할 여지가 크지만, 미국의 3대 자동차회사[11]는 역사적 부담으로 진전이 어렵고 미래에 적극적으로 참여하기도 힘들다. 한때 인류 문명에 공헌하고도 기술혁명에 도태된 근로자들에게 유일한 희망은 그들의 후대가 새로운 산업에 진입하는 것뿐이다. 이는 사실상 시간에 의지해 기술혁명의 부작용을 천천히 소화하는 것과 같다.

지능혁명의 파장

지능혁명이 갈 길은 과거 몇 차례 기술혁명이 지나온 길과 상당히 비슷할 것이다. 빅데이터와 기계지능의 추세는 일단 형성되면 인력으로 막을 수 없다. 호킹, 게이츠, 머스크 등 일부 식자들은 기계지능이 인간 사회에 미칠 다각적인 파장을 우려하며 기계지능 개발을 절제해달라고 호소하지만, 지능혁명의 속도가 그로 인해 늦춰질 리는 없다. 심지어 그들 스스로가 이익 앞에서는 전혀 다르게 행동하는 듯하

---

11   미국 3대 자동차회사의 하나인 크라이슬러는 사실상 유럽 피아트의 자회사가 되었다.

다. 머스크의 테슬라만 해도 대량의 로봇을 사용하고 게이츠의 마이크로소프트 역시 기계지능 분야에 가장 많이 투자하는 회사 중 하나가 아닌가. 과거 세 차례의 중대한 기술혁명처럼 지능혁명 역시 사회에 엄청난 파장을 일으켜 크게는 국가, 일반적으로는 기업, 세세하게는 개인의 운명에 영향을 미칠 수 있다. 더군다나 현재 추세로 보면 지능혁명이 사회에 미칠 파장은 과거의 기술혁명을 능가할 듯하다. 이제 그 원인을 세 가지 측면에서 분석해보겠다.

첫째, 정보혁명의 여파가 아직 완전히 사라지지 않았다. 세계 정보화에 따른 효율 증대로 이미 많은 사람이 할 일을 잃었고 극소수 사람이 만들어낸 물건만으로 전 세계 소비를 감당할 수 있게 되었다. 미국에서는 거의 절반에 이르는 사람이 세금을 내지 않을뿐더러 정부 보조금을 받기까지 한다. 단순히 경제적 각도에서 보면 이들이 매일 제공하는 노동력은 고작 스스로 생존하는 정도거나, 심지어 거기에도 못 미치니 지속적인 발전에는 거의 공헌하는 바가 없다. 민주국가에서 이들의 최대 용도는 투표권의 행사로, 정치인들은 표를 위해 이들의 요구를 쉽게 허락하곤 한다. 그런 다음에는 국가의 채무와 적자가 갈수록 불어난다. 제1차·2차 산업혁명의 부작용은 50여 년이 흐른 뒤 완전히 해소되었지만, 무어의 법칙은 1965년 제시된 뒤 이미 반세기가 지났어도 여전히 여파가 남아 있다. 이런 상황에서 지능혁명이 또 시작되었으므로 이번 충격파는 이중으로 몰려올 것이다.

둘째, 오늘날의 세계는 200년 전과 상당히 달라져 산업혁명 때보다 기술혁명의 여파를 잠재우기 훨씬 어려워졌다. 국제화 때문에 전 세계에는 이미 개척할 시장이 남아 있지 않다. 19세기 중반 영국인이 부유하고 여유롭게 살 수 있었던 것은 몇백만 노동자의 생활과 일자리 문제만 해결하면 됐기 때문이다. 19세기 내내 세계 시장을 통해 당시 세계 인구의 일부분에 불과하던 산업 노동자의 생활 문제를 해결하는 것은 오늘날에 비하면 매우 쉬운 일이었다.

셋째, 제일 중요한 원인으로 지능혁명은 인간이 가장 자랑스러워하는 '뇌'를 대체하게 된다. 이전까지는 각종 기계가 인간의 일을 점점 더 대신해도, 기계란 생각할 수 없다는 이유로 사람은 최후의 자존감과 자긍심을 지킬 수 있었다. 과거의 기계는 인간의 손을 대체할 뿐이라 농기계와 화학비료가 등장한 뒤에도 농촌에서 육체노동을 하던 사람들은 머리를 쓰는 공장노동자가 될 수 있었다. 조립라인이 등장해 시장이 사라졌을 때도 블루칼라 노동자는 화이트칼라를 보조할 수 있었다. 기계는 어쨌든 지적인 업무를 할 수 없어서 사람들은 결국 생계를 이어갈 수단을 찾아냈다. 하지만 지능혁명의 결과는 인간 대신 컴퓨터가 사고하는 것이다. 다시 말해 프로그램을 통해 인간이 생각하는 것보다 더 훌륭한 결과를 얻고 각종 지능형 문제를 더 잘 해결할 수 있다. 그때가 되면 사람들은 불현듯 컴퓨터보다 더 잘 할 수 있는 일이 얼마 없음을 깨닫게 될 것이다. 앞에서 언급했듯이 지능혁명 중 컴퓨터는 단순한 반복 노동뿐만 아니라 의사, 변호사, 기자, 금융 분석가 등 높은 지능이 필요하다고 여겨졌던 업무까지 대체하게 된다.

요약하자면 지능혁명의 파장은 훨씬 강도 높고 광범위한 영향력으로 한층 깊이 침투할 것이다. 이제 우리는 기계지능 때문에 여러 산업의 근로자가 줄어들 때 전 세계 수십억 노동력은 어떻게 해야 할지의 문제에 답해야 한다.

막상 닥치면 어떻게든 될 거라고, 노동력이 자연스럽게 다른 산업으로 분산될 거라고 순진하게 생각하는 사람도 매우 많다. 그런데 노동력의 재분배는 아주 오랜 시간이 필요하고 새로운 산업에 의존해야 한다. 시간의 문제는 앞에서 이야기했으니 이제 신산업 탄생의 필요성 및 어려움에 대해 살펴보겠다.

산업혁명이 시작된 뒤 기계화, 전기화, 화학비료 및 농약 사용으로 선진국에서는 2~5%[12] 사람만으로 전체 인구가 필요로 하는 식품을 생산할 수 있게 되었다. 그러자 농민은 공장노동자가 되었다. 이러한 전환은 오랜 시간이 걸렸지만, 대부분의 나라에서 기본적으로 일대일 변환을 실현할 수 있었다. 다시 말해 농부 한 사람이 줄어들 때 사회적으로 새로운 취업 기회 하나를 창출할 수 있었다는 뜻이다. 이후 기계혁명의 발전과 사회 자동화의 확산에 따라 적은 노동력으로 사람들이 필요로 하는 모든 공산품과 체력에 의지하는 서비스업 대부분을 충당할 수 있게 되었다. 그러자 세계에서 제2차 노동력 전환이 시작되었고 지난 수십 년 동안 취업 기회는 노동업종에서 서비스업으로 옮아갔다.

---

12   미국 노동부 통계에 따르면 미국 농업노동자 비율은 오래전부터 노동인구의 2%도 되지 않는다.

사실 서비스업은 매우 광범위한 표현으로 변호사, 의사, IT 기술자, 주식 딜러, 펀드매니저같이 소득과 지위가 높은 직업은 물론 슈퍼마켓, 요식, 관광 등 비교적 단순한 업무에 소득도 평범한 업종까지 포함한다. 전자는 소수에 불과하며 높은 지력을 갖추고 오랜 직업 교육을 받아야만 감당할 수 있다. 반면 소위 말하는 서비스업은 대부분 과거 생산라인의 노동자보다 소득이 낮다.

1900년 전후만 해도 미국 동북부 보스턴 지역 사람은 일자리만 있으면 보스턴 시내나 찰스강 맞은편의 케임브리지에 빌라(Town House)를 살 수 있었다. 그러나 오늘날은 구글이나 화이자제약에서 꽤 좋은 자리에 있어야만 비슷한 수준의 집을 살 수 있다. 1960년대에는 제너럴모터스 한 곳에서 거의 100만 개의 중산층 가정을 만들어냈다. 오늘날 6,000억 달러로(2016) 세계 최고의 시가를 자랑하는 애플은 당시 제너럴모터스의 열 배가 넘는 부를 창출하고 장부상의 현금만도 1천억 달러가 넘지만 직원은 전 세계에 8만 명밖에 되지 않는다. 애플과 시가가 비슷한 구글은 직원 수가 더 적다. 그러다보니 구글 입사는 하버드대 합격보다 훨씬 어렵다. 하버드대 합격률은 5%를 넘지만, 구글은 0.2%도 안 되는 것이다. 다시 말해 애플이나 구글의 수혜를 누리는 사람은 1950년대 제너럴모터스 공장의 조립라인 노동자 수보다 훨씬 적다.

그렇다면 엄청난 도태 노동력은 어떻게 해야 할까? 갓 졸업한 학생은 어떻게 일자리를 찾아야 할까? 임금이 매우 낮은 서비스 일을 하거나 무직으로 보조금에 의지해 살아가는 수밖에 없다. 그래서 지난 50여 년 동안 정보혁명의 흐름을 이끌었던 미국에서는 국민의 중위소득이 증가하지 않았다.

스마트시대에는 소수의 사람만 스마트 기계의 연구, 개발 및 제조라는 신산업에 참여할 게 확실하다. 이는 노동력으로 볼 때 극소수에 불과하다. 낙관주의자들은 앞으로 틀림없이 인간에게 적합한 새로운 산업이 등장할 거라고 여기지만 그러려면 반세기 이상의 시간이 필요하다. 문제는 지능혁명이 인간에게 시간을 주지 않는다는 것이다. 지능혁명은 이미 시작되어, 이제는 사회 문제를 어떻게 해결할지 고민할 일만 남았다.

간단하면서도 거친 방법으로 부자 증세를 떠올릴 수 있다. 하지만 역사상 부자의 재물을 빼앗아 가난한 사람을 구제하는 방법은 장기적으로는 경제 발전을 저해한다고 증명되었다. 많은 경제학자가 저서에서 그 원인을 상세하게 분석했는데 여기서는 몇 가지 예를 통해 높은 세수의 위해성에 대해 살펴보겠다. 첫째, 세율이 100%면 세금을 한 푼도 거둘 수 없다. 누구도 재산을 쌓으려 하지 않기 때문이다. 마찬가지로 세율이 지나치게 높으면 사실상 게으름을 독려하는 셈이라, 전반적으로 부를 생성하기보다 재분배만 따지다 경제는 쇠퇴하기 시작한다. 감정적으로 부자를 혐오하지 않고 이성적으로 생각하면 이러한 이치를 이해하기란 어렵지 않다. 사실 부자는 개인 소비와 부동산 구매에 드는 일부[13]를 제외하고 남는 재산을 금고에 넣는 대신 재생산에 투입한다. 따라서 지나치게 높은 세수는 재생산에 투입되는 자금을 줄이는 것과 같다.

물론 어떤 사람은 경제 발전을 조금 늦추더라도 공평한 사회를 보장해야 한다고 말할 수 있다. 하지만 사회의 공평은 결과가 아니라 기회의 평등을 의미한다. 사실상 개인의 지능과 노력 정도, 개개인의 운이 다르기 때문에 부자의 재산을 빼앗아 가난한 사람을 구제하더라도 사회의 공평성은 보장될 수 없다.

2010년 미국에서 '월스트리트 점령' 운동이 벌어졌다. 실직자, 저소득층, 좌파 인사들이 뉴욕 거리에서 2% 사람들에 반대한다며 몇 달이나 시위를 벌였다. 그런데 상당수 참여자는 명확한 목표가 없어서 누구에게 왜 반대하는지 모를 뿐만 아니라 자신들의 요구가 무엇인지도 잘 몰랐다. 뉴욕 시민들은 평소처럼 일하고 생활하면서 그들을 없는 사람 취급했고, 결국 시위는 흐지부지 끝이 났다. 사실 시위자들은 자신이 반대하는 2%의 사람들에게 부양받고 있었다. 2014년 미국의 연방 세수는 소득 상위 1%의 사람들이 45%를 책임진 것으로 집계됐다. 2013년과 2012년에 각각 43%, 40%[14]였음을 생각할 때 오바마 대통령의 각종 부자 증세안에 감사해야 마땅하다. 만일 시위대

---

13 미국 고액순자산 가정의 부동산 자산은 보통 5% 미만이다.

14 http://www.cnbc.com/2015/04/13/top-1-pay-nearly-half-of-federal-income-taxes.html.

에서 반대하는 바로 그 2%가 없었다면 미국은 진작 삼류 국가, 심지어 그리스보다 훨씬 더 혼란스러운 나라가 되었을지도 모른다.

월스트리트 점령 운동은 대중의 관심을 얻지 못했다. 시위대가 불로소득을 노린다고 생각하는 사람이 많았기 때문이다. 사실 시위 자체도 시위대가 반대하는 사람이 복지를 제공한 덕분에 가능했다. 더욱 아이러니한 것은 월스트리트 점령 기간 미국에서 중·하층민을 대변하는 좌익의 민주당이 중간선거[15]에서 참패한 사실이다. 사실상 주류라 할 수 없는 정치인만 그들에게 관심을 두고 대부분 정치인은 표심을 얻으려 했을 뿐이라 그들의 문제는 계속 해결될 수 없었다.

그러나 월스트리트 점령 운동은 미국 사회가 반성하는 계기를 만들기도 했다. 저소득 혹은 무소득 사람들에게 출로는 무엇일까? 복지와 구제책으로는 확실히 불충분해 보였다. 그들의 어두컴컴한 앞날은 전혀 밝아지지 않았다. 2016년 미국 대통령 후보였던 트럼프는 그런 사람들에게 희망, 즉 그럴싸한 일자리를 약속했다. 트럼프는 볼티모어의 한 하층민 청년 이야기를 했다. 어려서부터 줄곧 사회 밑바닥 삶을 살아온 청년은 여러 차례 감옥을 들락거렸는데 어느 날 생활고를 이기기 힘들어 또 잡화점을 털고 싶었다. 하지만 한참을 고민한 뒤 경찰서로 달려가 자신의 끔찍한 생각을 털어놓았다. 그러자 놀랍

---

15   미국은 대통령 4년 임기 중 짝수년에 하원의원 전체와 3분의 1가량의 상원의원, 일부 주지사를 다시
       선출한다.

게도 경찰관이 본인의 얇은 지갑을 털어 살 곳을 마련해주었다. 청년은 매우 감동해 사회에 필요한 사람이 되겠노라 결심했지만, 이후에도 여전히 일자리를 구할 수가 없었다. 그의 곤궁함은 잠시 나아졌을 뿐 끝내 해결되지 못했다. 트럼프는 이 이야기를 통해 현대인에게 일자리가 얼마나 중요한지 말하려 했다. 청년은 확실히 양심적이고 자신을 책임지려는 의지도 있으므로 일자리만 찾으면 새로운 삶을 살 수 있을 것이다. 하지만 정보시대에서는 이런 청년에게 적합한 일자리가 갈수록 줄어들 뿐이다. 앞으로 지능혁명이 본격화되면 단순히 머리 쓰는 일은 전부 사라지고 지금 내로라하는 직업에 종사하는 사람들마저 일자리를 잃을 수 있다.

기계지능에서 시작된 이번 혁명은 사회 전반에 충격을 가하고 우리가 의지하는 소위 지력이 필요한 일자리 역시 사라지게 만들 수 있다. 설령 새로운 산업이 등장하더라도 기계지능의 영향 때문에, 필요한 인력은 과거 오래된 산업보다 훨씬 적을 것이다. 지능혁명이 전면적으로 시작되면 농업 인구가 도시 인구로 바뀌고 제1차·2차 산업이 제3차 산업으로 바뀐 과거처럼 간단하게 끝날 리 없다.

2010년 월스트리트 점령 운동 및 2015년 말부터 시작된 프랑스, 벨기에의 이주민 문제에 대해 사람들은 "불만의 근원이 무엇일까?"라는 근본적인 질문을 던진다. 이는 단순히 빈부격차나 종교 갈등으로 돌릴 수 없다. 그 근원은 사회 진보에 내쳐진 사람들이 너무 많기 때문이다. 기술혁명이 발전하면서 개인의 발전 기회가 많아지기는커녕 오히려 줄어들고 있다.

그렇다면 좋은 해결책이 없을까? 솔직하게 말해서 누구도 해결책이 없다. 하지만 해결책이 없을지라도 우리는 점점 더 많은 일에서 기계를 이길 수 없을 거라는 사실을 머릿속으로 받아들여야 한다. 그리고 앞으로는 이 전제에 따라 결정을 내려야만 한다. 현실을 직시해야만 결국에는 진취적인 모든 사람이 성취감과 행복감을 느끼는 사회를 만들어낼 수 있다.

우리는 단기간 내에 수십억 노동력을 소화할 수 있는 산업을 어떻게 만들어야 할지는 몰라도 어떻게 해야 지능혁명 속에서 내쳐지지 않고 혜택을 누릴 수 있을지는 명확히 안다. 아주 간단하다. 자신이 98%에 속한다고 자랑스럽게 선언할 게 아니라 2%의 사람이 되는 것이다.

상위 2%

역대 기술혁명 때마다 개인과 기업, 심지어 국가는 상위 2%에 진입하느냐 아니면 도태되느냐 가운데 하나를 선택해야만 했다. 원망은 아무 소용없었다. 그럼 어떻게 해야 2%에 들어갈 수 있을까? 사실 매우 간단하다. 지능혁명의 흐름에 올라타면 된다.

인간 사회에 미칠 기계지능의 파장에 관해 이야기할 때마다 "미래의 시대는 인간의 시대입니까, 아니면 기계의 시대입니까? 우리는 기계에 지배받을까요?"라는 질문을 받는다. 내 대답은 이렇다. 미래는 여전히 인간의 시대이며 기계의 지배를 받지 않을 것이다. 기계는 임무를 완성할 때 자신이 무엇을 하고 있는지조차 모르기 때문이다. 예를 들어 구글의 알파고는 자신이 바둑을 둔다는 사실을 인식하지 못한다. 하지만 지능형 기계를 만드는 사람은 다르다. 이들은 인구의 2%, 혹은 그보다도 훨씬 적지만 어떤 기준으로 보면 세계를 지배한다.

겁을 주려고 괜히 하는 말이 아니다. 이러한 일들은 실제로 이미 진행 중이다. 모두 자신이 매일 몇 시간 동안 위챗을 쓰는지, 타오바오나 징둥(京東)에서 얼마나 많은 물건을 구매하는지, 외출할 때 몇 번이나 디디다처(滴滴打車: 중국의 콜택시 앱-옮긴이)를 부르는지 생각해보라. 이들 업체는 상품 형태를 전혀 바꾸지 않으면서도 억만 가입자의 생활을 좌지우지한다. 무엇보다 우리의 의식주 및 행동의 세세한 부분을 완전히 파악해 우리 자신보다 우리를 더 잘 안다. 이처럼 우리를 정확하게 파악하는 이상 그들이 우리 주머니를 열 수 있음은 구태여 말할 필요도 없다. 상품 판매의 시대에 우리는 값이 쌀수록 수지맞는다고 생각하고 서비스 제공 시대에 와서는 무료서비스가 많을수록 환호하지만, 얼마 지나지 않아 무료처럼 보이는 물건이야말로 가장 비싸다는 것을 깨달을 것이다. 무료 서비스를 받을 때 우리 자유를 내줘야 하기 때문이다. 우리는 자유를 잃고 손실을 볼 때에야 비로소 자유가 얼마나 소중한지 깨달을 것이다.

우리를 좌지우지하는 인구의 2%도 되지 않는 사람들이 나쁜 짓을 하려고 한다는 얘기가 아니다. 사실 그들은 지금까지 우리에게 해를 끼치기보다 도움을 훨씬 더 많이 주었다. 내가 하고 싶은 말은 그들의 성공이 시사하는바, 즉 2%의 사람들로부터 빅데이터와 기계지능을 통해 지배를 받을 수밖에 없다면 원망하기보다 아예 그들 대열에 끼어드는 게 낫다는 것이다. 만약 이미 그들에 속한다면 축하하고, 그렇지 않다면 반드시 진입하기 바란다. 여기에서 '어떻게 해야 그들 대열에 들어갈 수 있나?'라는 의문이 생길 수 있다. 내 말은 모두 상술한 회사에서 일해야 한다는 게 아니다. 새로운 사유 방식을 받아들여 빅데이터와 기계지능을 잘 이용하라는 뜻이다. 산업혁명 이후 세 차례의 중대한 기술혁명을 떠올려보면 최초의 수혜자는 해당 산업과 관련된 사람 및 신기술을 잘 이용한 사람이었다. 누구나 빅데이터와 기계지능 제품을 개발할 수는 없지만 그러한 기술을 응용하는 것은 상상만큼 어렵지 않다.

전국 각지에서 찻잎 전문점 수백 개를 운영하는, 사업상 꽤 성공한 수강생이 하나 있었다. 찻잎은 이윤이 매우 높은 업종이지만 하루 거래량이 점포당 몇 건에 불과할 정도로 적다는 특징이 있다. 당시 그 사장은 사업을 키우려면 가게 수를 늘려야 하는데 가게가 너무 많아지면 관리가 힘들까봐 살짝 고민하고 있었다. 어떻게 시스템을 바꿀지 함께 논의할 때 나는 그에게 몇 가지 질문을 던졌다.

1. 가게별로 매일 몇 명이나 들어와 둘러보는가? 또 몇 명이 찻잎을 구매하는가?
2. 손님은 어떤 사람이며 몇 시에 가게에 오는가? 몇 시쯤 거래

가 잘 성사되나?

3. 재방문한 손님이 있다면 어떤 사람인가? 한 번 구매하고도 다시 오지 않는다면 이유가 무엇인가?

4. 단골손님은 매년 얼마나 많은 찻잎을 소비하나? 손님별로 늘 사 가는 찻잎은 무엇이며 가격대는 얼마인가?

5. 가게 바깥의 하루 이동 인구는 얼마나 되나?

사장은 질문들 가운데 매일 얼마나 많은 사람이 구매하는가를 제외하면 하나도 답하지 못했다. 사실 가게 입구에 센서를 설치하고 휴대전화 앱을 제작한 다음 우대권을 주는 방식으로 방문 고객에게 앱 다운로드를 유도한다면 상술한 정보를 정확하고 세밀하게 파악할 수 있다. 이어서 전문가를 찾아 어떻게 장사를 개선할지, 사업을 확장할지 등을 분석할 수도 있다. 물론 가장 중요한 개선은 획득한 빅데이터 정보를 통해 늘 찻잎을 사는 사람을 파악한 다음 장기적 관계를 맺는 일이다. 그러면 안정적인 소득을 확보할 수 있을 뿐만 아니라 유통비를 낮춰 이윤을 높일 수 있다. 실제로 미국의 포도주 양조장에서는 이미 몇 년 전부터 이러한 방식을 시도하고 있다. 품질이 좋은 일부 와이너리에서 이제는 도매상이나 소매점 같은 루트에 의존하지 않고 인터넷을 통해 정기 고객과 직거래하는 것이다.

찻잎 전문점은 사업 규모가 너무 작아서 대표성이 없다고 생각할 수도 있으니 냉장고 회사들의 구상을 살펴보자. 소모성 자재로 수익을 내는 GE 등을 제외하고 냉장고 회사들은 냉장고를 마켓 진열대의 확장으로 보기 시작했다. 카메라와 센서를 통해 고객의 식료품 구매 습관 및 소비 정도를 수집하고 모바일 인터넷으로 부족한 식료품을 알려줄 수 있다고 생각해서다. 여기에 인터넷 접속이 가능한 터치스크린을 장착하면 고객은 냉장고의 터치스크린을 통해 전자상거래 업체에서 식료품을 곧장 구매할 수도 있다. 이럴 경우 내구용 가전제품에 마켓 진열대와 전자상거래 진입로의 기능까지 더해지는 셈이다. 상술한 기능이 완전히 현실화하지는 않았지만, 삼성 등 회사에서는 이미 물건을 곧바로 구매할 수 있는 스마트냉장고의 초기 버전을 판매하고 있다.

소위 전통 산업에 종사하는 사람과 빅데이터 및 기계지능 간의 거리는 사실 그들이 상상하는 것보다 훨씬 가깝다. 거리로 말하자면 심리, 관념상의 거리가 기술, 상업상의 거리보다 훨씬 멀지도 모른다.

중대한 기술혁명이 시작될 때마다 정말로 용감하게 기술혁명이라는 거대한 물결에 몸을 던진 사람은 언제나 소수였고 수혜자는 더욱 적었다. 대부분의 사람은 주저하며 관망했다. 지능혁명이 도래할 때도 흐름에 동참하느냐, 관망하며 배회하다가 도태되느냐를 두고 누구나 하나를 선택해야 한다. 굳이 말할 필요도 없이 대다수 사람의 관망과 주저, 배회는 2%의 사람들에게 최초의 수혜를 누릴 경쟁자 수를 줄여주는 기회가 된다. 머스크와 게이츠는 동참하지 않으면 도태될 것을 알기 때문에 기계지능의 발전을 우려하면서도 동참을 선택한 것이다.

📢 Insight

빅데이터로 촉발된 기계혁명은 앞으로 경제뿐만 아니라 사회 전 영역에 영향을 미칠 것이다. 총체적으로 이러한 영향은 긍정적이라 길게 보면 미래 사회가 한층 좋아지겠지만, 과거 기술혁명처럼 지능혁명 역시 수많은 부작용을 낳을 수 있다. 특히 발전 초기에는 충격이 오랫동안 지속할 수 있다.

어떤 기술혁명이든 최초 수혜자는 신기술을 발전시키고 사용한 사람들이었다. 멀리하고 거부하는 사람들은 오랫동안 막막한 상태를 벗어나지 못했다. 지능혁명이 도래할 때 사람이든 기업이든 적극적으로 수용해 2%의 수혜자가 되어야 하며, 국가 역시 과거의 주요 기술혁명 때처럼 반세기 넘는 혼란이 발생하지 않도록 사전에 철저히 준비해야 한다.

아직은 지능에서 기계가 인간을 추월하지 못했지만 우리는 그러한 환경 속에서 살아남는 법을 배워야 한다. 스마트시대는 우리를 진작시키는 시대이자 전례 없는 도전의 시대가 될 것이다.

참고문헌

제1장 문명 건설의 토대, 데이터

1 우쥔, 『문명의 빛』[M], 베이징, 인민우전출판사, 2014.

2 우쥔, 『수학의 미』[M], 베이징, 인민우전출판사, 2014.

3 Jeremy Ginsberg, Matthew H. Mohebbi, Rajan S. Patel, Lynnette Brammer, Mark S. Smolinski and Larry Brilliant, *Detecting influenza epidemics using search engine query data*, Nature vol. 457, 19 February 2009.

4 S. Knobler, A. Mack, A. Mahmoud, et al.(eds.), *The Story of Influenza, The Threat of Pandemic Influenza: Are We Ready? Workshop Summary*. Washington, D.C.: The National Academies Press 2005. pp.60~61.

5 Paul Lavrakas, Michael Traugott and Peter Miller, *Presidential Polls and the News Media*, Westview Press, 1995.

제2장 빅데이터와 기계지능

1 우쥔, 『문명의 빛』(제3권) [M], 베이징, 인민우전출판사, 2015.

2 Marvin Minsky, *Semantic Information Processing*, MIT Press, 1969.

3 Peter. Brown et al., *A Statistical approach to Machine Translation*, Computational Linguistics, vol. 16, no. 2, 1990.

4 Frederick Jelinek, *The Dawn of Statistical ASR and MT*, Computational Linguistics 35 (4): 2009. pp.483~494.

5 Stuart Russell and Peter Norvig, *Artificial Intelligence: A Modern Approach*, Pearson, 2009.

제3장 사유의 혁명

1　토마스 M 커버, 조이 A 토마스, 『정보론 기초』 [M], 롼지서우(阮吉壽), 장화(張華) 옮김. 베이징, 기계공업출판사, 2008.

2　뉴턴, 『자연철학의 수학적 원리』 [M], 왕커디(王克迪) 옮김, 베이징, 북경대학출판사, 2006.

3　유클리드, 『기하학 원본』 [M], 란지정(蘭紀正), 주언콴(朱恩寬) 옮김, 베이징, 역림출판사, 2014.

4　에릭 슈미트, 조너선 로젠버그, 앨런 이글, 『구글은 어떻게 일하는가』 [M], 진팅팅(靳婷婷) 옮김, 베이징, 중신출판사, 2015.

5　Carrick Mollenkamp, Jeffrey Rothfeder, *The People Vs. Big Tobacco*, Bloomberg Press, 1998.

6　Angus Maddison, *The World Economy*, OECD, 2007.

7　Arieh Ben-Naim, *Information, Entropy, Life and the Universe*, World Scientific Publishing Co, 2015.

제4장 빅데이터와 비즈니스

1　Andrew Guthrie Ferguson, *Big Data and Predictive Reasonable Suspicion*, http://scholarship.law.upenn.edu/cgi/ viewcontent. cgi?article=9464&context=penn_law_review.

2　*Civil Rights: Big Data and Our Algorithmic Future*, https:// bigdata.fairness. io/wp-content/uploads/2014/11/Civil_Rights_Big_ Data_and_Our_Algorithmic-Future_v1.1.pdf.

3　빅토르 마이어 쇤버거, 케네스 쿠키어, 『빅데이터가 만드는 세상』 [M], 저우타오(周濤) 등 옮김, 항저우, 절강인민출판사, 2012.

4　Foster Provost, Tom Fawcett, *Data Science for Business*, O'Reilly Media, 2013.

5　Gavin Weightman, *The Industrial Revolutionaries*, Grove Press, 2010.

제5장 빅데이터와 지능혁명의 기술 문제

1　Fay Chang, et al., *Bigtable: A Distributed Storage System for Structured Data*, OSDI 2006, research.google.com/archive/bigtable-osdi06.pdf.

2　우쥔, 『수학의 미』[M], 베이징, 인민우전출판사, 2015.

3　John R. Vacca, *Computer and Information Security Handbook*, Morgan Kaufmann, 2013.

제6장 미래의 지능화 산업

1　Ben Hoyle, *Geeks use data to win at basketball*, The Times, April 12. 2016, http://www.thetimes.co.uk/tto/sport/us-sport/ article4731209.ece.

2　*Big Data Meets Basketball*, http://bigdata-madesimple. com/big-data-meets-basketball-golden-state-warriors-up-their-game/.

3　*JHU Engineering Magazine*, 2014 Winter, Surgical. Precisionhttp://eng.jhu. edu/wse/magazine-winter-14/print/surgical-precision.

4　이언 모리스, 『왜 서양이 지배하는가』[M], 첸펑(錢峰) 옮김, 베이징, 중신출판사, 2011.

5　*An Altman Weil Flash Survey, Law Firms in Transition*, Altman Weil Flash, 2015.

6　우쥔, 『문명의 빛』(제3권) [M], 베이징, 인민우전출판사, 2015.

1   Surgical Precision, *JHU Engineering Magazine*, 2014 Winter http://eng.jhu. edu/wse/magazine−winter−14/print/surgical−precision.

2   더글러스 브링클리, 포드 [M], 차오장타오(喬江濤) 옮김, 베이징, 중신출판사, 2016.

3   Sally Mitchell, *Daily Life in Victorian England*, Greenwood, 2008.

4   Melanie Swan, *Blockchain: Blueprint for a New Economy*, O'Reilly Media, 2015.

5   Curry, C. *Piecing Together the Dark Legacy of East Germany's Secret Police*, *Wired Magazine*, 2008.

6   *Big Data and Differential Pricing*, 2015https:// www.whitehouse.gov/sites/ default/files/docs/Big_Data_Report_ Nonembargo_v2.pdf.

스마트시대 무엇부터 해야 하나

빅데이터, 기계지능, 사유혁명, 비즈니스, 지능혁명, 지능화 산업,
미래 사회를 쉽게 접근하고 이해하기

펴낸날	초판 1쇄 2018년 9월 10일

지은이	우쥔
옮긴이	문현선
펴낸이	심만수
펴낸곳	(주)살림출판사
출판등록	1989년 11월 1일 제9-210호

주소	경기도 파주시 광인사길 30
전화	031-955-1350　　팩스 031-624-1356
홈페이지	http://www.sallimbooks.com
이메일	book@sallimbooks.com

ISBN	978-89-522-3972-3　03320

※ 값은 뒤표지에 있습니다.
※ 잘못 만들어진 책은 구입하신 서점에서 바꾸어 드립니다.

이 도서의 국립중앙도서관 출판시도서목록(CIP)은 서지정보유통지원시스템 홈페이지
(http://seoji.nl.go.kr)와 국가자료공동목록시스템(http://www.nl.go.kr/kolisnet)에서
이용하실 수 있습니다.(CIP제어번호: CIP2018027913)

책임편집·교정교열	최문용